# 命运回眸

四川大学与长春光机学院
七七级同学共忆高考

殷建中　王志兵
蓝啸风　李安泰 / 主编

College Entrance Examination

中国社会科学出版社

图书在版编目（CIP）数据

命运回眸：四川大学与长春光机学院七七级同学共忆高考/殷建中等主编．—北京：中国社会科学出版社，2017.8

ISBN 978 - 7 - 5203 - 1678 - 1

Ⅰ.①命…　Ⅱ.①殷…　Ⅲ.①高考—史料—中国—1977　Ⅳ.①G649.29

中国版本图书馆 CIP 数据核字（2017）第 308624 号

| | |
|---|---|
| 出 版 人 | 赵剑英 |
| 责任编辑 | 车文娇 |
| 责任校对 | 王纪慧 |
| 责任印制 | 王　超 |

| | |
|---|---|
| 出　　版 | 中国社会科学出版社 |
| 社　　址 | 北京鼓楼西大街甲 158 号 |
| 邮　　编 | 100720 |
| 网　　址 | http://www.csspw.cn |
| 发 行 部 | 010 - 84083685 |
| 门 市 部 | 010 - 84029450 |
| 经　　销 | 新华书店及其他书店 |

| | |
|---|---|
| 印刷装订 | 北京明恒达印务有限公司 |
| 版　　次 | 2017 年 8 月第 1 版 |
| 印　　次 | 2017 年 8 月第 1 次印刷 |

| | |
|---|---|
| 开　　本 | 710×1000　1/16 |
| 印　　张 | 20 |
| 插　　页 | 2 |
| 字　　数 | 298 千字 |
| 定　　价 | 86.00 元 |

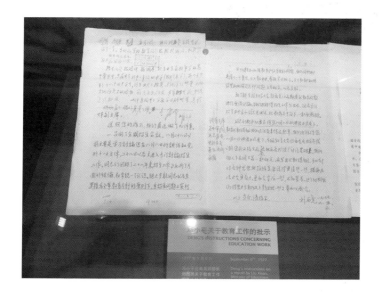

**图1　1977年9月6日邓小平关于教育工作的批示**

资料来源：邓小平故居陈列馆，由邓小平故里管理局授权。

**图2　1977年10月1日教育部《关于一九七七年高等学校
招生工作的意见》的请示报告**

资料来源：邓小平故居陈列馆，由邓小平故里管理局授权。

图 3　1977 年 10 月 21 日《人民日报》头版转发新华社关于高等学校招生的通稿与社论

注：为美观，版面有调整。

资料来源：人民日报社，由人民日报社授权。

《命运回眸——四川大学与长春光机学院
七七级同学共忆高考》

## 编辑委员会成员

陈雪娟　蓝啸风　赖新农　李安泰

王志兵　徐仕高　徐兆丰　薛　澜

殷建中　俞　乔

# 序一　我们都是恢复高考的见证人

今年是恢复全国高考 40 周年，在回忆和纪念这个重大事件时，我想起了那段刻骨铭心的经历。1977 年 4 月 15 日，我以借调的名义到国家教育部，参加筹备全国教育工作会议，以澄清被"四人帮"搅乱了的是非，这是全国教育战线广大教育工作者的一致呼声。我万万没有想到，一个月后，中央组织部任命我为教育部党组成员兼高等教育司司长，我毫无思想准备，也数次向教育部和中组部陈述理由，说明自己不适宜担任这些职务。但是，我的请求都无济于事，我不得不以"临时工"的身份，认真地履行自己的职责。

我身兼二职，一是高等教育司司长，二是全国教育工作会议筹备组副组长。怎么把二者统一起来呢？我决定从调查研究入手，先后到辽宁、天津和北京地区进行调查。那时，各级政府都还没有恢复，依然还是"文化大革命"时期建立的革命委员会。在北京顺义县（现顺义区）调查时，该县革委会姜副主任的谈话，使我受到了震撼。他说："现在大学虽然恢复招生了，但按照'自愿报名、基层推荐、领导批准、学校复审'的'十六字'方针，我们工人和农民子女还是没有上大学的机会。'十六字'就是四个字'领导批准'。因此，必须推翻'十六字'方针，恢复'文化大革命'前的全国统一高考。我们工农子弟不怕考，你们不信可以查一查，'文化大革命'前上大学的还是工农子女占多数。"他的一番谈话，使我看到了拨乱反正的突破口，就是推翻"十六字"方针，恢复全国统一高考，这既是高教司的工作重点，又是筹备全国教育工作会议的重要内容之一。

1977 年 7 月 17 日，十届三中全会一致通过了《关于恢复邓小平同志职务的决定》，从而恢复了他原先担任的党政军全部职务。这一年他已 72 岁，但"壮心未与年俱老"，他主动向中央请缨亲自抓教育和科学。7 月下旬，教育部得到邓小平办公室的通知，邓小平同志将于 8 月初在北京召开科学与教育座谈会，请教育部和科学院各选派 15 名专家参加。我受教育部党组的指派，负责挑选与会代表和会议的筹备工作。我与高教司有关人员商量，最后确定了 16 名专家名单，有老中青代表，但以老专家为主，同时，科学院也挑选了 17 位代表，总共 33 人参加会议。经过协商，我与科学院政策研究室主任吴明瑜共同担任座谈会秘书长，负责会议记录、简报和代表生活与娱乐的安排。国务院机关事务管理局对此次会议十分重视，安排会议代表住在当时条件最好的北京饭店。

座谈会于 8 月 4 日在人民大会堂四川厅正式召开，邓小平亲自主持。参加会议的还有主管科学与教育的副总理方毅、中国科学院副院长李昌、教育部部长刘西尧和常务副部长雍文涛以及有关各部门和新闻单位记者，共 70 多人。会议开得生动活泼，代表发言踊跃，既有揭露"四人帮"对教育的破坏，又有治理整顿的建议。会议进行了两天，武汉大学副教授查全性一直没有发言，5 日晚上他找到我，说："这两天我一直没有发言，我想讲的别人都讲了，不知道讲点什么好？"我对他说："你来得正好，有一个问题大家都没有讲到，希望你来讲。这个问题就是推翻'十六字'招生方针，恢复全国高考。"他说："是的，这个问题都没有讲，我明天就讲这个问题。"查全性做了认真的准备，6 日上午他声情并茂地提出恢复高考和推翻"十六字"招生方针的建议，他的发言得到许多代表的附议。邓小平频频点头表示赞同，他问："今年恢复高考来得及吗？"刘西尧说："今年的招生工作会议于 7 月 5 日在太原已经召开了，恐怕来不及了。"邓小平拍板说："看准了的事要马上改！招生会议开过了，重新再召开一次会议就是了！"邓小平一锤定音，从而揭开了恢复高考的序幕！

教育部 8 月 13 日在北京又召开了当年第二次招生工作会议，由于会议代表对恢复高考争论非常激烈，以至于会议开了 44 天都结束不了。在存与废的关键时刻，9 月 19 日邓小平又召集教育部刘西尧、雍文涛和李琦谈话，严肃地对他们说："教育部要争取主动，你们现在还没有取得主动，至少说明你们胆子小，怕跟着我犯错误，招生会议要尽快结束。"这是邓小平第二次拍板恢复高考，极大地遏制了反对恢复高考的声浪，招生会议才得以于 9 月 25 日结束。《人民日报》于 10 月 21 日，在头版头条发表了《高等学校招生进行重大改革》的消息，这真是"忽如一夜春风来"，恢复高考的消息一日内传遍神州大地每个角落。

尽管招生会议上对恢复高考争论十分激烈，但一旦启动了高考的各项准备工作，包括 1977 年高考的命题、印刷试卷、报名、考试、阅卷和录取工作，都进行得非常顺利。这就说明，恢复高考获得了广大人民群众的拥护，尤其是渴望学习的青少年们。恢复高考是我国当代一个重大的事件，是"拨乱反正"的一个有力措施，是国家和时代的一个拐点。恢复高考的意义，无论怎么评价都不为过，具体地说主要表现在三个方面：

第一，有力地推动了"拨乱反正"，打响了否定"两个凡是"的前哨战役。在"拨乱反正"初期，"左"倾思想还有较大的市场，争论了 44 天的招生会议就是证明。当时，毛泽东逝世还不到一周年，"两个凡是"没有被推翻，"高举毛主席伟大旗帜""坚持无产阶级专政下继续革命"等口号还充斥在各报刊，人们心有余悸是难免的。9个月以后，即 1978 年 5 月 11 日，《光明日报》发表了《实践是检验真理的唯一标准》的评论员文章，开启了全国解放思想的大讨论，直接动摇了"两个凡是"的根基。直到 1978 年 11 月 18 日，十一届三中全会正式否定了"两个凡是"。这充分说明，恢复全国高考是超前的。

第二，解放了千千万万知识青年，为他们学习与深造提供了条件。1966—1976 年，全国下放到农村的知识青年总共 1600 多万人，自 1970 年开始以招工、独生子女和病残等形式，部分知识青年先后陆续返回城市。但是，到 1977 年高考时，仍然有多数知青滞留农村。真是天赐良机，全国高考恢复了，打破了"唯成分论"的限制，考试分数面前人人平等。在恢复高考后的前三届（七七至七九级）总共录取了 96 万人，其中知青占了相当大的比例。我曾经说过，他们是从石头缝蹦出来的人才，具有强大的生命力，当今他们成为我国各条战线上的中坚力量。

第三，极大地扭转了学校和社会的风气。由于极"左"思潮的泛滥，"文化大革命"中一度流行"读书无用"和"教书倒霉"的歪风，还出现了"白卷英雄"和"不懂 ABC 照样干革命"的反面典型。知识分子被贬斥为"臭老九"，人心惶惶，人心思散，致使我国科技水平与国际先进水平差距拉大到 40 多年。然而，高考的恢复，使人们认识到还是只有知识才能改变人的命运。于是，学校里又重新出现了琅琅的读书声，爱科学、争当科学家，又开始成为青少年们的理想。霎时间，"读书无用"和"教书倒霉"也被一扫而光，尊重知识、尊重人才成为社会的新风尚。

1977 年报名参考的学生有 570 万人，最后只录取了 28.2 万，当年的毛入学率只有 4.7%，说明当时竞争之激烈。今年是恢复高考 40 周年，据知七七级同学们以各种方式纪念这个改变他们命运的事件，有的举行聚会，有的撰写回忆文章，有的接受媒体的专访，共同回忆令人难于忘怀的时刻。其中，值得称道的是清华大学公共管理学院的薛澜和俞乔两位教授，他们原来分别毕业于长春光学精密机械学院和四川大学，后来都出国深造，获得博士学位，在国外知名大学执教，后回清华大学任教。他们在繁忙的工作之余，分别联络原来的同班同学，回忆他们参加恢复高考的经历与体会，撰写了《命运回眸》一书，总共有 40 位当年的幸运者撰写了文章。他们都是恢复高考的见证者，他们将把自己参加高考的感情和体会以及成长的经历记录下来，作为史料见证历史上这一改变许多人命运的时刻。

我受薛澜和俞乔教授的邀请，特写了上述一段文字。兹忝为序。

刘道玉

教育部原高教司司长、武汉大学原校长

2017 年 9 月 10 日教师节

于武汉大学寒窓斋

# 序二　机遇总是眷顾那些有准备的人

　　为了纪念 1977 年我国恢复高考招生 40 周年，川大经济系七七级的同学与兄弟院校的学生共同组织编写《命运回眸——四川大学与长春光机学院七七级同学共忆高考》一书，邀我为该书作序。这也触发了我内心深处对那段不寻常岁月的由衷感情和深切怀念。

　　"文化大革命"结束后，我国终结了持续十年的混乱状况，社会开始逐渐走向正轨。十年浩劫的严重破坏对教育战线造成灾难性后果，国家建设人才出现严重断层。要使中国的人才培养重新走上正常的轨道，必定要有一个合理的人才选拔机制。小平同志高瞻远瞩，站在实现我国现代化建设的战略全局高度，毅然决策恢复高考，在全社会产生了深刻反响。恢复高考是中国现代教育史上的一件大事，是"文化大革命"后教育领域拨乱反正、开创新局的分水岭，也是我国弃旧图新的重要标志。这本书通过当年高考亲历者的切身回忆，展现和揭示了恢复高考对当时社会意识、大众观念，特别是对鼓励青年追求知识、奋力拼搏所产生的巨大作用。1977 年恢复高考在彻底批判"读书无用论""唯成分论"的基础上，积极倡导尊重知识、尊重人才，大力推动社会公平，建立了新的大学招生考试录取制度，强调自愿报考、严格考试、择优录取，终结了一个反知识、反科学的荒谬时期。当年全国实际考生数为 570 万人，录取 27 万余人。由此发端，40 年来全国有大批青年进入大学，为改革开放事业输送了大量的各类人才。今年是恢复高考 40 周年，小平同志关于"科学技术是第一生产力""实现四个现代化，科学技术是关键，基础是教育"的英明论断，已成为举国上下的共识和制定发展战略的重要依据。回顾这 40 年来我国科学教育事业发展所取得的巨大成就，使我们更深刻地认识到当年恢复高考制度的正确性和重大意义，也使我们坚持改革开放的步伐更为坚定。

当年我在四川大学分管学生工作，全程带队参加了七七级的招生事宜。在录取过程中，我为有如此多、如此优秀的知识青年脱颖而出、竞相涌现而无比惊喜和兴奋。他们在各种艰难困苦的环境中坚持学习、积极报考的毅力和勇气，对知识执着追求的决心，以及服务国家、回报社会的奉献精神，都深深感动着我，让我对他们刮目相看，为四川大学能招到这样优秀的学生而激动不已。现在回忆起来，往事历历在目，内心百感交集。

1977年高考入学的同学，现在年龄大的已经70岁左右，小的也已50多岁。他们是从一个特殊的历史时期，经过自己的顽强拼搏、艰苦奋争而走过来的。他们经过大学四年及后续的深造，经历实际工作的锻炼和提高，成长为改革开放以及各行各业的中坚力量，在各自的工作单位发挥着骨干作用，许多同学还走上了相关的领导岗位，大家在经济管理、社会科学、专业技术等各领域的实际工作和学术研究方面做出了显著成绩。40年后，他们用自己亲历的鲜活事实和生动笔触回忆这段共和国的大事，确实是一件非常有意义的事情。那场不同寻常的考试，不仅改变了这批青年人的命运轨迹，而且改变了一个国家和民族的前进方向，为百废待兴的中国大地吹来了革故鼎新、改革开放的春风。

同学们通过参加高考这一实际行动，展示出我国一代青年朝气蓬勃、自强不息的精神风貌。他们在这本书里用自己的经历还揭示了一个道理："机遇总是眷顾那些有准备的人。"当时能够参加那场竞争激烈的高考考试，能够坚持到最后并且脱颖而出的人，通常都是那些平时就喜欢读书学习，有坚强信念和学习毅力的人，是那些为了实现人生的目标而不懈努力、决不轻言放弃的人。这对当今的青年们也有着特殊的启迪和示范作用。

当前，我国在坚持和发展中国特色社会主义道路上，党和国家各项事业取得了举世瞩目的成就，我国经济实力、综合国力大大增强，人民生活显著改善。对此，我们这代人感到无比欣慰和自豪，这必将激励着后来人薪火相传，为实现"两个一百年"奋斗目标、为实现中华民族伟大复兴的中国梦和人类文明的发展而不懈奋斗。

饶用虞

四川省人大原副主任、四川大学原党委书记

2017 年 9 月 1 日于成都

# 自 序

我们是四川大学经济系和长春光学精密机械学院（简称长春光机学院，现长春理工大学）光仪专业七七级学生。当年两个群体处于中国的天南地北，相距数千里之遥，所学的专业一文一工，学科相差甚远，但是，相似的生活经历与共同的人生命运却将我们联系在一起。

当您翻开这本书时，我们这批 1977 年高考的亲历者就站在了您的面前。在这里，我们没有鸿篇巨制的作品，没有高深的理论和华丽的辞章，而是用我们真实的回忆和切身的感受，将 40 年前那场高考前后发生的事情，向读者讲述。我们力图以自身的往事，印证与反映一个重大的历史转折对青年命运、社会行为、国家前途的根本性作用。

1966 年 6 月 1 日开始，一场历时十年的逆人类发展潮流而动，极"左"思潮占据统治地位，使中国社会严重倒退、国民经济濒临崩溃边缘的"文化大革命"就此发动。教育领域首当其冲，1966 年高考取消，高校招生因此完全停止。高等学校在 1966—1969 年连续四年停止招生；1970 年和 1971 年个别学校试点招收工农兵学员，每年仅4.2 万人。1972 年虽然部分高校开始招生，但推行"推荐上大学"政策，学制由 4—6 年缩短为 2—3 年。十年间，据估计，为国家少培养了 10 万名研究生、100 多万名合格的大学生和专科毕业生以及 200 多万名中等专业学校毕业生。因此，造成了人才的严重断层和知识极度匮乏的突出问题。

1966 年普通中小学全面停课，几年后虽然中小学逐步复课，但广大学生既无书可读，又认为"读书无用"。中小学毕业生实际上多数达不到相应的文化程度。我们这批当年的青少年，就身处这种混乱的逆境。而我们未来的母校，长春光机学院和四川大学也承受着巨大的冲击。

"文化大革命"结束后，以邓小平为核心的党中央领导集体做出了恢复高考制度的果断决策。这一决策的公布，凝聚了全国人民的思想，成为拨乱反正、国家振兴的突破口，具有划时代的历史意义。同时，也为我们这代青年跨进大学校门、接受高等教育提供了千载难逢的机会。

1977年的高考是中国历史上最特别、最壮观的一次高考。它是中断了11年后，从六六届到七七届12个年级的中学生一起竞争，如果加上当时允许部分七八届高中生提前参加高考，实际上1977年有13个年级的考生一同走入考场。这是一种空前绝后的场景，考生经历五花八门，年龄差距大，他们满怀激情与希望，从工厂、农村、学校、机关、矿山、部队等各行各业走进了全国各地的考场，人数共达570万。参与本书撰稿的两个学校七七级的同学中，就有多位是已经完成高中学业，满怀美好的憧憬，准备复习参加当年高考，却遭遇梦想破灭的六六届高中毕业生；也有许多在学校关闭而失去继续学习的权利，未能完成正规中学教育的同学……

时代的风雨纵然无情，但我们这群年轻人却心中有梦。我们脚踏实地，和亿万人民一起，在社会底层艰苦劳作。我们中间多人在农村被选为队长、队干部，成为生产队的领头人；有的凭着自己刻苦自学的知识，为群众看病送药，为生产队装电灯、安广播；还有多位乡村学校老师，顶住压力，认真教学，使学生的文化知识明显提高，体育文娱活动热火朝天；仅有小学文凭的养路工，也在艰苦的工作之余，为工友们写信读报，在道班出墙报，写总结，在实践中锻炼提高着自己。为了满足自己对知识的渴求，田间地头休息时总能看见我们手不释卷；我们不遗余力地搜求各类书籍，如饥似渴地阅读学习；我们寻找各种机会，向过去的老师、向以前的学长求教。

当恢复高考的喜讯传来，大家展开了最后的冲刺。有的县里举办复习班，在操场上安装扩音器和高音喇叭，授课老师在台上讲，台下几百人席地而坐听课。有的住家太远的同学，天不亮出发走两个小时，赶在 8 点前到场听课，下午 6 点下课，再走两个小时回家。有的把自己关在屋里，几个馒头一壶水，困了眯一会，醒了接着看，有电开灯，停电点蜡，进入"自虐"型复习。有的同学为取得考试资格，高考前几天日夜来回奔波在几十公里的山路和长江水道，直至临考的当天凌晨才拿到准考证……

功夫不负有心人，我们这批同学终于脱颖而出。用扁担挑着行李走进校园的农村小伙第一次乘坐了火车；羡慕花洋布棚下销售员的山区姑娘开始学习用神秘的光束编织天网大棚；曾在工厂阅览室穷搜苦索只翻到几本书的青年，面对着浩瀚典籍的图书馆不禁兴叹；早对社会问题打了无数问号的中学生开始研究资本；几乎被高原改变的热血支边姑娘将学到本领去真正改变高原；怀揣家乡故土红纸包的学子也将可能走向世界……

通过我们书中这些点点滴滴的回忆，你可以体验到这代人的苦难和艰辛，更可以看到我们的拼搏和坚持。在茫茫的人海里我是哪一个？在奔腾的浪花里我是哪一朵？历史不见得会特别关注每一年的高考，但永远会记得 1977 年的高考；历史不一定会记得我们具体个人的姓名与成就，但一定会记得七七级整个群体的命运与奋斗。

七七级是一个勤奋坚韧和执着求索的群体。这批从被耽误了青春的 3000 万人中突围而出、久处知识荒漠的人群，有一种超乎想象的求知欲。他们的年龄存在巨大差异，其特殊的经历培养出勇于追求、不甘沉沦的气质，形成了特有的顽强拼搏、刻苦学习的精神，是中华文化延续重要的薪火传人。

七七级是一个有着独立思考和批判意识的群体。这一经历了社会动乱年代、成长于错综复杂环境的人群，有着改变现状、追求理想的强烈情怀。他们特殊时期的生活道路和复杂经历使其不盲从、不迷信，善于比较鉴别，能够认识到人类发展的主流；注重独立思考、具有反思和批判意识，是国家政治进步坚实的社会基础。

七七级是一个具有社会责任与脚踏实地的群体。他们感恩命运的格外眷顾，珍视历史的独特机遇。这个既有丰富生活经验和经历，又经历了现代高等教育的人群，其个体的命运与国家的前途高度一致。

在理想光芒的照耀下，他们兢兢业业地做好自身工作，积极参与各行各业的现代化建设，是中国经济发展宝贵的人力资本。

回忆是为了展望，总结是为了前行。我们这一代的大部分已经离开了工作岗位，但让年轻的下一代听听那一年的高考和我们的经历，带着厚重的历史感悟，面向远大的前景进发。

# 目 录

## 上篇 四川大学经济系七七级回忆

## 下篇　长春光机学院 **7703** 班回忆

# 上 篇

## 四川大学经济系七七级回忆

参观博物馆——1978 年 5 月摄于大邑县收租院

团支部活动合影——1978 年 5 月摄于青羊宫

七七级经济系毕业留念——1981 年 12 月摄于校图书馆

毕业 20 年师生合影——2002 年 1 月摄于川大工商管理学院大楼

# 失踪的电报

艾 平

光阴荏苒、岁月如梭，那场标志着"文化大革命"动乱基本结束、预示着中国社会改革起步的高考招生制度改革，已过去整整 40 年！40 年岁月的流驰无法冲淡刻骨铭心的记忆，1977 年全国大专院校招生统一考试，那段难忘人生路上的悲喜哀乐、前行途中的惊涛巨浪，情不自禁地时时浮现脑海……

1978 年 2 月 25 日晚上 8 点多，大家正集中在生产队的会议室学习，一阵电话铃声后有人叫我接电话。

从会议室出来到队部办公室接起电话，是场部王瑞虹打来的，她说："艾平，你太稳得起了嘛！居然接到录取通知书几天了都不说一声。"我一下蒙了，去年 12 月我是参加了 1977 年全国大专院校招生统一考试，正焦急地等待考试结果。我忙问："什么通知书，是怎么回事？"她说："今天下午，农场小学的郭老师接到县教育局局长打来的电话，问'你们农场的艾平被四川大学录取了，收到录取电报应该有一个星期了，怎么还不来办手续？学校早已开学，通知她明天赶紧来'。场部的人都在问，这么好的事咋没听你说嘛？你简直太稳得起了，都让我打电话问你一下。"我听到这一番话，一股热流往头上冲，心头一阵乱跳，赶紧稳住神问："我没有收到电报，哪个说的？是不是真的？"王瑞虹告诉我："当然是真的！县教育局局长打的电话，让通知你明天到他办公室去办手续，郭老师亲自接的，绝对没有错，你明天赶快去。"

听到这里，我的心咚咚地像要跳出来了，眼泪哗哗地往下流，多年被压抑的情绪如火山爆发了，丢下电话我发疯似的冲到院子中间，一个人又吼又跳，高喊："考上了！我考上了！！我考上了！！！"其情景如同当年范进中举！这是我这一生唯一的一次得意忘形、忘乎所以！

那些在会议室的知青赶紧冲出来问什么事？得知情况后也拉起我一起疯狂地跳跃……既是为我高兴为我祝福，也是为知青们看到了可以通过考试回城的一条光明大道而兴奋。大家激烈地讨论，兴奋地高歌，欢乐地跳跃，久久，久久不愿散去。

晚上，我躺在床上辗转反侧，既兴奋又忐忑，一夜无眠，思绪万千，4 年前被大学录取后又被拒绝的场景涌上心头……

1971 年，我刚 17 岁，还是一名初中二年级的学生，当时成都、重庆两地约有 4 万初中应届生，来到了云南边疆。我被分配到云南生产建设兵团二师独立二营（1974 年后改制为国营双江农场），地处临沧地区双江县。双江县是一个汉族、傣族、布依族、佤族、布朗族等多民族聚居的地方，从昆明到双江要坐三天的汽车才能到达，是一个靠天吃饭的农业县，基本处在刀耕火种的状态。县城除县委县政府的办公楼外，一家银行、一个邮局、一间照相馆、一间供销社的营业门面就构成了所谓的一条街。我们到的那天恰好赶街（赶集），满街都是穿着民族服装的人，都是黑色的粗布上装饰着民族特色饰品，背着布挎包或背篓，卖的都是山上采来的各种野果和其他山货。我们独立二营是一个农业单位，我和 12 个同学分到二连，是种水稻的。菜是自给自足，种什么吃什么，只有几个品种，南瓜、福尔瓜是最多的，伙食团做菜基本都是白水煮，放点盐，淋上一点儿明油。这几样瓜吃多了，回成都后好多年我都不吃瓜。

1973 年 7 月高校招生，改变了头年只需推荐就可入学的做法，实行推荐与考试相结合。当时我们独立二营分配了四个名额，两个四川矿院，两个四川师院。被推荐的约二十来个兵团知青，我是其中之一，我们到双江县参加了统一考试，事后进行了严格的政审和学校的面试，前四名被录取。我是其中之一，录取学校是四川师范学院（现四川师范大学），一切非常顺利，川师负责招生的老师告诉我，没有任何问题了，现在回去收拾东西，只等录取通知书一到，就赶快来学校报到。

我欢天喜地回到连队收拾行李，我把那些生活用品都高兴地送给朋友和同事，我再也用不上这些东西了，我交接了我手中的工作，队里为我开了欢送会，朋友为我祝福，为我开心。录取通知书如期而至，我们被录取的四位同学，一道去拿录取通知书，可只有三份，没有我的。

我该何去何从，我早已收拾好我的行李，一心去成都上大学了，现在连队是回不去了，我已处理掉我的衣物，交接了工作。

既然已做好了一切走的准备，那就走吧，离开这里，离开双江，在离开之时，心中默默地念叨：别了双江，我再也不会回来了。

我和其他三个被录取的同学一道离开双江，踏上回成都之路，他们三人是回成都读大学，而我呢？到哪里去，去做什么？成都的亲人正为我回成都上大学而宴请亲朋，我如何回去，又如何说？我的路在哪里？那一次从双江到成都之行是我一生中最苦的行程。我从小失去父亲，母亲体弱多病，我从10岁就开始做超出我年龄的劳动，到处打工挣钱，没有享受一天童年欢乐，早已尽知苦难的滋味，但此时我才深深地知道，以前的苦不算什么，而今天的苦、今天的这行程，才是世上最残酷、最心酸、最伤悲的行程。往哪里走啊，受伤的小鸟只能回到母亲的怀抱，也许还有一线生机。望着离我远去的双江，思绪如潮……他们三人因为即将到来的大学生活而兴奋，他们一阵阵的欢歌笑语，就像往我心里撒着一把又一把痛心的盐，但我的性格是从小要强，再难不叫苦，再悲，掉泪不向他人抛，还必须装着若无其事，不让别人同情，不要别人可怜，把心酸的泪往心里流。

回到成都，才更知什么是人情冷暖、世态炎凉，幸灾乐祸的、嘲笑的、关心同情的……在一片善意、同情和悲观情绪的包围中，有人建议我不走了，就在成都，学一门手艺也可生存，有人建议嫁一个郊区农民成家，以我的能干一定可以把日子过好，有的张罗介绍因工伤致残的人，说是结婚后可受照顾调回成都，等等。

他们说的这些办法虽不是坏主意，但却不是我想要的，我不能接受这种自我作践式的生活。我10岁时父亲去世，母亲体弱多病，没有固定收入，靠做针线活养活我们三姐妹。我从小便是母亲的依靠和小当家，10 岁起便包揽了家务，12 岁学校停课后便到处打工挣钱贴补家用，艰难的生活养成了独立、自立的个性，不甘人后，更不愿依附于人。面对这些廉价的同情，我感到羞愧、压抑、痛心。"走自己的路，让他人去说吧"，去做自己该做的事，正如普希金所说："假如生活欺骗了你，不要悲伤，不要心急！忧郁的日子里需要镇静，相信吧，快乐的日子将会来临。"经过此事，我一下子长大了，成熟了，勤奋了，开朗了，过去那个天真烂漫的我过去了，一个新的我诞生了，在经历了迷茫颓废之后，摆脱了痛苦，重新振作，返回兵团，为了美好的明天我要开始拼搏奋斗了。

1977 年 10 月，母亲听说要恢复高考的消息后，马上给我寄来了中学的课本，让我赶快复习。11 月，参加县上关于恢复高考会议的宣传干事，回农场向党委书记汇报会议精神后，书记大发雷霆，吩咐农场不许推荐，理由是这样一来知青会更不安心。好在宣传干事是一位上海知青且为人厚道正派，他告诉书记这是中央的决定，而且只要符合条件都可以报名，挡是挡不住的。书记在无奈之下才同意，但严厉要求不得影响工作。

我们农场是一个只有一千多人的小农场，知青有五六百人，主要是上海和四川的知青，少数是当地知青和老职工子女。当恢复高考的消息传达后，许多原本跃跃欲试的知青，怕日后被"穿小鞋"，也有的怕考不上被人笑话不敢报名。我动员他们：正大光明的事怕什么，今年考不起，明年还去，因为我们只有这一条路了。但最后农场还是只有六个人报名，其中当地高三届知青两人，老职工子女一人，上海知青两人，四川知青只有我一人。

四季度旱地正是改田改土的时候，正是大会战的高潮，每天早上6 点出工，晚上 10 点才收工，饭是送到地头来吃。白天是一点儿耽搁都不敢的，复习只能在晚上悄悄地进行，不敢张扬，无人请教，没有资料，加上我们初中本就没学什么东西，复习就是自学，在静夜无声时，所有人都在享受着一天劳累之后的酣睡，而我却在挑灯夜战，品味着"头悬梁、锥刺股"的艰辛。

　　考试结束后，大家都很关心，纷纷询问每个人考后的感觉。其他几个人对自己都比较满意，只有我说可能不怎么样，这不是谦虚，一是对无把握的事情我习惯于说话留有余地，二是确实心中无数。于是大家得出结论，其中有两三人考得不错，今年肯定有希望，我可能是最差的，对这些议论我倒是不理会。考试之后一直在焦虑地等待结果，可又无任何打听的途径。前两天有消息灵通人士说，县上的考生中已有人收到录取通知书了，但农场还无人收到。我都以为是没希望了，已经准备继续复习再考。现在突然听说农场只有我一人，但我手中什么凭据都没有，仅凭一个电话，明天又会有什么变数？天知道这次是喜剧还是悲剧？内心是七上八下、惶惶不安……

　　就这样胡思乱想一夜，第二天一早到场部，与教育局联系，说局长要晚一点才到办公室。11点左右，我在县革委大楼前问路，正好遇到教育局局长。我告诉他："我没有收到电报。"他说："电报是发给单位的，有单位签收，不可能收不到，但若真没收到，也没关系，我这里有通知，你被四川大学录取，凭我给你的县招办的通知，你去办理相关手续，最后到地区招办（教育局）去领取正式的录取通知书。"他还告诉我，双江县一共录取了四人，农场只有我一人。他给我的通知上是要求25日前到学校报到，但当天已是26日，他告诉我晚两天没关系，你抓紧时间吧。这时候我悬着的心才算落了地，喜极而泪，百感交集。

　　从教育局出来，首先是到邮局给母亲发电报喜，然后回生产队以最快的速度办理各种手续和收拾东西。第三天便离开双江到临沧地区教育局领正式录取通知书，三天后回到了成都。

　　事后得知，云南省招办给考生个人的录取通知书在1月20日前以电报通知的形式发给考生所在单位，要求单位通知考生凭电报到县招办去办手续。同时，省招办将各县的录取名单发给了县招办，正式的录取通知书是发给地区招办的。

　　1977年的高考是非常公平的，而能考上四川大学，是非常不容易的，我们农场去参考的同学中，有两名是高六六级的学生，而且一直在中学教书，却没被录取，而我这个只读了两年初中（还经常停课）

的学生竟然被重点大学录取。除了我考试运气好，还真的是靠我能排除万难，静心自学，才有这样的结果。拼过山穷水尽，才看到了柳暗花明。

挫折已成为我的财富，所以在后来几十年的人生经历中，无论遇到什么样的风雨，我都能坚强地面对，所以别人对我的评价是每逢大事有静气，处变而不惊，得意不忘形。

从宏观来看，我们国家从中央到基层，在不同的岗位上都有我们这代学生的出色表现，为什么会出现这种情况？"问渠哪得清如许？为有源头活水来。"什么是活水的源头，那应归功于那一时代的苦难教育和挫折教育，我们和其他年龄段的人最大的区别就是我们是在苦难和挫折中一路走来的。这代人在经历了那一时代的苦难教育和挫折教育后，苦难、痛苦和挫折让他们心理承受力更强，心态更平和，心地更善良，处事更低调，办事更踏实，做事更敢担当！这是我们能立于不败之地的"活水源头"。当下，我们不希望也不可能让年轻人去接受挫折和苦难，只是想让他们能体会如何从不利的环境中去磨砺意志，使自己不断进取，立于不败之地。

何为挫折教育，一方面，受挫折的人，能正确面对，不消沉，变压力为动力，更坚强。另一方面，对实施伤害的人，能正确对待，不以牙还牙，多些宽容和理解，那我们的社会会更安定更和谐。

我常想，我应该为我自己的坚韧点赞！在我跌入人生低谷时，依靠自己的力量走了出来。世上没有救世主，能让你倒下的是你自己，能让你站起来的也是你自己。

我应该为我自己的果敢点赞！自强不息，永远奋进，没有与机遇擦肩而过，只要努力了，无论成功与否，都不会留下遗憾。

我还应该为我自己宽容的心胸点赞！宽恕别人便能解脱自己，不纠结于往事才能目光向前，良好的精神状态是对关注、关爱你的人的最好回报。

我们这一代人，因为时代的原因，经历了太多的苦难和挫折，这既是我们的悲哀也是我们的财富。痛苦、磨难、挫折，让我们拥有坚强的心，不怕吃苦，敢于担当，百折不回；培养了我们善良、真诚、包容的品德，懂得感恩和珍惜。

愿我们的社会政治越来越清明，法制越来越健全，个人在社会生活中得到越来越多的尊重和自由。

修改于六月初

**1972 年摄于云南生产建设军团**

艾平，四川成都市人，1954年出生，1971 年初中毕业后赴云南生产建设兵团二师独立二营（后改制为国营双江农场）成为支边青年。1977 年参加高考，被四川大学政治经济学系录取。1982年毕业后分配到中国人民银行四川省分行工作。2000 年调入成都银行，任总经济师，直至退休。

# 岁月如歌

陈　涛

　　窗外下着沥沥细雨，虽然已近五月中旬，但纽约的这个周末依然寒气袭人，蜷缩在沙发上听老歌，拿着 iPad 读同学们回忆高考的文章，不禁也让我的思绪飞回到了 40 多年前，往事一幕幕如电影般在眼前浮现，恍如就发生在昨天。

　　高中的生活在茫然和彷徨之中结束了。1975 年夏季，在"广阔天地，大有作为"的号召下，未满 18 岁的我来到双流县永福公社九大队五小队插队落户，开始了两年多的农村生涯。

　　由于无处安身，刚开始只能暂住在一户赖姓农民家。在那里，我交到了我的第一位农村新朋友，一条名叫招财的大黄狗，它是全生产队里最凶猛的一条狗。初见招财，它就向我飞奔扑来，给我来了个下马威，如果不是它的主人及时制止，极可能把我扑倒在地。虽然受了些惊吓，但我打心眼里喜欢这只狗，它既凶猛又憨厚，对陌生人张牙舞爪，而在主人面前唯唯诺诺，十分听话。随着时间推移，我和招财成了好朋友，每次返回城里，我都会设法弄些肉骨头给招财带回来，劳动之余也常和它一起玩耍。当时农村几乎每户人家都养狗看家，因此不敢轻易去队里农民家串门。记得我当生产队记分员时，要去各户核对工分，由于怕狗，影响差事，后来想出一招，把招财带在身边，狐假虎威——人假狗威，其他的狗就老实了，这给我带来极大的方便。那时生活清贫，要吃鱼肉真不容易，但每当有鱼肉吃时，我都记着给招财留一口。狗通人性，而招财尤其懂事儿，知道我是它的朋友，对我特别好，很听我的话。和招财的友谊一直保持到上大学前，临行那天，队里在赖姓农户的林盘里办宴席为我送行，聪明的招财好像感觉到了什么，一直陪伴在我身边，最后离开时，它跟在我自行车后面，跑了很远，很远。

从赖姓农民家搬出来后，住进了生产队保管室的一间破房子里，房子虽破，但福利甚好，可免费享用保管室里的菜油。保管室旁有一条小河沟，每当夜幕降临，收工哨响，回家做饭前，总会在小河沟里洗洗脸，坐在河沟边小息。袅袅炊烟从林盘里飘出，收工的农民手牵水牛肩扛犁耙走在田埂上，看着这暮色中的景象，一天的劳累忘在脑后，心灵也得到休憩。晚饭后，队里的年轻人喜欢来我这里打扑克百分和摆龙门阵。最开心的是，每到插秧季节，我们会一起点着煤油灯去夹黄鳝，然后在我的寒舍做油煎鳝鱼，再去队里的小卖铺打点白干酒，猜拳行令，一醉方休，在枯燥的农村生活中找点乐趣。

繁重的农活，对我们这些初来乡下的知识青年是最严酷的考验。记得第一次干农活，初来乍到，什么都不会，只能去踩打谷机，一天下来，腰酸背痛，感觉整个人像散了架一样，第二天，即使咬紧牙关也坚持不下去了，无奈之下，只能去做一些力所能及的杂活。由于脚不能踩，手不能提，肩不能挑，生产队长把我分配到老弱的妇女组去干轻活。一个大男人和那些婆婆妈妈为伍，自尊心受到严重伤害，为此，我向生产队长提出，我要和那些小伙子们一样去担谷子，队长同意试试，让我先担半箩筐。从最远的田里把打好的谷子挑到保管室，需要走几里路，队里的小伙们挑着百多斤的担子，健步如飞，一口气挑到保管室，途中根本不歇脚，而我挑半担谷子，不仅累得气喘吁吁，途中还得休息好几次，而且弓腰驼背的挑担姿势引来那些婆婆妈妈们的好笑。队长劝我放弃算了，但自尊心使然，坚决不肯。学会了挺直腰板，学会了左右换肩，从半箩筐到满箩筐，从歇脚数次到不歇脚。功夫不负有心人，一段时间后，我终于能和队里的小伙子们平起平坐，一争高下了。由于挑担主要用右肩，久而久之，结成茧巴，至今我的右肩要比左肩高出一些。

"背着太阳过西山"，播麦，插秧，割麦，收稻，打谷，挑担，跳进牛粪坑里刨牛粪，改土造田，推鸡公车上粮，各种各样的农活，从不会，到会，再到熟练，艰辛的劳动不仅锻炼人的体魄，也磨炼了人的意志。那时的想法很单纯，积极劳动，多挣表现，争取早日实现儿时的理想，当一名光荣的中国人民解放军战士。

当兵的理想缘于父母，父母都从部队转业，父亲是二野的兵，经历过挺进大别山、淮海战役、渡江战役、解放成都和进军西藏。小时候最喜欢听父亲讲战斗故事，因此，当兵就成了儿时的梦想。为了挣表现，不仅要努力劳动，还须积极参加公社的各种活动。为此，我加入了公社业余宣传队，农闲时，到金马河工地和各大队慰问演出。我也成了公社知青篮球队的一员，代表公社去县里比赛，而公社每季出一次的墙报也是由我和另一位知青负责。由于表现积极，下乡一年后，被评为1976年度双流县优秀知青，胸戴大红花，回到县城参加表彰大会。

风云变幻的1976年过去了，1977年似乎给人们带来更多的希望，特别是10月份恢复高考的决定让成千上万的知识青年有了自己新的梦想。此时此刻，大学梦也开始在我心中萦绕。

1977年下半年，高考已成了大家的热门话题，母校双流中学已开始举办高考补习班。我是双流中学高七五级三班毕业生，学校的老师最看好的就是我们班的学生，因为我们班在当时被称为"上智班"，那源于邓公1973年复出抓教育，正当届的我们初中升高中是经过严格考试筛选的。记得当年考试时，所有班级全部打乱，坐在你旁边的是低年级的考生，你根本无法作弊。最后，双流中学只录取了三个正规高中班。为了便于教学，进校后又根据成绩分了三个班，一班大部分学生来自农村，成绩在三个班中最差，二班成绩中等，但体育文艺人才均在此班，我们三班成绩最好，自然成为"上智班"。由于对知识的极度渴望，在经过"知识无用论"长达十年的困扰之后，同学们重返母校，个个跃跃欲试，开始了全力以赴的高考冲刺。

说实话，在农村的近两年里，几乎没读过什么书，大部分的时间是在瞎混和挣表现。高考的日期已临近，所剩下的复习时间不多，时不我待，看来只能头悬梁、锥刺股了。高中时的数理化成绩都不错，因此，最初决定报考理科。当时，我们家有两位考生，我和我哥。我哥大我两岁，但我们同校同年级，他是高七五级二班的，喜欢体育文艺，是学校文体活跃分子，但数理化成绩一般，因此他选择报考文科。那时，家里房间少，我和我哥同住一间，他复习史地而我复习理化。熬更守夜，一同复习，但彼此相互影响，我解题的思路常被他打断。他总爱问我各种史地问题，时间一长，我自己好像都知道了许多文史题。比起理化题的灵活，似乎文史题更容易些，这样我开始萌发了改考文科的念头。知己知彼，百战不殆，问了问高中那些成绩较好的同学，他们全都准备报考理科，因此，感觉文科竞争要小得多，就这样决定弃理从文。去公社报名那天，遇见高中同窗扬勇同学也去报名，当他知道我要报文科时，惊愕不已，当问我缘由后，他决定推迟一天再报名，以便回家再好好考虑考虑，好在他没有改变主意，坚持理科，最后考上了东北工学院（现东北大学）。

在准备高考的同时，也在为落榜寻找出路，如果高考失利，那就去实现儿时的梦想——去当兵。我妈妈那几年都在县征兵办公室工作，省军区驻双流机场守备连准备在双流招几个文化兵，要高中生，招兵的领导通过我妈妈知道了我的情况，安排一天让我去部队面试并让我出一版宣传墙报，他们很满意，同意招我。一旦高考名落孙山，就去入伍当兵。

1977 年 12 月，在希望、刻苦和焦虑中走完了高考准备之路，改变命运、实现梦想的时刻就要到来。我所在的高考考场设在双流城关一小内，考试前，全体考生在校外灯光球场集合，有关老师交代高考事宜，偌大的球场内上千考生鸦雀无声，大家都在静静地等待这决定命运的最后一搏。两天的考试，可能过于紧张，许多考试的细节都记不得了，而记得最清楚的是，因为参加高考，父母格外恩惠，两天都在县城最好的馆子吃鸡鸭鱼肉，大快朵颐。

考试之后，自我感觉良好，不出所料，收到了高考体检通知，离实现大学梦想又前进了一步。由于填报高考志愿没有经验，再加上有当兵垫底，因此在报志愿时，有些草率，省内只报了四川大学的三个专业，中文、政经和历史，省外报了复旦大学、武汉大学和北京广播学院，没报中专。如果川大不录取，省外的可能性更小，因此，愈近发榜之日，愈发心虚。

1978 年 1 月是在等待之中度过的，希望和失望并存，梦想和梦碎同在，人生关键的一步不知是否迈得过去？

　　那是一个寒冷的早晨，高中好友李尚明同学骑车来到我家，兴奋地告诉我，他被长沙工学院（现国防科技大学）录取了。通知书是寄到他所插队的公社，同时和他一起被长沙工学院录取的同学因家住成都，公社让他帮忙送一下通知书，他让我陪他一起去。我迫不及待地问，川大发了吗？他回答，听说好像也发了。此言一出，我顿时心凉半截。看见我变化的表情，他安慰我道，只是听说而已，具体发没发，他也不清楚，同时，他又告诉我，他的那位同学家住四川财经学院光华村，其父亲是省招办的，去他家送录取通知书，可顺便向他父亲打听一下川大录取的情况。怀抱一线希望，骑车上路。冬天的成都天气阴冷，而我的心情比这阴冷的天气还要凉。一路上，老同学侃侃而谈，我则沉默寡言。中午时分到了光华村，见到了那位同学的父亲，他肯定地告诉我们，四川大学已经发了录取通知书，此刻，我完全绝望了。离开光华村，找了个小酒馆，借酒消愁，虽然老同学一再安慰，但大学梦已经破灭，沮丧的心境难以平复。

　　无精打采的我和李尚明同学回到县城，道别分手后，我大脑一片空白，独自骑车在县城瞎逛，以发泄心中的忧伤。途中遇到一位熟人，见面就向我恭喜，我问，何来之喜？他说，恭喜你被川大录取了。我一头雾水，再问，哪里来的消息？他说，双流县城已传遍了，双流中学有两位同学被川大录取了，一位是你，另一位是你们班的戚仁华同学。虽然半信半疑，但希望的火花又在心里重新燃起，告别这位熟人，急忙登车回家，刚进家属大院，就看见我哥手拿录取通知书向我大喊"涛涛，你被川大录取了"。真是"山重水复疑无路，柳暗花明又一村"，笼罩在心中的乌云终于散去，眼前浮现出一抹朝霞，旭日东升，前程一片光明。

　　几天后，我又收到了北京广播学院电视新闻摄影专业的复试通知书，要我去成都文化宫面试，由于已被川大录取，就放弃了面试的机会。我们双流中学高七五级三班也没有辜负"上智班"的称号，当年，共有十多人考上大学，而我是其中唯一的一位文科生。

　　时光荏苒，青春不在，虽身在异国他乡，但耳边时常会响起那熟悉的旋律。青春的岁月像条河，岁月的河啊汇成歌，汇成歌，一支歌，一支蹉跎岁月谱成的歌，一支歌，一支充满奋斗和理想的歌，一支歌，一支拨动人们心弦的歌，一支歌，一支难以忘怀的歌，而知青生涯、高考经历以及随之而来的四年大学生活则是这首青春之歌的主旋律。

**1981 年摄于川大第一教学楼**

陈涛，河北枣强县人，1957 年出生，1975 年高中毕业下乡插队。1977 年参加高考，1978 年进入四川大学经济系学习。1982 年考取四川大学对外经济贸易系研究生，获经济学硕士学位后留本系任教。1989 年赴美，在密西根州立大学攻读博士学位，后在美国政府部门做经济分析统计工作，现定居美国纽约。

# 九九归一

陈治平

套用一句广告词，我不是在讲故事，我只是历史事件的记录者。

我从小就喜欢读书，那时候的理想是上大学，当工程师。一切都很顺利，不论小学或是中学，我的各科成绩在班上都是前几名。事情的转变是从1971年开始的。17岁那一年，我的人生轨迹就不以我的意志为转移了。

我们那时上山下乡有两条路。一条是去农村插队，另一条是到边疆参加解放军。我选择到边疆主要是看中解放军和对异族他乡的向往。我去的单位全称叫中国人民解放军云南生产建设兵团一师五团一营七连，地方在西双版纳傣族自治州勐海县勐遮坝。五团原名为国营黎明农场，于1955年4月由中国人民解放军四兵团十三军的复转军人创建。当时国营黎明农场属军垦性质，主要任务是保卫边疆，归思茅军分区的三十九师主管。1970年2月，根据中央军委批示，黎明农场组建为中国人民解放军云南生产建设兵团一师五团。1974年9月，中央军委撤销云南生产建设兵团一师五团番号，恢复其原国营黎明农场称谓，归云南农垦总局领导。

在这样的背景下，我们这帮知识青年说起来是解放军建设兵团的战士，实际上不像军人，不像工人，不像农民，也不像学生。具体一点讲，是解放军没有军装，不是解放军又有钢枪；干农民的活路拿工人的工资，拿着工人工资又是学生上山下乡。当时边疆的生活真的很苦，肉是很少吃的，一两个月吃一回，里面加了菜也才一人一小碗，比四川人喝酒的冷单碗那种小碗还小。因为我们是坝区的农业连队，菜是有吃的，顿顿水煮菜，水面上漂着几颗油。农忙时都是团里到别的连队调猪给我们改善生活。贫瘠的食物和超大强度的工作量，对十七八岁的年轻人来说就是既累又饿，想家想得要哭。

一个连队百把个知青，北京、上海、昆明、重庆的都有。总的来说，北京知青来得不多，显得深沉；上海知青多是郊县的，文化水平不高但劳动本领强；昆明知青都是中专生，年龄偏大；而重庆知青人数最多，年龄最小，人称"小四川"，是个打架闹事最亡命，出工干活最舍得卖力气，兵团领导称之为"两头冒尖"的群体。

人都是社会性的。在老工人的劝说和知青的相互影响下，连队知青群体逐渐有了变化，从刚来的失望、无措、沮丧，到开始思索自己的出路。于是，一些人把恋爱变成了婚姻，组建了甜蜜的小家庭，热衷于生儿育女；一些人洗心革面，做田间地头的勤快人；更多的人是在想办法离开边疆。所以，各个连队打架闹事、小偷小摸的事情少了，上班劳动、看书学习的人多了，支边的生活进入了一个相对平稳的时期，这段时期是1974—1978年。

也就是在这段时间，我的人生出现了第二次转变。刚到边疆的时候，我和其他知青一样，面对完全不是自己想象的环境而感到不知所措，也很痛苦。但我有我家传的人生准则：穷得硬肘，苦得快乐，绝不随波逐流。我也努力挣表现，在一些人呼天抢地抱怨命运或者忍受不了清贫偷鸡摸狗的时候，我是老老实实跟着老工人学习劳动技能，再苦再累不吭一声。生病了、受伤了也坚持出工。记得有一次去放牛，脚丫被竹桩刺穿了，流了好多血，第二天套上筒靴照样上工地。栽秧和割稻都是光着上身，不晓得云贵高原阳光紫外线的厉害，背上晒得通红，然后起大水泡，最后脱皮。我脱过好几层皮，颇为自豪，认为这就是接受再教育的脱胎换骨。将近三年的时间里，我保持了出工全勤。1973年，我代表云南建设兵团一师五团重庆知青出席了重庆市上山下乡知识青年先代会。往返重庆途中，结识了同是支边青年的陈际瓦、马儒沛、程昌文、杨恩芳等。1974年，又代表黎明农场知青出席云南省上山下乡知识青年先代会。

我是初中毕业去的云南。初中上了总共一年半，每天只上半天课，课堂上得到的知识极为有限，也极为宝贵。到了云南后，求知的欲望仍然很强烈，可是没有了读书的机会，也没有可看的书。所以，欲望只能埋在心头，干劲尽量使在地头。实在想看点什么了，只有到文书那里找几张《云南日报》，晚上凑在煤油灯下享受接触文字的快感。毛主席说要读点马列，并且点了六本必读的书。我们兵团也有读马列读出了名的重庆知青，居然把《反杜林论》啃下来了，真让人佩服。1972 年，我在五团一营营部参加了《共产党宣言》读书班，李成魁教导员授课。人生第一次接触马列理论！几十年来，我一直把这本写满了我的"眉批"的《共产党宣言》带在身边，直到退休前捐给了重庆市档案馆。这是我以后进川大读《资本论》最早的理论底子。后来，知青的学习问题开始得到重视。上海复旦大学在边疆为知青开办了函授班，我很荣幸被挑选为学员。这次学习内容比较丰富，有语文、历史、哲学、地理等，面授和自学相结合。我们营共有七个同学，编成一个小组，组长兼辅导员由营部宣传干事方松汉担任。2015 年我回云南农场时专程去看望老方，他还保留着我们当时的合影，可惜第二年他就因病去世了。几年后，七个同学中，连同我有三人跨进了大学校门，分别是北大、川大和云大。

1974 年下半年我被调到营部任组织干事兼党委秘书。1975 年年初，本人主动要求下连队。几经周折，指令到一营一连任党支部书记、指导员。这个连队是全团最大的连队之一，职工约 250 人，五脏六腑齐全，除了一线的班排，连部、学校、卫生室、食堂、运输班、木工班、牛栏、猪圈和鸭棚子都有。我在这个连队任职三年直至上学离开，基本上改变了连队的面貌，得到营、团（即分场、农场）领导的肯定。担任指导员不久，全团就在我连召开了"大批大干促发展"的现场会，对我是莫大的支持和鼓励。1977 年 10 月，广播里传来恢复高考的消息，我完全没有感觉。我没指望我能去考学校，因为领导们不会放我走。我也没指望我能考上学校，因为当指导员这几年，一心扑在工作上，满脑子都是职工思想、生产进度那些事，根本没再好好读书。上大学，儿时的梦想，早就破灭了。可是这个消息对在边疆干了七八年甚至更长时间的广大知青来说，无疑是天大的好事。得知可以通过考试而不是只有推荐上大学，凡自认为有点基础的，都兴奋得不得了。大家四处寻找复习资料，找各种理由不出工在家里看书，出工时也在交流复习体会。学习氛围空前浓厚，复习材料成了抢手的宝贝。

在大家的影响下，我终于决定报名参加考试。当年的报考绝对是史无前例的，可以同时报中专和大学。我想我还有点文字功底，就选择了文科。在选择学校上完全以能够返回家乡为标准。中专学校，我选了重庆第一师范；大学呢，我把四川大学政治经济学系作为第一志愿，武汉大学图书馆系为第二志愿，北京大学图书馆系为第三志愿。在今天的学子们看来，这个排列肯定是要笑掉大牙的，可是当时我只能从自己的实际出发咯。

11月中下旬，连队最忙的时间过去了，我找连长说我想考大学，考不考得上都要去试试，需要点时间复习。他特别支持我，叫我放心复习，什么都不要管。当时离开考的时间已经很近了，匆忙中，我做了些考试复习的准备工作。主要是收集可用的书籍。可怜啦，能找到的无非是中学的几本数理化课本，还有一些复旦大学的函授教材。每天下班后，就躲在宿舍里看书，做练习题，背化学元素符号。由于荒废的时间太长了，又没人辅导，复习的困难很大。特别是数理化这一块，完全是凭记忆从头学起。实在搞不懂的，也只有向比我懂一点的朋友请教。考试的时间慢慢临近了，复习进入冲刺阶段。最后九天，我索性关上宿舍门，准备了一包茶叶、一包老草烟和一条金沙江牌香烟，抽烟喝茶提神，没日没夜看书做笔记。除了到食堂打饭，基本上没出过门，也没上过床。实在困了，就趴在床边眯一下。回想起来，我真心感谢连队的其他领导，这段时间里他们完全没有打搅我，默默为我分担队里的大事小事。还有住在我宿舍隔壁的老同志彭元芬，多年来不管我下班回来多晚，她都要给我留下一锅热腾腾的洗脚水。这几天，只要我一出门打饭，她就赶快把自家做的菜端到我桌子上，没有一句多余的话。写到这里，我的眼睛已经湿润了，我是永远忘不了他（她）们的。

1977年12月10日，是恢复高考云南省第一天考试的日子。我们的考场设在团部中学的教室里。一大早，我强打着睡眠不足的精神，和同伴们骑着单车，冒着寒冷的晨雾向考场奔去。谁也没说话，田野一遍寂静，只有车轮滚动在公路上的沙沙声，可能大家还在心里为考试作最后的准备。

首场考试是语文。云南省的语文作文试题是《青松赞》和《攻书莫畏难》，前一个是散文，后一个是议论文。因为精神状态不好，我没有心情抒情，就选择了《攻书莫畏难》。写得还算顺利，按时交卷。后来才晓得，由于没有经验，作文中我用了十多个自制的简化字，被当作错别字扣了十多分，悬哪。以后的政治、史地都考得不错，分别是72.5分和82分。最喜剧的是考数学。一上场拿到卷子就懵了，解方程求几何都不会！翻来覆去看了几遍，终于找到一个把红苕，一道10分的三元一次应用题，三下五除二把它做了。剩下的时间怎么打发呢，又不能出去（不到半小时），就在草稿纸上比着自行车铃铛画圆圈玩，玩够了时间才出考场。亲爱的三元一次，宝贵的10分，没有它，数学就要交白卷，大学梦就彻底毁了。考完大学后，12月15日又考中专。有了大学考试垫底，上中专考场就轻松多了，场场自由发挥，提前交卷，每次出考场看到的都是监考老师赞许的眼神。

人生最难翻的一个坎就这样过了。回到连队后该干什么干什么，上大学的事几乎都忘记了。本来就没抱什么希望，也没去想会有什么结果，时间顺溜溜就翻到1978年。一天，这个日子我记得很清楚，是3月3日，有人叫我去营部（即分场场部）取电报。我想不好，肯定家里有什么事了。骑车急急忙忙赶到营部，拿到电报拆开一看，天哪！是四川大学的录取通知！电文是"黎明农场一分场场部：你场陈治平录取四川大学，凭此电到县招办办理手续，到州招办领入学通知书赴校。省招办"（标点符号是我加的）。梦想竟成现实，幸福来得太突然，当时的心情无以言表，幸好血压不高。身边的营部领导和工作人员纷纷祝贺我，那时不兴发红包，否则他们都有搞头。还没回到连队，"指导员考上大学了"的消息早已传开了，大家都很高兴，毕竟这是全连乃至全营第一个通过正规考试上大学的。接下来几天里跟过节一样，顿顿有人请去喝酒，反正天天醉。我也不知道流了多少泪，特别是相对自己的恋人。用俗话说，心里打翻了五味瓶，太复杂了。从到云南的那天起，天天盼着离开，真的要走了，又特别舍不得这个地方。舍不得三年来用心血建设的连队，舍不得待我像亲人般的老同志，舍不得朝夕相处、甘苦与共的战友，有好多好多的舍不得啊！这是我付出了七年的青春、抛洒了鲜血和汗水的红土地。临走时，我去团部向敬爱的老团长曹中原告别，流着泪对他说，毕业后我还要回来。老团长叹气说，你回不来了，你是国家的人。

九九归一。终于，我携带着简单的行李，坐上突突的手扶拖拉机，流着泪挥手告别了送行的亲人、恋人，走上了归乡之路，走入了人生的又一条轨道。

别了，养育我的红土地。来了，梦中的神圣殿堂。

2017 年 4 月 25 日

摄于 1978 年 3 月

陈治平，重庆市人，1954 年出生。1971 年初中毕业后赴云南西双版纳解放军生产建设兵团，先后任战士、班长、排长、连长。1977 年考入四川大学经济系。毕业后分配在北京国家设备成套总局工作，后调回重庆市级政府部门，曾任重庆市统计局副局长、重庆市荣昌县副县长、重庆市档案局局长，2014 年退休。

# 我的高考记忆

董亚平

高考是一段久远的记忆。快 40 年了，仍然那样清晰、亲切。

1977 年恢复高考时，我是西藏自治区林芝县巴结公社二队的插队落户知识青年，一个立志要在广阔天地大有作为的农民，生产队给我取了一个藏族名字——达娃，是月亮的意思。

我的家乡在湖南长沙，我毕业于长沙市第二中学（现长郡中学）。1976 年春，北京一批高中毕业生主动申请到西藏插队落户，在全国应届高中毕业生中反响强烈，湖南各中学数千学生积极响应，纷纷申请。经层层审查，最终我们七男七女 14 名高中毕业生获得省里批准，于 1976 年 9 月底进藏，10 月下旬来到西藏林芝巴结公社，开始了扎根边疆、建设新西藏的知青生活。一年后，逐步融入藏族农牧民群众当中。我们能和他们一起弯腰锄地种青稞，进山砍树捡蘑菇，骑马放牧牛羊，能用不太流利的藏语与村民唠家常，还爱上了糌粑、血肠、酥油茶。

1977 年 11 月初，林芝秋收完成，已经进入寒冷的冬天。一天，我们和村民们一起在半山腰搞农田基本建设（青壮劳力参加，整修农田水渠）。只见一位五六十岁干部模样的人，在一个年轻人的陪同下，从山下公路旁的便道走了上来。一见到我们就问：这里是巴结公社吧？他环顾了一下四周，向近旁的人打听：从湖南来的知青在哪里？此刻我们就在他附近。听到他的问话，我们很疑惑。他是谁？他找我们干什么？略懂汉语的民兵营长一边指着我们，一边告诉他：这，这……这些都是。原来当年才十八九岁的我们已经与当地农民融为一体，他已经分不清哪个是湖南知青，哪个是当地藏族农民。

我们聚到了他的身旁，他将我们一个个仔细地看了又看，还是疑惑地问了一句，你们就是湖南知青？得到肯定答复后感慨道：你们的变化真大啊！还穿上了藏装。他接着问：你们知道恢复高考的事吗？有人答，知道。那你们开始复习了吗？有人说，我们是来西藏农村插队落户的，怎么能去参加高考呢？这时，我看到他一脸凝重，但仍然很和蔼地继续问我们，你们远隔千山万水，小小年纪就离开父母，从湖南到西藏农村来插队落户，为了什么呀？建设西藏，改变西藏贫穷落后的面貌，没有丝毫犹豫，在场的知青几乎是异口同声说出了这句话。他点了点头，又问，你们现在是高中毕业吧？你们现有的知识能建设好西藏吗？到大学深造学习专业知识，才能更好地建设西藏啊。接着，他蹲了下来，随手捡起一截树枝，在土地上边划边循循善诱地讲解着上大学与建设西藏的关系，诱导我们一定要好好复习参加高考。停在山下路旁的汽车喇叭声响起时，我们听见跟在他身旁的年轻人说，首长，车修好了。他才慢慢站起身，边走边叮嘱，你们一定要参加高考，记住了！

看到他离去的背影，我们有点懵。他是谁啊？为什么一定要我们参加高考？我们要参加吗？这时，大家七嘴八舌地议论起来。从收音机里听说过恢复高考的事，那好像是很遥远的或别人的事，没有人把它与我们自己联系起来；在我们的印象中下乡两年以上才能招工当兵推荐上学。那时西藏交通通信很落后，一封航空信要十来天才能到，平信更要二三十天，收到的家中来信还未谈及过高考。傍晚收工后，我们边做晚饭边听收音机，也仅仅听到三言两语，还是不太明白。

又过了两天，公社把我们召集到一起说，接到县里通知，根据自治区党委书记任荣的指示，务必动员所有上山下乡的知青参加高考。还说，他见过湖南知青。哦！动员我们参加高考的是自治区最大的领导啊。

说来奇怪，当时，我们并没有兴高采烈，甚至有点惶惑不安。我们是从数千志愿者中挑选出来的知青，我们曾于9月9日毛主席逝世当晚，在故居前宣誓，扎根西藏干一辈子革命。参加高考，岂不是违背初衷吗？何况离高考只有一个来月，哪里去找复习资料，又应该怎样复习呢？要知道，当时我们身边的书除了马恩列斯毛的著作，只有几本知青手册和卫生常识等。该报考什么专业呢？我们身边全是藏族农牧民，我们找谁咨询请教？到 11 月中旬，我们陆续收到父母要求我们参加高考的信件以及复习资料（全部摞起来不到半尺高），终于弄明白恢复高考是怎么回事了。

　　这时西藏高考的具体方案出来了。我们报了名，开始了全靠自己的复习。开始我们不敢请假，只能利用劳动间歇一起讨论复习资料。一同出工的村民会投来异样目光。有一次，八一区藏族区长参加我们的农田基本建设，看到我们在讨论复习资料，便来到我们身旁说，你们要参加高考？真的舍得离开这里？话语中充满深情关切和不舍。是啊，到西藏一年来，当地领导和老百姓给予了我们多少关爱和帮助啊！把我们的知青点安排在 318 国道旁比较富裕的巴结公社，在老百姓的欢歌笑语中，住进临时腾出的原集体粮食库房，打扫得干干净净的卧室里摆放着新床，厨房里有新垒的汉式灶台、锅碗和饭桌，室外堆着成垛的木柴。当年冬天又拨出专款在生产队最好的地方建起知青点新房。劳动时，队长派给我们的活是最轻的，工分却是高一个档次的；生病或受伤时，无论队长还是普通村民都会主动问候，送来糌粑、酥油茶。一天夜里，有一个知青，加灯油时错将汽油当煤油，瞬间砰燃的火焰烧伤了脸和前颈。乡亲们听到我们惊慌的声音，立即赶过来，马车转拖拉机送到十余里地外的八一区人民医院，住院期间一直派人悉心照料，直至伤愈。在插队期间，村里的年轻人，经常来到我们的厨房（兼餐厅客厅）品尝美食，了解我们的生活，大家一起手舞足蹈相互学习藏语汉语。出工时，我们尽全力学习劳动技能，有的参加医生培训成为走村串户的门巴（医生），有的学习缝纫给村民制作衣服，还有的学习开拖拉机、果树嫁接，有的勇敢地参加最为艰苦的藏民运输队，用骡马、肩扛背负的方式，翻雪山，越丛林，趟冰河向当时西藏唯一不通公路的墨脱县运输物资……我们就这样与当地村民同甘共苦，患难与共，结下深厚情谊。年长者待我们如子女，年轻者视我们如兄弟姐妹，内心深处真的舍不得离开。

　　几天后，县里要求公社给我们放假，我们终于有了十来天整段时间在家（知青点）复习。那年，西藏的高考是先体检后考试，考试前两天的体检结果拿到手时，我却因一只眼睛视力不好未拿到准考证！那个焦急，那份无奈，那种心堵，我几乎崩溃。这时，大家一起想办法，找到了以前看病时结识的八一区人民医院院长，他仔细检查了我的眼睛，又详细地询问我报考的专业，毅然填上矫正视力 1.0。拿到准考证，一块石头终于落地。我就这样，怀揣学好专业知识、报效西藏人民的愿望，走进考场，尽我所能完成了一份份考卷。

在等待高考结果的日子里，我们仍然像往常一样白天与村民们一起劳动。但我们的心里却多了一份期盼，期盼能如愿考上理想中的大学，同时也添了一份焦虑，如果考上了，该如何向乡亲们告别！

1978 年 2 月上旬，大学录取通知书陆陆续续送达，我们 14 人都考取了大学或中专。因报到时间和距离远近不同，考取内地学校的先行离开。

生产队为我们举办了欢送晚会。村里的大人们聚集在平时开会的屋子里，孩子们围着房子嬉戏打闹。屋里的人围坐成一圈，生产队长几句开场白后，人们开始传递盛满白酒的搪瓷杯轮流喝酒，争先恐后地讲述着一年多来我们中的各种趣事糗事，喝到兴奋时，大家边唱边跳。我醉了，好多人都醉了。

我们知青点的人商量好，最后一个离开的，负责将知青点集体所有的一切东西交给生产队长。那天，我将收拾完的行李放到拖拉机上，就返身回屋将房子重新打扫了一遍。乡亲们聚集在拖拉机旁边，有的拿出几个煮熟的鸡蛋，有的递过来一包奶渣、野桃干或苹果，泪光在老阿妈眼里闪动着，一遍遍叮嘱我们好好学习，别忘了巴结村，别忘了大家。我激动得不知说什么，只是一个劲地重复着：巴扎！巴扎！（谢谢！谢谢！）乡亲们的扎西德勒彭松措（祝吉祥如意）之声环绕耳旁，我们在祝福声中依依惜别……

我们在内地上学的五个人，经过十几个小时的大客车颠簸（从林芝县城到拉萨）和两个多小时的飞行（从拉萨到成都），四天后来到成都，准备一起乘火车回长沙看望父母后再分赴各地上学。带着大包小包，挤公交车到火车北站下车时，我们中的一个人发现放在皮大衣内侧口袋里的钱和粮票被偷光了。这是她回长沙乘两天两夜火车和中途转车的全部费用。没顾得上痛骂小贼，想想报案也于事无补，我们四个人数了数身上的钱，怎么也凑不够买五张火车票的数。人生地不熟该怎么办？我想起来，我的学校是四川大学，就在成都啊。我不回家，不就够了吗。于是，我将身上的钱和粮票交给他们，一人背着行李转车来到了位于九眼桥外的川大。

进得校门，只见金灿灿的油菜花旁有一栋两层的红砖楼房。拿着录取通知书问路人，答曰：新生报到还早哩，你怎么这么早就来了啊？终于有位女生，她热情地把我带到红砖房二楼的一间寝室，让我坐下休息，同寝室的女生们投来好奇的目光。友好的问候，让我顿感轻松不少。后来我才知道，这是经济系七六级的女生宿舍。学校真漂亮，她们真好！

开学了，终于开学了。原本比较安静的校园顿时热闹起来，800多名恢复高考后的首批学子们在川大开始了全新的生活。我怀着无比崇敬的心情，坐在课堂里认真听着每一位老师的讲解，却几乎是云里雾里。经济学理论对于当时的我来说本就艰涩难懂，作为外省人的我，基本听不懂老师们带有浓厚地方口音的四川话（只有两位老师说的是普通话）。双重难懂，让我陷入痛苦中。想想报考时的理想和乡亲们的嘱托，我只得加倍努力，一边学习专业知识，一边学说四川话。教室、图书馆、寝室、食堂，四点一线成了我们校园生活的轨迹。散发着浓郁油墨味的教科书、喷涌的报告文学作品、各种讲座，让人应接不暇。同学们废寝忘食认真学习的态度、各种思想理念碰撞的火花、成熟缜密的思维方式以及他们丰富的生活阅历都深深影响着我。上大学真好。

在1982年1月毕业，我兑现承诺，回到西藏。当年插队落户的巴结公社二队，在山脚下生长着一片千年古柏。其中一棵已有2600多年，树干高达50多米，十几个人才能合抱。想要看见树顶，需把头仰至极致，人在树下都会感觉十分渺小。我从这里吸取营养，从这里走进课堂，走向社会。

2016年9月9日，是我们到西藏插队落户40周年，也是毛泽东主席逝世 40 周年纪念。我们重聚出发地韶山，忆当年，述初衷，感慨万千。在 40 年的时代变迁和生活磨砺中，我们告别了激情懵懂的少年，告别了辛勤耕耘的青壮年，开始了夕阳无限好的自由自主的生活。

谢谢高考的恢复！谢谢一路上给我关怀、帮助的人们！

**1978 年摄于川大学生一宿舍前油菜地**

董亚平，湖南省长沙市人，1958 年出生。1976 年长沙市第二中学（现长郡中学）高中毕业后志愿申请赴西藏自治区林芝县插队落户务农。1977 年参加高考，1978 年进入四川大学政治经济学专业学习。1982 年毕业后分到西藏自治区计划经济委员会工作，1994 年调中共四川省委办公厅工作，2013 年退休。

# 回忆高考

高精文

我 1947 年出生，1977 年恢复高考时已到 30 岁的年龄。俗话说，三十而立，当时我已成家立业，有了妻子和儿子，是在家乡教初中的一位民办教师，按理说已经过了读书的最佳时期，那我为什么还要参加 1977 年高考？

不是为了当什么科学家，当什么官，也不是为了实现"四化"，振兴中华，说白了，参加高考就是为了跳出农门！按我们当地的形象说法，就是"从糠箩兜里头跳到米箩兜里头"。

我老家是在四川省永川县（现永川区，归重庆管理）乡下，永川属于川东丘陵地区。顺便提一句，小平同志就是我们川东人。这里有一点煤炭资源和水利资源，但主要还是搞农业。由于自然条件、生产要素、管理体制等诸多方面的因素，永川当时还很穷，说是穷乡僻壤一点都不夸张。

我是地地道道的农村人，农村人在成长过程中所经历的磨难，明显要比城里人多。从我记事起，家里总有干不完的活、做不完的事。1955 年下半年，我开始读小学。那时年纪小，贪玩、贪睡，早上天不见亮，我还在床上美梦正酣，就被父母叫起来，把家里喂养的水牛牵出去吃草（我们那个地方的土话叫"旺牛"，牛吃了带露水的青草更肥更壮），一直到牛吃饱了才准回来。过后吃早饭，时间已经很迟了，只能急匆匆地赶往学校。夏秋季，气温高，不冷，早上起得早，问题不大，一到冬季，温度低，人一出门，冷得直哆嗦。那时家里穷，没有鞋穿，光着两只脚，在外面待上两小时，两只脚冷得通红。不久，在脚后跟处形成冻疮，奇痒，用手乱抓，最后溃烂，痛极。整个冬天，不知要痛哭多少次，直到次年三月末天气转暖才逐步好转。下午放学，父母又要求我背上与我身高差不多的竹背篼，出去割牛草割兔草。到晚上，要帮父母做家务，洗菜、烧火、带弟妹。每隔一段时间，帮父母把稻谷加工成米。那时没有打米机，家里吃的都是自己加工，程序多，包括推谷、风谷、筛米、碾米、风米等，一般要做到深夜才能完，又累又乏，躺在床上不到两分钟就睡着了，这种情况一直持续了好多年。

1961 年秋，我考入县属第一中学，住校。此时的情况比以前稍好一些，学生每月 28 斤粮，肉说是半斤，实际只有三四两，每学期要到几公里外挑煤挑粮四五次。我记得，当时每学期的学杂费是十多元，每月伙食费是三元，但很多时候父母这点钱也拿不出来。

1964 年秋，初中毕业，我以较优异的成绩考入当时唯一招收高中生的县城中学。这时国家形势向好，经济得到发展，人民群众生活好转，粮食、肉类、副食、工业品等相对丰富，学生的伙食改善不少，每个星期可以吃回肉，量也增加了，教学秩序也比较正常。如果一切顺利，1967 年考入大学的可能性是相当大的。无奈到了 1966 年，"文化大革命"开始了，课都上不成了。

那时家里只有父亲一个劳动力，有两个年幼的妹妹，母亲因风湿关节炎病常年卧床，连饭都不能做。我回到家，只能出工挣工分，没有其他门路。整天就是做完集体的，接着做自家的，自留地多，能干活的人又少，不连轴转不行。开始时，对农活不太熟悉，我 13 岁就住校读书，只在农忙假和寒暑假回家帮忙，没有系统完整的干过农活，最主要的还是身体素质不行，体弱，对那种超负荷强度大时间又长的体力活完全不适应，一天下来，筋疲力尽，站着就想坐着，坐着就想睡着，动都不想动，那眼皮呀，总是不由自主地想合拢，巴不得马上就休息就睡觉。但是，不能啊！活没干完，该干完的活必须当天干完。算算时间，从天一亮就干起，到天黑回家，再做家务，煮饭喂猪，真正歇下来要在晚十点以后，整整十多个小时。

四川的农村，不仅家里的活多，生产队更有干不完的活。一年到头，放假的时间不多，除春节可以休息几天外，平时基本上没休息机会，除非老天下大雨根本不能出工才可休息半天。生产队统一出工，以队长吹哨为准。农忙季节，包括上半年收小麦、栽早稻，下半年挖红苕、收晚稻和点小麦等，共有两三个月时间。这期间，除正常出工时间外，还要加班加点，即还要出早工、赶晚工。这段时间抢季节，该收的收，该种的种，是最辛苦的。这种辛苦程度，是今天的年轻人根本想象不到的。除了劳动时间长、劳动强度大，那时能吃的东西是有限的。饮食差，不要说鸡鸭鱼肉不多，就是平常炒菜的菜油都少得可怜，农村人的营养补充普遍跟不上。买肉，要肉票，买糖，要糖票，买点菜油，要指标。有钱买不到东西，什么东西都紧缺，都要票证，实际上，每天能吃个饱饭就算不错了，还奢谈什么鸡鸭鱼肉！

就永川地区的情况而言，生产队搞得好的，能分到的粮食，包括稻谷、小麦、红苕等，基本够吃，略有节余。这只是少数，不到五分之一。大多数生产队只能说"接得拢"，所谓"接得拢"，就是平时省吃俭用，计划好，粮食刚好够，差点，也不太多。还有些生产队可能由于管理不好，可能因为自然条件，可能是天气原因，加上瞎指挥等，收成不好，分到的粮食不多，每年都要缺粮，长的要缺两个月三个月。经营不好的、现金收入不多的生产队，除了粮食不够吃，辛辛苦苦干了一年，不少家庭还要向生产队补钱。

农村家庭的收入，主要来自生产队的工分。生产队的总收入，包括向国家卖粮食的收入，出售生猪、牛、羊的收入，渔业收入，以及种植经济作物的收入，例如，种植水果、甘蔗、蔬菜等收入，除以全生产队工分总数，得出一个工分的工分值。我记得生产队搞得最好的一年（只有一年），一个强劳动力一天可得一元，以后逐年下降，到我走的那一年，只有六角，这个水平在全公社所有生产队中，属于上等，还有差的和更差的。那些家庭劳动力少、工分挣得不多的要向生产队补钱。我从学校回家刚参加劳动时，每天可得八分，还算比较合理，毕竟自己的生产技能赶不上全劳力。虽然工分不是很高，但不管怎么说，从我参加劳动后，没有再向生产队补钱。

上面讲的事可以说是很普通的，当时农村的贫困落后，我在这里用笔墨是难以形容的。所以，与大多数回乡知识青年一样，我是急切地希望早一天跳出农门。

到 1972 年以后，大学开始招生。当时是推荐上大学，我没有机会。

转眼到了 1975 年秋，乡小学根据小学毕业人数决定，除少数到县属第一中学读书，绝大多数就地读初中，就是所谓的"戴帽中学"，以前只是小学，现在加上初中班。当时新增四个班，每个班至少要两个教师，算下来就要新增八个。全乡能够教下初中的人屈指可数，找来找去总要差两三个，不知道在哪次会议上想起我这个正牌的高中生，教初中应该没问题吧？从这年秋季起，我就成了一个民办初中教师。所谓民办，就是没有正式编制，属于地方所办，没有工资，只有少量补贴，每月 15 元（当时学校正式职工最低工资都是三十几元，教师还要高一些）。15 元，说老实话，和我在生产队出工的收入差不了多少，但工作轻松多了，而且名声好听，别人一问，是老师，不是那种整天脸朝黄土背朝天的农民，多自豪！

我接手的初中新生班，戴帽在一所村小，有小学班四个，由一座寺庙改造而成，距乡里有四公里左右。新生由附近两个村小的毕业生组成。称为毕业生，是因为这些学生读满了五年（当时小学读五年，初中两年），至于水平如何，另当别论。我教语文，不少学生作文错别字连篇，写了半页纸，前言不搭后语。后来才了解，教村小的老师本身就是一个小学生，没读几天初中。农村学生家务事又多，做了这样做那样，父母很多是文盲或半文盲，白天忙生产队的，晚上忙自己的，没有时间也没有能力辅导孩子。这样的学生，基础肯定差，现在升学读初中了，每周还要集体到五公里多远的山上劳动一天，究竟能有多少时间学习，能学到多少东西，只有天才晓得。

1977 年秋，由于我的教学水平还比较高，乡小领导调我到另一学校教民中，学校名称为"五七中学"。学校在一座山上，距离乡里五公里，只有两个班，教师吃住均在学校，我成为四个教师的小头头，负责学校的日常事务。该校学生也是由两个村小的毕业生组成，半数学生每天要走很长的路，有的到学校有五公里多，冬天特别恼火，天未亮就要离家，到校时手、脚、脸都是通红通红的，可见农民家的孩子要读点书有多辛苦。

现在的人可能不会理解,能够跳出农门,成为一个吃供应粮的工人或国家干部,是当时很多农村人梦寐以求的。我当时只是一名民办教师,没有完全跳出农门,只蹬出了一只脚。对于现状,自己还是心有不甘的。

1977年10月,恢复高考的消息传来,在永川也激起了强烈反响。有人欢喜有人忧,那些具有真才实学但没被推荐的青年人兴高采烈,跃跃欲试;那些虽持有初中或高中毕业证,其实没学到什么东西的人,心里十分担忧和矛盾,报了名担心考不上丢人,不报名又觉得没面子。我是属于第一类人。这年乡小新调来一个夏校长,比较开通,很替年轻人着想,他鼓励那些代课的、民办的青年教师积极报名。我虽然已经30岁了,但符合条件,能通过高考跳出农门是我多年以来的愿望,机会当然不能错过,所以第一时间就报了名。

从报名到进入考场,中间有一个月时间,应当承认,学校的复习时间要相对充裕些。和我在一起的其他三个老师都是年轻人,全是代课的,为了能转正,或者更保险,他们先后报名参加高考。在这期间,他们不知从什么地方弄来了多套复习题,一天到晚嘴里念念有词,生怕背漏了背错了,我倒觉得没有必要。国家没有公布考试大纲,十余年没有高考,考试的范围和深度不清楚,要复习,看一下相应的课本即可,拿一些死题来背,自己就把自己限制了,反而对复习没有多大的帮助。我教的科目是语文,数学也教过一段时间,自我感觉还比较好,所以我只找了一些旧的史地书来看,整天倒也轻松自在。那时农村还没用上电,一到晚上没有什么可看可听的。一盏煤油灯,灯光一跳一跳的。借着煤油灯的光亮,我复习了所有考试科目并做了些练习。山上晚上风大,说是土瓦房,墙上开了不少大小不一的缝,屋外是大风,呜呜作响,屋内是小风,直往人身上钻,还好,年轻人肝火旺,不怕冷,看书看到深夜疲倦了,在木床上被子一盖,不一会就睡着了。

1977年12月10日,我走进了神圣庄严的考场,用实力接受祖国的挑选。

已经是 1978 年年初了，记得是农历最后一天，即大年三十，我上街办事，路过邮局门口，突然听到一声："高老师，有你的信。"扭头一看，是局里的邮递员张某，因平时经常碰面，算是熟人。"签字。"一支笔一本签字簿丢到我面前，还没有等我完全反应过来，一个比平常信封稍大的牛皮纸信封递到我手里，眼光一扫，落款处是四川大学。赶忙签完字来到街边，小心翼翼抽出信纸，"四川大学录取通知书"映入眼帘。我握信的双手微微颤抖，内心突然有种想哭的感觉。我闭上双眼，呆立原地，脑子里空白一片。良久，我睁开双眼，抬头望向远方，觉得天空是那样的蓝，两旁破旧的房屋是那样的美丽，匆匆而过的行人是那样的友善……

大年过后的一天，我提着一个有点破损的小木箱，踏上了开往成都的火车。就这样，我上大学了。

2017 年 4 月于重庆

**1982 年毕业照**

高精文，重庆永川区人，1947 年出生。1967 年高中毕业，1968 年回乡参加农业生产劳动，1975 年后担任农村中学民办教师。1977 年参加高考，进入四川大学经济系政治经济学专业学习。毕业后分配至重庆第二财贸学校任教师（后该校并入重庆财贸职业技术学院），任经济学副教授直至退休。

# 闲聊大学生活

高林远

接到新农同学发给我的短信，要我们这些同学写一篇回忆高考和大学生活的文章。我当时真有点犯难。因为写回忆文章，一是身份要特殊，草根庶民的回忆，是没有人当回事的；二是经历要特殊，我这个人，不仅在大学期间表现平平庸庸，而且一生也碌碌无为，连一个像样的梦都没有做过，自然就记不起过去有什么事情值得写进回忆文章中了。再者，当年参加高考是糊里糊涂的，接到录取通知书也是懵里懵懂的，进入大学后更是恍而惚兮的，高考前后的事情在脑中几乎是一片空白。因此，迟迟没能动笔。

直到前几天，唐成忠同学约几个朋友聚会，聊起了大学时期的一些往事，才多少找到了一些感觉。于是，才有了这个交差的东西。

正因为要写这个东西，所以我在网上看了一些这方面的文章。我真佩服这些作者，他们不但连参加高考的时间、地点、作文题目、高考成绩和自己怎么做题的都记得清清楚楚，而且接到录取通知书的心情也表达得淋漓尽致。特别是对当时的心情描写，基本上就是一个模板：没有接到通知书前，是如何忐忑，接到通知书后，是如何激动。而对于自己人生的变化，基本命题就是，进入大学之前，生活在低层社会，进入大学之后，就如金榜题名一样，一下就进入了上流社会。总之，这些回忆烙着中国士人文化传统的深深印记。

我不怀疑别人的感受，但我自己的感受是：参加高考前，虽然生活很苦，但当时并不觉得特别苦，进入大学之后，虽然生活有很大的改善，但每月常有饭票和菜票不够之虞；高考前虽然生活在社会底层，但草根与草根交往，大脑的负担比较轻，心理压力也很小，进入大学后，跟天之骄子和社会精英为伍，不仅多了点刘姥姥进大观园的感觉，而且跟刘姥姥不同的是，她老人家身份没变，进入大观园后可以毫无顾忌地继续保持贫下中农的本色。但我不同，因为碰巧混进了天之骄子的队伍，深恐把持不住自己露出了草根的本来面目，因此少不得必要的伪装。而要伪装自己，就要活得比以前累得多。比如，过去没有读过多少名著，莎士比亚、巴尔扎克、大小仲马这些稀奇古怪的外国人，连听都没听说过。所以，就天天往图书馆跑，找这些人的东西看。直接动因就是想把自己伪装成有点学问的人，最终目的是避免被有学问的同学耻笑。

　　说实话，我的这种转变，虽然动机并不高尚，甚至还有点卑鄙的味道，但这正是我从人生青春期向人生成熟期转变的标志。上大学之前，老师经常教育我们说，你们是"新中国的儿童"，远大理想就是做"新少年的先锋"。但对自己来说，那时的理想就是把学习搞好，当一名令同学羡慕的学生干部。经过自己的努力，自己的确做到了这一点，在小学入队不久就当上了少先队大队长，初中是校学生会主席，高中时没有设学生会，但学校给了我一个校团委副书记的官衔（书记由分管共青团工作的老师担任）。那时的自我感觉真是太好了。进入大学后，当初的想法是至少要弄个班干部干干。但殊不知，大学和中学的差别，简直就是花果山和凌霄殿、桃花山和聚义厅的差别。孙悟空可以在花果山称王称霸，而且还幻想到天庭弄个齐天大圣做做，但努力结果却是，来到高手如林的凌霄宝殿，要么到御马监养马，要么去蟠桃园护园，连参加蟠桃大会的资格都没有。周通也是这样，在名不见经传的桃花山上，他可以以小霸王自居，到了水浒寨的忠义厅，他就得敬陪末座，当一只小爬虫了。当时班干部的选拔制度、程序好像没有现在这么复杂，基本上都是老师根据个人的综合实力来决定官阶。这里讲的综合实力，不是单纯的高考成绩，主要侧重于入学前担任过什么领导职务。大家都知道，我们那时候的同学，不仅都有十年寒窗的经历，而且不少老三届的同学，更多了十年世事的历练，其中不乏早已修成正果的精英。相比之下，我们就是小菜一碟，别说干部队伍有编制的限制，就是扩编十倍，我们弄个课代表的资格恐怕也没有。面对这样的现实，我终于清醒了，当学生干部的理想没有了，取而代之的就是尽快充实自己，使自己更显得有学问一些。

由于这样的动机作祟，加之当时新文学潮流来势凶猛，文学青年的吸引力犹如今天的明星大腕，自己也就误把"学问"等同于文学知识的积累，主要精力都放在了看文学书籍上，在经济学专业上所下功夫不多。所以，考外国经济史时，自己得了 71 分，在班上好像是最低的。有了这样一个教训，自己开始注意专业的学习了。在以后的两学期，我在专业学习上虽然比以前刻苦了许多，但成绩仍然不是太好。于是，我悟出了一个道理，搞学问既要靠勤奋，更要靠天赋，天赋加勤奋，成功的机会多一些，没有天赋，再勤奋也没有用。爱因斯坦说过一句话，所谓天才，就是百分之九十九的勤奋加一分的天赋。这句话肯定没错，但百分之九十九的人恰恰就缺那一分天赋，所以多数人都难以成为天才。我没有那一分天赋，学习成绩靠努力是上不去的。有了这样一个想法，自己又开始不务正业了。大学四年，同学中我和唐承忠在一起的时间最多，我俩在课余时间，要么跑到图书馆看文学书籍，要么就逛望江公园，或到处找电影看。到考试前夕，才临阵磨枪，躺在望江公园的竹林坝子下，用尽洪荒之力，苦背几天讲义以及老师出的复习思考题，就把考试应付过去了。

不管是按照当时的标准还是按照现在的标准，我当年都算"问题学生"。特别是在当时，上大学被看成是极其不易的事，很多年龄稍大一点的同学都极其珍惜这来之不易的机会，抓紧时间、拼命学习几乎成了一种本能的冲动；"向女排学习，为国拼搏"是当时的流行语；施光南的一首"祝酒歌"曾勾起了无数天之骄子对未来的美好憧憬。但我当时并没有这种远大的志向，一心想的是早点毕业找一份正式的工作，然后结婚生子，养家糊口。这种表现和现在的大学生相去甚远，因为现在的大学生身上寄存的希望太多，祖辈希望他们光宗耀祖，父辈希望他们出人头地，三姑六婆希望他们有所作为，社会希望他们成为国家栋梁。在这种重压之下，他们比我们早熟，很小就懂得为自己的未来去奋斗和钻营。而我们那时候没有这个压力，学习好不好只与毕业分配单位的好坏有点关系，不存在找不到工作的问题。所以，在当时的我看来，大学四年的生活价值，不是体现在有无远大的理想上，而是更多地体现在有无乐趣上。理想固然在意识形态上有着极高的审美价值，但理想毕竟不是现实，快乐生活，凭兴趣学习才是最好的选择。所以，在专业上不求甚解，在政治上不求进步，对班上的重大事件漠不关心就成为自己大学四年的生活常态。

由于自己的表现不是很好（当然也不是很差哈），自然就引起了上级领导的关心。我记得，学习委员肖俊周同学就经常利用寝室卧谈会的时间开导我和唐承忠，希望我们珍惜机会，好好学习。还有团支部的领导易琼芳同学也在团支部会议上提过，希望我和唐承忠同学要好好学习、天天向上之类的劝告。今天想起这些，我还真诚感谢这些同学，试想，放在当下的大学校园里，同学之间还有这种不带任何功利目的的谈话交心吗？

说完学习上的事情，再来聊聊当年的一些生活琐事。当年物质产品比较匮乏，什么东西都要靠票证。其他票证我就不说了，单说一下酒票。那时班上的酒票是由生活委员去领的，但酒票的发放可是由班干部集体研究决定的。发放的原则没有公示，可能是以会议纪要的形式在内部备了案的。大概意思是，女同学不发，不喝酒的男同学不发，虽然能喝酒但年龄小的男同学也不发（估计是出自于对年轻男同学的关心）。按照这种分配制度，我们几个年龄小一点的男同学从未得到过酒票。我们看到的是班上几个老大哥经常在寝室小酌，令我们羡慕不已。虽然下酒菜就是几颗花生米甚至是从饭堂打回来的泡菜，但他们对喝酒的态度，大有东坡之遗风、孔乙己之认真，但独缺李白之豪放。记得有一次，晚饭后，我和唐承忠去学校大操场散步，走到工会小卖部时，正巧遇见王和青同学拿票去买酒，一共买了四两酒，我就问他，"你们那多人喝酒，买这点太少了嘛"。他很惊讶地反问我一句，"你娃说这还少吗？"我说，"当然少嘛，还不够我一个人喝"。他就和我打赌，非要我当场把这四两酒喝下去，我接过杯子，一口就把四两酒喝了，然后就散步去了。至于王和青回去是怎么给等着喝酒的同学解释的，我不得而知。但后来坊间就有了一种说法，说我抢王和青的酒喝，置老殷（建中）、老刘（居纯）、老陈（智）他们几个于"酒瘾来了，喝酒未遂"的尴尬处境。我听说这件事情后，又觉冤枉，更感害怕，因为事情的原委就是打赌，并不是我抢来喝的，再说，我也知道这四两酒是给老殷他们几个老大哥喝的，我再想喝酒也没有这个胆去抢呀。于是，我专门找他们解释了事情的原委，他们当然很宽宏，原谅了我这个年龄小但尚能喝酒的同学，但坊间的说法并没有因此消失。

说到大学生活，自然不能不说爱情。我记得当年我们年级中还是出了不少这种事情的。比如说，谁和谁经常在一起，某男同学又经常帮某女同学抢占座位，某某某又给某某某写情书送鲜花，等等。对于这些事情，我只有羡慕的份，连想弄半点绯闻在身的幻想都没有。可能有的同学不相信我的这种说法，因为从生理学意义上说，那时正是荷尔蒙分泌最旺盛的时期，不可能不想这些事情。从审美学上讲，看到既漂亮又有知识的异性，难道就没有半点感觉？这里的问题是，生理问题以及审美心理最终是受理性支配的，否则，要么和其他动物一样，要么就变成情痴。明知不可偏念之，是中了癞蛤蟆爱情综合征的病毒，结果只能是画饼充饥式的短暂自慰；明知不行偏为之，是天蓬元帅霸王硬上弓的做法，下场就更惨。所以鲁迅说，焦大不可能爱上林妹妹。但焦大不爱林妹妹的责任不在焦大，而在于林妹妹对焦大没有这个意思，更何况焦大知道林妹妹是宝玉的知己。当时我们班上热恋中的几对，双方都具有吸引对方的力量，自然就会形成你恩我爱的磁场。我就不行，连和女同学搭话的机会都很少，拿经济学的话来说，就是缺乏买方市场，使用价值的档次很低。我当时就想，爱情是讲品牌的，大学是爱情的高档商场，出入的不是大家闺秀，就是名媛淑女，自然没有我等这类低档货的位置，只有毕业后，再到廉价商场碰碰运气。再说，我在进大学之前就有一个女朋友，感情的基础还是比较坚实的，加之自己也缺乏陈世美那种敢于从事婚姻革命的胆量和气魄，所以，当时的我的确没有这方面的念想，毕业后我也没有去廉价商店推销自己，而是直接和原来的女朋友结了婚。说句大家今天都可能见笑的话，我们属于那种先结婚后讲恋爱的传统婚姻模式，既不存在花前月下的浪漫，更无山盟海誓的相互表白。所以，当时我对那些写情书、送鲜花的事情就搞不懂，心里老在犯嘀咕，情书和鲜花会比川大后校门西施面馆的素面好吃？班上偶尔举办的交谊舞会有什么意思？后来我才明白，自己素质不行，缺乏欣赏阳春白雪的能力和情趣。直到今天我都还不大会跳舞，给老婆写的信，也和工作报告差不多。

大学毕业后，我分到了陕西财经学院，因为不习惯西安的生活，想调回四川，所以托当时在四川省委宣传部工作的殷建中同学帮忙在成都给我联系单位。老殷真好，立马就给我联系了四川师范学院（现四川师范大学），于是，我在1984年12月调回川师，并在川师工作到退休。

写了上面这些文字，心里总有点惴惴不安的感觉，似乎给人的印象就是，我是从大学里跑出来的混混。其实不然，上大学并不看重你自己怎么样，而是看重你遇到的老师和同学怎么样，不是强调你学到了多少书本知识，而是强调学校赋予你的发展潜质怎么样。我进入大学时，虽然自己不怎么样，但遇到的老师和同学都不错。给我们授课的老师中，不乏才华横溢、特立独行的优雅学者。很多同学，无论是有着很深交情的，还是见面仅仅点头的，虽然可能彼此"不相为谋"，但是其所表现出来的勤奋、能力乃至胆识和心理，都具备了社会精英的潜质。在这样一个豪华的人际环境中，即使你是闰土，也自然会沾染一些迅哥儿的灵气。所以，当自己离开生活四年的川大时，带走的不仅是一张川大文凭，更多的是这所大学赋予她所有学生的相同潜质。

俗话说，梦想是年轻人的专利，回忆是老年人的嗜好。在远离母校几十年后，回想起当年的大学生活，当年觉得平淡无奇的东西，现在才知道十分的珍贵。因为回忆是对不会再现事物的念想，只有经历了人生旅途的波诡云谲之后，才会懂得同学之间那种质朴纯真的情感。如果一切可以重来，我会选择珍惜，可是这不现实。过去了的，想留也留不住，于是我选择了回忆，东拉西扯地写了上面这些文字，一来向新农同学交差，二来借此向老师和所有同学致谢。感谢你们的培养和关爱，正是你们的言传身教，才使我懂得了生活，懂得了学习和成长，不仅实现了儿时理想的涅槃和人生的华丽转身，更教给了我教育学生和培养子女的理念与方法。这不仅使我从中直接获益，而且可能会在今后被儿孙提及，成为家族遗产中的重要组成部分。如果是这样，本人就无愧列祖列宗了。

摄于 1981 年

高林远，四川仁寿人，1956 年出生。1977 年参加高考，进入四川大学经济系政治经济学专业学习，毕业后分配到四川师范大学工作。曾任中共四川师范大学党委书记，现为经济学教授，四川省学术技术带头人，四川省社会科学界联合会副主席，四川省经济学会名誉会长，教育部长江学者通信评审专家，四川省哲学社会科学评奖委员会委员。

# 我的从"农村大学"到
# "城市大学"之路

黄志亮

我父母是银行职员，20世纪50年代初响应国家号召由重庆市到贵州省大方县支边工作，我1955年出生在那里，在六姊妹中排第三。1973年7月，我从大方一中毕业，毕业即在家待业，期间曾短时间在大方化肥厂做零工。由于偏好读书，无工可做时看点闲书，不时思考青春出路。父亲希望我拜师学中医，因看不到前景我不敢贸然应允。但当时多数知青响应党的号召到农村去，这对我有触动。但父辈并不希望我成为下乡知青，因小时右手曾骨折，经不起重体力活，加之，按政策可以不下乡。经过一年的蹉跎岁月和思考，我认定只有到农村才是有志青年应走的大道：一则党号召"广阔天地，大有作为"；二则曾看过高尔基《我的大学》，从而联想到高尔基可以在俄国社会底层读他的大学，我为何不能到农村去读我的大学并"接受贫下中农再教育"呢？三则高中时代看过《鲁滨孙漂流记》留下深刻印象，自认为青年应该到艰苦环境中磨炼自己，到农村肯定不会有鲁滨孙的日子艰难。于是，我说服家人同意了我申请到农村，申请得到政府的鼓励。因此，1974年9月，我独自一人到山清水秀的大方县六龙区五凤公社进峰大队龙井生产队插队落户。

就这样，主动选择了去贫困落后的原生态农村锻炼。龙井队坐落在距县城25里、距区镇10里的山谷地，那里不通公路、不通电、无电话、无自来水、无广播电视，200余亩田土，九成为土，主要分布在高山腰及浅丘上，田占一成，分布于山间的小河两岸，共居住有王氏和张氏两个家族为主的近30户原住民。真正到了"农村大学"才发现"理想很丰满,现实很伤感"。在这里所修的每一科目及课程都是艰难而充满挑战的,挺过道道难关之后慢慢回味时,才发现在山村的自修也是充实而富有收获的。

到农村的最初入门课程是"山村生活课"。我被安排先借住在王副队长家,与他的儿子共住一里外间,他儿子住能见阳光的外间,我住阴暗不见阳光的靠山坡内间,虽有不爽,但只有将就,毕竟是主人腾出一小间给我暂住又不收房租。从这里开始,我要自己到五六里外去背煤烧火、挑水做饭、洗理衣物,还要在分我的六分自留地自种菜吃,不说做饭洗衣,仅是要把农村的那种泥土灶烧燃不熄就是难事。幸好有热心的村友指导帮助,他们还经常送我一些小菜、豆腐,常让我觉得民风淳朴、心怀感动,一年后我搬入生产队的一间较大公房居住,条件大为改善,这让我的苦涩生活渐渐变得有滋有味,首次感到可以自食其力了。

最难的还是山村的"农业劳动课"。龙井队主要种植玉米、小麦、土豆,辅种稻谷、烤烟,由集体统一安排劳动。繁重的劳作是每天必修,记得第一次劳动即是到高山上收获成熟的玉米棒子,别的村友摘满一大背篓(150—200斤)稳稳地在崎岖陡斜山路上往回背到公房,我摘了七八十斤背上也往回走,一不小心就滑了跤,玉米棒子撒了一斜坡,我沮丧地满坡一个个找回重新装回背筐,在热心村友帮助下,百般小心地背回公房,此时,其他村友已经背回了第二筐,按斤记工分,我的工分不到他们的1/3。此后,不服输的我只得耐着性子虚心向有经验的贫下中农求教,虽然笨手笨脚但一点一滴地学会了很多农活:挖地、播种、追肥、插秧、收割,等等。冬季最主要的任务是在超过45度的斜坡上搞农田基本建设,为防水土流失,要将坡土改为梯土,必须开山取石,我力小手笨不敢用大锤,村友照顾我,让我手扶钢钎打炮眼,在打好的炮眼里装火药,炸开石头用于垒梯坎。艰辛的农耕让我体会了"晴天一身土,雨天一身泥,天灾一把泪"的内涵。一年后,我居然一背能背一百五六十斤,身体很结实,亲历后发现劳动确实能锻炼人。

最鲜活生动的是农闲时的"乡情课"。自然村的业余生活是单调乏味的，看日报也要迟到半月。农闲时，我做得最多的是走家串户与老农聊天，或是约几位村友到我房间闲侃，老农王幺爷、张大爷、肖大婶常给我讲授旧中国缺衣少盐的疾苦生活和躲土匪的故事等。年轻乡友王永国、王勇等敞开心扉向我表达渴望读书、走出大山的心愿，道出无门路难跳出农门的苦衷等。当然，最让我受到冲击的则是散居村民们窘迫的生活，如一户独居山坡一隅的王氏农户，女主人经常生病卧床，盼望能吃点红糖，补充营养，但因为穷买不起，有钱也买不到（农村户口只有过春节每人供应2—3两白糖），知道后我托朋友买了一斤红糖送去他家，一家人竟感动得谢天谢地，说受此"大礼"（那时候亲友过春节送礼也只是两把面条或20个鸡蛋）不知如何是好。农民的艰苦生活和善良，时常引发我思绪万千。进一步，我了解到，这里的农家一年有三盼：一盼当年分到的口粮够吃；二盼小孩过年穿新衣；三盼一年能杀一头猪。但我发现，对龙井队，有1/3的农户第一盼就实现不了，一年有两三个月缺粮。

最受村民看重我的当属"生产队财务课"。龙井队那时成人多是文盲，仅有五六位初中文化的人，有小学文化的也不多，我的高中学历居然是全村最高文化。农村缺财务人员，自然，村民推选我当作业组记分员，队委给我安排兼做队会计，这可关系到每家每户的切身利益。为不负村民所托，不仅得把作业组的工分记准，而且要把全队的每一笔收支记账无误，年终则要把每户的口粮和分红核算精确，把结算表做好。虽然村民多数信任我，但难免也受个别农户冷眼相待。1975年有一农户因为养的集体耕牛未达要求，队委评议时给他家打了低分，我如实记下并年终兑现奖罚，他居然将此事责怪于我，从此对我冷言冷语。如此鲜活的财务课案例不少，为我日后理解农村改革增加了很多生动素材。

最吸引年轻村友的是"农村社会课"。我耐力差，干活笨，只好自觉多做一些"社会工作"来补短。例如，利用晚上的政治夜校学习教青壮年农民识字；专门买了理发推子、剪子为村民理发；担任民兵副排长后与村民一起练枪习武；被选为大队团支部副书记后，常组织青年团员学习和开展文体活动等。"社会工作"让我体会最深的是，村里的年轻人参加社会活动，不仅受制于文化水平低（基本上是小学生水平），而且受制于交通不便。进峰大队共 5 个生产队，分居于 10 余里的八九个自然村，还有不少农户散居山间或河坎旁，白天很少有时间从事社会活动，只能用晚上，而晚上活动来去走的是山间小道，极为不便，没有路灯，只能用手电筒，但几乎买不到电池。尤其对尚未解决温饱问题的青年农民，参加社会文化活动更是难上加难。这些经历使我后来更深刻体会到了马克思所说的，人首先要解决基本的衣食住行，才有条件从事其他社会文化活动。

自己最喜欢的还是山沟里的"马列自修课"。一人在山村插队经历最多的还是孤独，不仅生活单调、农活艰苦，让人难解的是对青年前途弄不清楚。与我在同公社的一位知青，虽表现平平，却因有关系被推荐为"工农兵学员"上了大学，这样的事常让我困惑不已。带着成堆的问题，只好在煤油灯下的读书中找答案、求慰藉。利用每一次进城的机会购书和找同学借书，凭兴趣读了不少书。由于先后被评为县和地区的先进知青，用在表彰会上得到的补贴我先后购进了《马克思恩格斯选集》四卷、《列宁选集》四卷、《资本论》三卷。实话说，《资本论》当时看不懂，但是马恩的哲学思想、列宁的俄国革命和建设思想、毛泽东的《实践论》《矛盾论》《论持久战》等，确实让我大开眼界。山沟里的夜读不仅使我在孤独中找到伴侣，在失望中看到希望，而且启发我后来读大学填专业时把哲学、政治经济学作为第一、第二志愿。

最考验人的是民办村小教师的"全能教学体验课"。由于有"高学历"知青在进峰大队，1976 年年初，大队委决定在进峰办一所教师拿工分的民办小学，并决定让我任该校的教师。起因是进峰大队农民的子女读小学要走 5—13 里去六龙区小学或五凤公社小学，每次来回上学必走常有险情的弯曲山路，这对七八岁小孩来说十分艰难。于是，在大队部腾了一间约 20 平方米的公房做教室，加上公房前的打谷场做运动场，即是村小学（离我居住的龙井队有 3 里远）。公房内四壁空空，无桌凳也无教具，我一人"白手"办学，满足从区和公社小学转学来的一、二年级共 40 余同学就近读书的需求。我买了黑板、粉笔等，请农民用支架架起黑板，小学生自带小凳子，在膝盖上看书写作业。同一教室为一、二年级两个班上课，只好一个教室分左右同堂上课，左边给一年级讲完课布置作业，然后转向右边给二年级上课并布置作业，如此循环。体育课则在打谷场上两个班一起上。一人作为"全能教师"（自造的名词），既上语文、算术，又教音乐、体育等课，既是教师又是"校长"，白天上课夜晚改作业，寒暑假干农活。第二年，来了一位初中毕业的回乡青年做教师，她教一、二年级，我教三、四年级（接受高年级转学加了一个年级）。难忘的是，一次学农劳动，我带着一、二年级的学生上生产劳动课，内容是在土里挖玉米桩，一位一年级的小女生不小心把小锄头挖在了二年级男生的脚上，鲜血直流，我吓了一跳迅速用手巾给男生包扎止血，飞快背着他到我的住处取出云南白药给他包扎，尽快在大队部找到乡村医生为他打破伤风针并进一步消毒包扎。此后两三周，我每天到这个男生家背他到教室上课，课完背他回家。工作多年后回访山村时，该生家长得知，居然扛着一小袋刚摘的鲜玉米追上手扶拖拉机一定要我收下，令我感动得只好"遵命"带回了这特别的乡情。

在大方县传统的"农村大学"，需要修也值得修的科目和课程很多，但需要独自去发现科目，自找"教材"，自找教师，自主安排学习进度，自测修读效果。虽然我是以积极的心态在穷困山村修读，但从心底里还是期盼有一天能进城专读现代的"城市大学"。幸运的是，1977年9月恢复高考，等到这个决定越过千山万水到达边远的贵州农村底层时已是十月。得知这个好消息，我既兴奋又迟疑。兴奋在于看到了曙光；迟疑在于，12月初要考试，时间紧，多年未接触高中课本，且缺乏复习资料，能考上吗？即使考上，是否又会被有门道的城里人捷足先登呢？

在兴奋和迟疑中，我还是报了名，得到了公社大队的鼓励和支持，但不能停课，允许我找其他教师代课再请假复习。我边上课边找代课老师，不久，找到一位回乡青年代课。复习资料奇缺，只能找到部分残缺不全的旧教科书临时抱佛脚。心想，有了考试机会，无论是否考取，首先拼搏一试再说。临考，在县城找到高中同学宫晓冰寄住他家。12 月初，考试那天，在大方一中的考场前，看到上千的考生等待进考场的情景，这让不知水深水浅的我吃惊不小，担心我这个近乎"裸考"的农民考不过刚毕业的后生。两天的考试很快结束了，考完次日即回村小继续上课。尽管自我感觉答题还对路，但心里依然不能平静：别抱太大希望，也许这次又是靠"关系"录取。

1978 年刚过完大年，好友宫晓冰居然步行专程从县城赶到龙井队找到我，说："恭喜，在县邮局听说你被四川大学录取了！"我答："你开国际玩笑，不可能录到我。"他说："敢向毛主席保证，千真万确！不信我们同到县邮局去看录取信。"我即刻启程与他步行 25 里到县邮局，一问才知信件已送往区邮局。我转身赶回区邮局，终于取到四川大学录取通知书，打开看到被录取到政治经济学专业的那一瞬间，我首次从心底里感到：确确实实天地变了，终于可以从大方县的"农村大学"毕业了。凭成绩，成都的"城市大学"向我开启了希望之门。

1978 年 2 月起，进入梦寐以求的四川大学读本科四年。后来，又先后在几所"城市大学"攻读学位和研修：1985 年 9 月起在天津南开大学攻读研究生硕士学位三年。2002 年 3 月在美国西肯塔基大学研修一个月，2004 年 9 月起在日本京都立命馆大学研修近三个月，2007 年 7 月在英国牛津大学研修一个月，2010 年 11 月在明斯克市白俄罗斯国立技术大学研修近一月。现在仔细回味，我读的中国"农村大学"与这些国内外"城市大学"相比，确有它的独特之处：它历史悠久，从中国农耕文明起至少有 4000 年历史，比英国 800 年前建的牛津大学更古老、更神秘；它规模更宏大，华夏大地为校舍，试验基地遍中华；它那里应算典型的"个性教育"，教师不固定，可拜任何有经验的农民为师，教材主要是无字之书，学习方式基本是自修，修读科目和课程可任选，入学时间、修读年限、毕业年限也可自定，等等。这一切，都比我后来经历的任何一所"城市大学"个性鲜明。尽管对"农村大学"的修读科目和课程不少是一知半解，更多的甚至是无知，但我不仅无怨无悔，而且觉得回味无穷：后来在"城市大学"攻读和研修，物质生活上也吃苦，但超不过农村之苦；学业上经历诸多困难，但赶不上农村之难；精神上偶有孤独，但远不及农村之孤零；更重要的是，透过大方农村，我较早初识了勤劳坚韧、朴实善良的中国农民，手工耕作的传统农业、贫困落后的西南农村，让我在以后的学习中少说不切实际的糊涂话，在工作中少一些空想色彩，等等。而且，在"农村大学"的那些一知半解和未知的科目及课程，恰恰又成了日后攻读"城市大学"的动力，激起我更多的求知欲望，唤起更接地气的思考。"农村大学"的阅历不仅使我更能领悟到在"城市大学"修身研学的幸福和愉悦，而且让我提前储备了一定的终身受用的经验财富。

2017 年 5 月 28 日

摄于 1982 年

黄志亮，重庆人，1955 年出生。1977年考入四川大学经济系本科就读，1982 年获四川大学经济学学士学位；1988 年获南开大学经济学硕士学位。曾任重庆工商大学党委副书记、副校长，重庆市《资本论》与社会主义市场经济研究会会长。现为重庆工商大学教授、博士生导师，《西部论坛》杂志主编，重庆市国民经济学学术技术带头人，国内贸易部部级专家。

# 我的大学之路

靳福盛

那是在 1966 年的初夏，我们正在为高考而冲刺。虽然天气渐热，但想起大学那神圣的殿堂，就不禁使人感到神往，那时的大学生是非常令人敬仰的。"无产阶级文化大革命"开始，人人都必须参加。此外，还得抓紧复习，高考越来越近。就在紧张复习的关头，6 月 18 日广播里传来了关于延迟半年进行高考的决定。当时感到惊讶，心情十分复杂：失落感？卸重感？……

1967 年，学校根据中央精神要成立宣传队，我参加了"重庆师专附中（现重庆八中）毛泽东思想宣传队"。不曾想这还成了日后部队招兵的一个特长。

当兵四年后，于 1973 年年初退伍，进工厂当了工人。转眼又是四年多，到了 1977 年 10 月，传来国家关于恢复高考的决定，我听后十分愕然，时隔 11 年，我们这么大年龄能参加吗？后来又听说，从高六六级到当下的高中生所有历届高中学生均可报考，且规定基层单位没有正当理由不得阻挡这个范围的学生报名，心里窃喜。可是转念一想，我们这么大年龄的考生与这些侄儿辈的考生"公平竞争"，恐怕是逼公鸡下蛋——不可能成功。正在胆怯犹豫之时，我的好朋友、厂办公室秘书刘乾银对我说，"你是经过 12 年正规教育的高中生，怕什么"。于是我就在他的鼓励下报了个名，然后紧锣密鼓地到处找资料，多是手抄的和油印的。那时厂里规定是同意报考但不给专门复习时间，只能晚上自找时间复习。正在这时，时隔近 30 年的老家山西的叔爷和叔叔来重庆看望我们了，我除了上班就是陪他们在重庆游玩。等他们走了以后，我回头一看，离高考日期还有九天，我也就准备放弃了。这时刘乾银又对我说，考文科没关系，数理化是越丢越生疏，文科是越实践越丰富。于是我马上就抓紧时间看文、史、地、政等复习资料，彻底放弃了数理化。

考试的日子终于来临了。根据通知，我们提前一天去看考场，我的考场设在重庆一中，到了那里一看，操场上黑压压一大片，当时心里就在打鼓：这么多人，不知才录取几个，多数是来陪考的。我旁边有个考生调侃说，"怕啥子，我们这么多人，总有人考得起噻"。

考试开始了。果然，语文、政治、史地等相对于我们年龄较大、社会经历较长久的考生来说比较容易，如语文，背诵毛主席诗词《蝶恋花·答李淑一》也算一道题，太容易了；还有什么缩写一篇原文，都比较简单；作文题目想不起了，好像也比较简单。至于政治，更是当时的流行语。史地等也八九不离十。最恼火的还是数学，代数稍好，最糟糕的是竟有一道三角函数题，看了题以后，连概念都不知所云。考了下来，心里完全是悬起的。不过转念一想，全国那么多人参考，自己即使考不上也属正常。

旋即回厂安心上班。

不久，过春节放假了。大概是在除夕的晚上，楼下库房值班师傅喊话："靳福盛，厂收发室来电话，说有事找你。"结果是厂里的好朋友赵开源找我，他说："这里有封挂号信，落款是四川大学，内容不晓得。"我一听，这是我填的第一志愿，但又怕是开玩笑——因为我和别人讲过我填的志愿——就说，我委托你打开信把内容念给我听，于是他当时就拆开了信封，说有三样东西，一是录取通知书，二是欢迎词，三是有关报到时间、手续和注意事项等，并把录取通知书的内容念给我听，我这才相信真被四川大学政治经济学专业录取了，兴奋得当夜几乎未睡。那时的大学生比现在的博士生还金贵，更何况是重点大学，真正的百里挑一。

春节过后不久，我就到厂里办理了在职读书的手续，按通知的要求，准时赴省城成都去过大学生生活了。

到了学校，才真正体验到叔侄同堂的奇特氛围，年纪大的有30多岁，最大的是32岁，年纪小的才17岁。对于本专业的经济理论，年纪较大的同学抽象思维比较强，能较好地理解，但记忆力较差，尤其外语相当困难；年纪较小的同学抽象思维弱一些，但记忆力极强，有位李俊同学，好像是班上最小的同学，说是闭上眼睛能清楚地再现出《资本论》页码上的内容，我好惊奇！

　　正因为七七级是特殊时期的特殊大学生，所以毕业集体照上出现了抱小孩的有趣情景，也算是对当时这批"大"学生的时代特征的点缀吧！

2017 年 4 月

**1982 年毕业照**

　　靳福盛，山西长治潞城市人，1947 年出生。1966 年高中毕业，1969 年到 54 军当兵，1973 年进重庆塑料二厂（现重庆电线电缆有限公司一鸽牌电线厂）当工人。1977 年考入四川大学经济系，1982 年毕业后进入重庆二轻干校，历任教务科长、党委办公室主任等职。2000 年调入西南师大（后并为西南大学），任经济学副教授，2007 年退休。

# 路在脚下

敬明光

人生，是一场旅行。在这场旅行中，要走很多的路，但是总有几步关键的路让人刻骨铭心，终生难忘。高考，对我们这代人而言，就是人生旅途中最重要的经历之一，虽然已经过去了40年，但每当想起高考前后的那段岁月，往事仍历历在目，难以忘怀。

## 打铁

我的家在四川省蓬溪县三凤场镇上，世代务农，父母亲都未受过文化教育，家中兄弟姐妹四人。听母亲说，我出生时皮肤很黑，又排行老三，所以起名为黑三，小名叫黑三娃。家庭条件虽差，但在父母的努力之下，我们兄弟姐妹四人都读了高中，在当初那样艰难的环境中，却也实非易事。哥哥高中毕业之后选择了当兵，姐姐与我相隔半年先后高中毕业。毕业后我在家做了一段时间农活，父亲觉得三个孩子都在家做农活也不是长久之计，所以就决定让我们去学一门手艺。当时恰好公社新建农机厂，要招聘临时工人，父亲得知这个消息后，千辛万苦四处求人托关系，我才得以进农机厂成为一名临时工。当时所谓的农机厂，其实就是几个分散的铁匠铺集中起来，打一些锄头、镰刀等农具和菜刀等生活用具。进厂的第一天，厂里给我指定了一位姓何的铁匠师傅，我便开始了打铁生涯。

打铁真苦啊……早上五六点钟就要起床了，第一件事是给炉子生火，先把煤炭用水浇湿，要做到湿度适中，再和上一些黄泥浆，点燃木柴，把煤炭铺在木柴上面，不停地拉动风箱，尽快烧旺炉火。师傅来了以后正式开始一天的打铁工作，铁锤很重，常常需要几十下、上百下不停地打。如果是打锄头、菜刀等大件，则要用十几斤重的大锤不停地敲打，一天下来整个人腰酸背痛，浑身疲累，手臂经常红肿疼痛，吃饭时连筷子都拿不稳。

夏天和冬天是打铁最难过的时候。夏天的中午，外面是30多度的高温烤着，室内是炉火熊熊，温度达到40多度，还要不停地舞动铁锤敲打烧得通红的铁坯，汗雨如下，浑身湿透。夏天穿得少，滚烫的铁屑乱飞，不仅衣裤上是大眼小洞，身上也早已是大泡小泡，体无完肤了。冬天的早上，北风呼呼地吹，温度直逼零下，五六点钟起来生火的时候，水和煤极度冰冷，铁器铁件更是冻得刺手，等到炉子生好了，手脚也早已冻僵了。

这年的夏天，一位转业的军官到公社农机厂当书记，没有屋子住，便提出要建几间宿舍。建房子需要水泥板，倒水泥板需要河沙、小石子，但是这些石材在当地没有现成的，要去很远的涪江获取。涪江从离我家20多公里的荷叶公社流过，一望天际的河滩有取之不尽的沙石。于是我们七八个铁匠学徒在一个包工头的带领下，来到涪江边上制作水泥板。江边上有一个抽水站，最下面一层是一台不停运转的抽水机，最上面一层是用水泥打磨的楼板，四周是玻璃窗，温度足足有30多度，我们便在这楼板上铺了几床草席住了下来。

早上五点多钟便起了床，撑船到河对岸的沙滩上，三个人一组，其中一个人用铁锹把河床上的沙石铲到一个铁筛上，两个人抬着不停地筛，把沙子和石头分开。河滩上一棵树都没有，也没有任何遮阴的地方，临近中午的时候，头上太阳烤，脚下砂石烫脚，手臂酸胀，汗雨如下。一般到中午11点多才会装上筛好的河沙，撑船回到对岸休息。下午三点多钟又开始上工了，要干到月亮出来才收工。晚上，躺在水泥板上的草席上，没有蚊帐和被子，蚊子嗡嗡地叫，小虫子也到处乱飞。白天劳累了一天，晚上也不能睡个安稳觉。当时写了一首诗：

楼板作床硬邦邦，

无被无帐身光光。

蚊叮虫咬一整夜，

早起早劳心更慌。

这便是当时的真实写照，虽然几十年过去了，但是至今仍记忆犹新。

大概过了一个月，水泥板制好了，又回到农机厂恢复了原来的打铁生活。一天上午，三凤公社小学的何校长来买菜刀，看到我在打铁，感到非常吃惊，"黑三娃，你怎么在这里打铁呀，看你这身汗水，累不累啊"。我叫了一声何校长，就再也没有抬头看他。过了一会儿，他买好了菜刀，站在门口对我说："黑三娃，你出来一下。"我跟师傅打了个招呼就出去了，何校长说："你不要再打铁了，马上要高考了，你以前学习成绩这么好，如果放弃了高考机会太可惜了，学校还差一个民办教师，教初中班，你来吧。"第二天，我就迫不及待地离开了铁匠铺，告别了这辈子都难以忘记的铁匠生涯，去当了一名民办教师。

## 教书

家的后面有一座不高的山，叫凤凰山，学校就坐落在半山腰上。到了"文化大革命"后期，人口增加，学生也增多，原来一个县只有几所中学，远远不能满足学生需要，便在有条件的小学附设了初中班。于是，便有了这个当民办教师的机会。

家里离学校很近，只有几百米距离，课前几分钟到达教室上课都没问题，但由于这次机会来之不易，我很珍惜这次机会，经常提前半个小时到达学校，提前做好上课准备。晚上要把当天的作业批改完了、第二天的备课全部做好了才回家。我教的是初一年级两个班的数学课，经常每天三四节课，一天下来，口干舌燥，碰到调皮不听课、不做作业的学生，还要找时间批评教育，虽然平时也很累，但比起打铁来，已经是天堂了。

到了10月份，恢复高考的消息越来越多，最后是确切无疑了，于是我也开始了复习准备。我们一起复习准备的还有另外两个人，一个是"敬"姓本家长辈，和我一起高中毕业，因为他家是工商户，城镇户口，高中毕业不久就招聘成为三凤小学的正式编制语文老师，另一个是重庆知青，也是本家族人，我们的复习资料都是他从重庆带来的。每天晚上，我们都集中在长辈本家老师的寝室里，一份复习资料轮流看、轮流抄下来，然后各自去背、去记，有不懂的再一起相互讨论。幸亏有了这位重庆知青，不然根本找不到任何复习资料。

特别难忘的是，何校长对我们的复习很关心，不仅督促，还亲自指导，寒冷的冬天，他经常陪我们复习到深夜。何校长是政治老师，还常常出一些题目让我们做，如辩证法、唯物主义等名词解释。白天上课，晚上复习，这样的日子持续了近两个月，直到高考前夕。

### 高考

高考考场设在离家 20 多里远的任隆中学，也就是我的高中母校。考试过程中的一些片段仍记忆犹新，记得语文考试中有一道题是默写毛主席忆杨开慧的一首诗："我失骄杨君失柳，杨柳轻飏直上重霄九。问讯吴刚何所有，吴刚捧出桂花酒。寂寞嫦娥舒广袖，万里长空且为忠魂舞。忽报人间曾伏虎，泪飞顿作倾盆雨。"这道题我是完整地答了出来，得了满分。当时我们宿舍住了十几位考生，记得政治考试的那天早晨，大家很早就醒了，于是互相提问政治考点、相互作答。

史地考试是在下午进行的，那天上午考试结束后，中午在一个高中老师的宿舍里休息，无意间看到了一份复习提纲，上面提到了关于"西亚的战略地位"，恰好这道题下午一道小题也考到了，非常幸运地答对了。

考试结束了，心里是一点谱都没有，考得好坏没有底，肚子里的知识都答上了，能考上大学，是一直不敢奢望的。不过，中间有一段插曲，还是令我稍有欣慰，考试结束在去食堂打饭的路上，一位老师问我是哪个公社的，他说他是我们这个考场的监考老师，他留意到我们这个考场中只有我的每门考试都答完了，可能是最好的、最有希望被录取的。听了这个老师的话，稍感欣慰，但对于能考上，仍是不敢多想。

体检是在县城的县医院进行的，离我家足足一百多里路，当时公共汽车还不多，我们同乡参加体检的有四个人，于是相约一起提前一天走了一百多里的山路，到县城参加体检，前一晚住在县府的招待所里。打小干农活的农村孩子，日晒雨淋，身体健康是没问题，但是唯一的问题出在眼睛上，因为从小爱看书，初中开始眼睛就近视了，且两眼视差大。打铁、教书、干农活时没有眼镜也能照常进行，可是体检，没有眼镜就不行了。因为一直没有配过眼镜，为了找到两眼视差合适的眼镜，找朋友东问西问，找遍了大半个蓬溪县城，最后在一个修锁配钥匙的地方借来一副眼镜戴上，总算顺利通过了体检。

体检结束后，回到三凤小学继续教书，一方面不敢奢望能够被录取，另一方面又盼望着哪一天喜从天降，被某个学校录取。除夕的那天下午，过年的气氛已经很浓了，大约下午四点钟，在街上碰到了乡邮递员，他说你有一封信刚到，好像是什么学校的，明天给我。我着急地说："不行，我们现在就去拿吧。"还好邮电局不远，拿到那封信，迫不及待地打开一看，是四川大学的录取通知书，当时的心情，无法用语言来形容。当晚我彻夜难眠，特别是父母比我更激动，世代农民，终于出了一个大学生，那是我这辈子最难忘的一个除夕。

功夫不负有心人，第一年我考上川大之后，一起复习的重庆知青第二年考上了重庆医学院，本家长辈考上了西南师范学院。

1978年年初，带着一个小木箱，装了几件衣服和洗漱用品，到了川大报到，开始了大学的学习生活。四年大学生活，一千多个日日夜夜，留下了许多难以磨灭的记忆：教室里老师的授业解惑，图书馆里明亮的灯光，荷花池边的漫步，望江公园的竹林小径……

1982年年初，结束了大学生活，被分配到南充地委党校工作。记得离校的那天早上，车过九眼桥，校园、锦江被一层薄雾笼罩，心中恋恋不舍，十分感慨。汽车颠簸了一天，傍晚到了南充，在嘉陵江边上找了一个小旅馆住下，第二天去单位报到。到达南充市，外面下着雨，一片烟雨蒙蒙的景象，晚上住在小旅馆里，和衣而卧，一夜未眠。触景生情，也写了一首打油诗：

朝辞锦水晨雾淡，

暮宿嘉陵烟雨稠。

而今别却皇城路，

海阔天空任索求。

最后一句先想的是"前途漫漫何处求"，后来想了想，还是要乐观一些，就改成了"海阔天空任索求"。

一晃，从毕业参加工作到现在几十年过去了，先是在南充党校教了十年书，然后到华蓥山下的广安地区工作了两年，后来是 90 年代中期参加了宁波市面向全国的"公考"，就此南下加入了四川民工大军的队伍，从长江头流浪到了长江尾，在东海岸的宁波扎根生活了 20 多年。一路走来，虽然没有索求到什么，但一颗感恩的心却日益强烈：

感恩小平，恢复了高考；

感恩高考，给了我机会；

感恩母校，教了我知识；

感恩同学，一起度过了人生中最美好的大学时光。

2017 年 5 月 15 日于宁波

摄于 1981 年

敬明光，四川蓬溪县人，1956 年出生。1974 年高中毕业，先在家乡务农，后任民办教师。1977 年考入四川大学经济系学习。毕业后分配到四川南充地委党校工作，任经济学教研室主任、副教授。1993 年任四川省广安地区计划国土委员会副主任。1994 年任宁波市计划委员会副主任。2007 年任宁波市政协常委、经济和科技委员会主任。曾任第八届浙江省政协委员。主持重大规划和课题研究，分别获得全国发改系统、浙江省发改系统一等奖和浙江省政协系统一等奖。

# 风雨随途求学路　七七高考圆我梦

赖新农

似水年华，日月如梭，不知不觉我已渡过了人生的 64 个春秋，回顾往事，岁月有痕，令我一生难以忘怀的是 40 年前参加的那一场高考。1977 年，中国国运在这里转折，我的命运也由此改变。当年我仅以小学毕业的学历斗胆参加高考，并有幸被四川大学经济系录取，成为川大经济系七七级的一员。从小学生直接成为大学生实现了我人生的重大改变，圆了我多年追寻的大梦想。在这看似华丽转身的后面，我其实经历了一个艰辛的学习与奋斗过程。我们七七级这一代人是不幸的而又是有幸的，因为我们目睹和经历了世间多少风起云涌的事件，见证了伟大而曲折的时代变迁。今天，在纪念恢复高考 40 年的日子里，我讲出自己的故事，用文字叙述我平凡而艰辛的自身经历，也算是对自己人生的一个总结和交代，也为历史，也为我们的子女及后来者留下一份真实的记忆。

## 一　儿时种下大学梦，憧憬能入大学城

我生于 1953 年，父亲是重庆市农业局的一名农艺师，当时正值新中国成立初期，父亲给我取了一个非常时髦的名字"新农"，望我长大以后，子承父业，成为新时代的有知识有文化的新农民。多年后，我所从事的工作虽与他的愿望有违，但幼年时代父亲的引导和他所在单位叔叔阿姨对我的影响，萌发了我此生一定要上大学的愿望。我家邻近农业局机关，小时候常去父亲办公室，在那里可以翻看印制精美、图文并茂的《人民画报》《解放军画报》等书刊，有时父亲值班，我就在此做作业。当时机关分来一批年轻大学生，机关同事之间

都不呼其名，往往以"×大学"之类相称。我父亲常常以夸赞的口气，向我介绍他的同事，这是"文大学"文荣全叔叔，北农大植保专业毕业的，专门研究杀虫、治虫、虫吃虫的；这是"任大学"任绍辉叔叔，西南农学院园艺系毕业的；这是"李大学"李学柱叔叔，华南农学院果树专业毕业的；这是蒙伯伯（蒙仁让），是农业局总工程师，中央大学毕业，国内植物分类专家……这些叔叔伯伯和蔼可亲，举止儒雅，他们常常身穿中山服，上衣口袋都插一支令我最羡慕的英雄或派克钢笔。至今记得戴眼镜的"任大学"拔出钢笔写字的情景，只见笔尖飞舞，漂亮的字迹跃然纸上，一页页如书法作品；"李大学"更是了不得，不但能写一手漂亮的仿宋字，而且绘图篆刻样样精，画的橘子剖面图晶莹剔透，栩栩如生，让人恨不能上前咬上一口。我对这批读过大学的叔叔伯伯十分景仰，幼小的心灵萌发了要像他们一样上大学的愿望。

此外，我们院子里还有几位大学生，其中有一位重庆大学动力系的学生叫封龙会。每当他放假归来，身边总围满了一群中小学生，我也藏身其中，听他讲重大的激光实验室、同位素分离室，什么是红外线，什么是遥感技术，什么激光制导，什么是铀235。听得我们小朋友目瞪口呆，感觉神秘而好奇。他还绘声绘色地给我们介绍重大的跳伞塔、威风凛凛的重大军事摩托队钻火圈、过断桥表演，还有重大学生足球队实力强劲，如何以2比0完胜四川省青年专业足球队，重大篮球队更是打遍全市无敌手。封龙会精彩描述的大学校园生活给我留下了深刻印象，更激起了我对大学的向往。

## 二 学业断送"文化大革命"中，自学数学趣无穷

由于我有明确的学习目标，学习认真努力，成绩一直名列前茅；四年级、五年级担任少先队大队委，六年级担任少先队大队长。1966年小学毕业，作为优秀毕业生，拟将保送我入重点学校四川外语学校就读。得知消息兴奋不已，畅想未来，前途光明。但是，1966年8月轰轰烈烈的"文化大革命"在全国全面展开，学校停课，入读中学已成黄粱一梦，五彩的幻想全部落空。1967年，我来到父亲下放工作的

重庆国营江北农场。这里远离市区，是一个以生产水果、牛奶为主的农场，全场有 1300 多名职工。我与父亲住在桃子林果树队，相邻不远的一小楼上住着三个人，我在这里认识了他们。其中有个谢成陶老师，他毕业于重师数学系，毕业后曾在重庆大坪中学任教。由于住处相邻，他们出工在外，有时天下雨了，帮他们收一下晾在户外的衣服，他们回来晚了，帮忙打瓶开水，一来二往就熟识了。谢老师当年30 岁出头，劳动之余，全在屋里埋头读书，钻研数学，还看英语书。他见我无事可做，闲得无聊，就对我说：这样年轻就不读书了，实在可惜。我天真地回答说没有地方读书，读了也没有用。他听后严肃地对我说，我相信中国未来的建设肯定需要有知识有文化的人才，趁现在年轻还是学一点东西吧！他是数学老师，建议我学点数学，因学物理、化学需要实验条件，不便学习，而学数学只需一本书、一支笔、一张纸就行了，他还主动表示愿意辅导我的学习。在他的建议下，我找了一套中学数学教材开始自学，从正数、负数、因式分解、不等式、解方程等最基础的数学知识开始学起。白天我看书，理解概念，反复阅读例题，推导公式，做书后习题，晚上谢老师帮我批改作业本，讲解每章的重点、难点。在 1967—1968 年这段时间里，我沉浸在数学学习的乐趣中，每当我掌握了一个定理、解出了一道难题都感到无比兴奋。由于单学一门课程，加之老师教育有方，我仅用一年多的时间就学完了除解析几何之外的中学数学课本。正是凭借这点数学基础知识，我才有了敢于参加 1977 年高考的重要底气。

谢老师藏有一些书，我记得在他那里借过《早春二月》《晋阳秋》《收获》《小说月报》等书刊，拿到这些书刊我如获至宝，通常关门偷偷阅读。在那文化枯竭的年代，读这些作品，无疑是一种超乎寻常的精神享受。而在教与学的过程中，我与谢老师结成了忘年之交。2007 年，在庆贺他七十大寿聚会时，我们共同回忆当年度过的时光，真是感慨万千，谢老师当即赋诗一首："当年挥汗沃桃林，颠倒人妖浩劫深。最忆山城酷斗日，小楼共守读书灯。"

### 三 栉风沐雨养路工，磨炼砥砺七年行

1969 年上半年党的九大召开后，国家提出学校要复课，但学校根本容纳不了成千上万要读书的学生，而我们这批仅有小学文化水平的学生，一晃三四年，都变成了十六七岁的小伙子了，要上初中年龄太大，要上山下乡困难也多，怎么办？于是政府出台政策，以 1953 年 4 月 1 日画线，4 月 1 日以后出生的可以继续上初中，4 月 1 日以前出生的划为"超龄生"，委托有关学校举办"超龄生"学习班，学习几个月之后，可招工进单位工作。本人属于 4 月 1 日前出生的，被划入"超龄生"之列，失去了继续读书的机会。

1970 年 8 月，我参加了重庆钢铁公司的招工面试、体检，但最终没有被录取。受此打击，我背上了沉重的思想包袱，陷入了人生中最为困难的阶段。当年我姐姐已下乡，弟弟妹妹上学，祖母年老，母亲在街道工业做工，每月工资仅有 18 元，家庭经济十分困难。面对家庭的现实情况，我十分渴望有一份工作，既可减轻家庭负担，又能挣钱养活自己，贴补家庭。面对招工落选的沉重打击，我又气又急，出现了脸部肿大、头昏目眩的状况。赶去医院治疗，医生诊断我患了急性肾炎，必须及时医治，否则转成慢性肾炎就麻烦了。医生开出入院单，要求我住院治疗，由于我害怕错过招工的机会，加之家庭经济困难，便只在医院开了一点药物，然后独自回家卧床休息。好在有祖母的精心照料，经过两个月的调养，我才恢复了健康。经历此次打击，我深知自己今后的人生之路将经历更多的艰辛，将比别人付出更多的努力。

1970 年 10 月重庆公路养护二分段到我所在街道招工 30 名。一些同龄人嫌养路段工作环境差，工种不好不愿意去，而我别无选择，只要有一份工作就行。于是，才 17 岁的我成了重庆公路养护二分段的一名养路工，即人们通常所说的"道班"工人，每月可以挣到 28 元的工资，我十分珍惜这来之不易的工作机会。初到养路段，我什么也不会干，以为只要有体力就行，其实养路工也有一定技术含量。比如，铺路面要中间稍高两边低，形成弧形，以利排水；砸破片石垫路

基，要找准石头的纹路，挥舞铁锤稳、准、狠地砸下去，石头才能应声而破；要保持正确的姿势使用十字镐挖坑填洞，既省力又效率高；使用铁铲抛洒石子铺平路面很有讲究，臂力与腕力必须相互配合，善用巧劲，不能蛮干，等等。开始时我不会使用劳动工具，手上磨起了血泡，被飞溅的石屑划伤了眼睛，手脚经常被碰伤撞伤，我只有咬牙坚持，虚心向老工人学习，在他们手把手的示范下，半年后我掌握了这些劳动生产技术，成为一名熟练工。

养路工作是十分艰苦的，晴天是一身灰，雨天是一身泥，特别是在三伏天养护公路，铺设柏油路，汗水湿透了全身，灰尘蒙住了眼睛，但我和工友们仍然要坚持工作，保质保量完成施工任务。夏季的重庆常下暴雨，造成山体滑坡，洪水冲毁公路，只要出现险情，段里就会组织我们青年突击队顶风冒雨赶赴现场，清除塌方，疏通边沟，排除险情，以保证公路畅通。七年养路段的工作磨炼了我的意志，强健了我的身体，增进了对工人的感情。如今我虽已 60 多岁了，还保持了较好的体力，搬运百十斤的东西都还可以，或许正是年轻时打下的基础吧。

养路段的领导经常教育我们年轻人要干一行爱一行，公路是国民经济的大动脉，要甘当革命路上的一颗铺路石。我从小就是一个懂事的"乖娃娃"，按领导的要求，我从不旷工缺勤，工作积极肯干，算是好工人，并连续几年被评为先进工作者。但劳动之余，我也时常在思考，内心深处确有不甘，显然这不是我的理想，这不是我想要的生活。我所工作的养路段有一条花溪河流淌而过，在对岸风景如画的花溪河畔坐落着重庆第九中学（又名清华中学，是重庆市的重点中学），每天清晨出工，望着一群群中学生背着书包蹦蹦跳跳、兴高采烈上学去的情景，我都会投去十分羡慕的眼光，同时，内心深处也为痛失上学机会而隐隐作痛。人真是理想的动物，总是在希望的光芒笼罩下而生活。我想读书，我想上大学，我内心残存的希望并未泯灭。

养路段的工人一般文化水平低，年龄大。一些道班连能够通读报纸、文件的人也找不到，而我这时就成了不可或缺的小秀才，起码我对报纸读得通，念得顺，并能理解文件精神，于是我就当仁不让地成了班组的读报员；道班要收石材，我可计算体积，要统计铺路工作量，我可计算面积，又成了班组的统计员；我还经常为老工人代写书信，又成了班组的书记员。看来有点儿文化还是好，使我在道班里能够承担许多别人不能完成的任务。工作积极，有一定文化，也给了我在养路段崭露头角的机会。当年段里经常开展社会主义劳动竞赛，举行誓师大会，各班组要写挑战书、应战书，打擂比武，我曾几次代表班组、工区写过这类文书，并代表班组、工区登台发言，当时年轻力壮，中气十足，发言时豪言壮语，声音洪亮，因而被分段领导发现，确定为培养对象。此时段里正缺少搞宣传的人手，于是将我抽调到办公室，以工人的身份从事办公室的宣传工作。在那里我刻写蜡版，办简报，撰写先进工作者材料，总结推广先进班组的工作经验，进而为单位写一些工作计划、工作总结、领导的发言稿，等等。我将每项工作都当作学习提高的机会，并参加了重庆市交通局举办的通讯员学习班，学习了一些新闻写作基础知识，被聘为《重庆日报》的业余通讯员，后与同事合写的通讯《夜战塌方》《奋战六月夺高产》还见诸报端，重庆市人民广播电台也采用并进行播放。后来大学毕业，我居然为本科生开出《应用文写作》《公文写作》等课程，正是当年写作实践为此奠定下的一些基础。

1972年以后，我段陆续从秀山县农村招回一批知青，其中许多是老三届高中毕业生，一名叫余凡的知青分在土西路道班，他是重庆巴蜀中学（市重点中学）高六六级学生，因写了一篇《八面山的追怀》的散文见诸报端，被分段发现是人才调入办公室搞宣传，正好分配与我同寝室，于是我们成了同事，成了室友。余凡年长我6岁，他知识面广，尤其是文史知识积累多，平时语言幽默，谈吐不凡，真是天赐良机，命运中又为我安排了一位现成的老师。工作中我们配合默契，是好同事；生活中，他是老大哥、好兄长；学习中，我经常向他请教，他是我的好老师。70年代文化生活贫乏，八亿人民反复看的只有八个样板戏，出版物也极为有限，但余凡人脉广、关系多，经常借回一些中外名著我们共同传看。至今记得那时读过《简·爱》《茶花女》《少年维特的烦恼》《牛虻》《莫泊桑短篇小说集》《第三帝国的兴亡》，还有苏联现代小说《多雪的冬天》等书籍。我们最愉快的时刻莫过于晚上看书，特别是冬天的夜晚，头顶吊一支 100 瓦的大灯泡，既照明又取暖，半卧半躺地在被窝里看书，真是惬意极了！我们时而为书中精彩的句子、观点击节叫好，时而为书中人物滑稽的表现忍俊不禁暗自发笑，也时而为书中人物跌宕起伏的命运而担忧伤怀。读一本好书，其实你是在与作者进行思想的交流，是与书中的人物进行灵魂的碰撞和生命的对话。有时没有什么可读了，余凡就背诗歌，在他的影响下，我当时曾背过一些唐诗宋词，背诵抄写贺敬之《放歌集》中的《回延安》《桂林山水歌》《西去列车的窗口》和陈毅的《赣南游击词》，背过普希金的爱情诗《致塔吉亚娜》，等等。有一天，我与另一室友吴秋生各自买回一本《新华字典》和《汉语成语小词典》，余凡夸口对我们说，这两本字典的字他全认识，全部词条都能正确解释。我俩不相信，要考他一盘，并以两份回锅肉打赌，谁输谁买单。结果抽考了百余条，我们完全认输了，乖乖地请他吃了两份回锅肉。后来余凡结婚搬出寝室，我们朝夕相处共四年，受他的影响与帮助，我的文史知识有了较大长进，在那个年代，我还阅读了一些中外名著，提高了阅读欣赏水平，丰富了自己的精神世界。

转眼间已至 1976 年春，我已到养路段工作五年半，在办公室搞宣传、跑腿打杂也有三年多，但仍是工人身份，定为普通工人二级工，每月工资 34.5 元，要想转变身份当干部，那是遥遥无期难上难。要想转入干部编制，一般要有大中专文凭才行。我段自 1972 年以来，先后有两名同事被推荐上大学，毕业回到养护总段当了干部。今年我段又分了两个名额，推荐到重庆交通学院学道桥专业，分段推荐了三个人。我也在其中，填了招生登记表，参加了招生体检，这次推荐又燃起了我上大学的希望，但是，我又不敢抱太大的希望，最后果然是竹篮打水一场空，离大学如此之近的美梦破灭了，尽管我学习刻苦，工作努力，表现出色，单位群众、领导都有目共睹，并高度认可，但仍不能改变我的命运。

### 四　备战高考奋力搏，一举录取圆了梦

机会终于降临，1977年9月从内部传出消息，要恢复中断了11年的高考。10月上旬，国务院教育部正式公布了恢复高等学校入学考试的通知。消息传来，犹如平地一声春雷，在全国引起了强烈的反响。对此，我又喜又忧，喜的是又有上大学的机会了，忧的是文化底子薄，害怕考不上。但是，要上大学的强烈愿望驱使着我，我已年满24岁，人生能有几回搏，此时不搏更待何时。我想，我不能放弃这次人生选择的机会，下定决心参加高考。

我赶到九龙坡区设在土桥街道办事处的招生点报了名。然后翻看招生简章，第一志愿填报了四川大学经济系政经专业，其考虑原因有二：一是该专业在川要招50人，招生人数多，录取机会可能大一些；二是在养路段工作时，中央号召读马列六本书，我读过马克思的《哥达纲领批判》、列宁的《帝国主义是资本主义的最高阶段》、恩格斯的《反杜林论》三本书，还参加过养护总段系统的两期理论学习班，对政治经济学有一些初步的了解。同时，我还填报了西师、重师等院校。1977年招生还规定25岁以下的考生，可同时报中专学校，为了能读书，也为了保险起见，又同时填报了重庆一师、三师两所中专学校。

面对高考，时间短，复习任务重，如何应试，心中无底。幸好余凡也要参加高考，同样考文科，我们一起商定了复习计划：一是要找到教材资料；二是在普遍复习的基础上，梳理知识，找出重点；三是模拟考试，多做习题；四是找差距，补短板。由于余凡的姨父姨妈是重庆一中和重庆六中的教师，他的一些同学也在中学当老师，于是我们很快地找齐了教科书，以及各校编印的复习资料。我们还获悉，四川省在文化之乡眉山县（现眉山市）先行试点考试，真是天助我也，恰遇我们分段同事穆帮恒在眉山四川省交通学校学习，我们请他考后迅速寄来试题，这使我们对考试内容、试题类型有所了解。

备考过程是十分艰苦的，除白天应付日常工作外，其余时间全部用于复习，可以说是争分夺秒，惜时如金。虽说平时也看书看报不少，但知识是零散的，缺乏系统性、连贯性，所以，我得把考试科目

的教科书先通看一遍，对这些知识有一个总体的印象，在此基础上再掌握重点。比如复习历史时，就按年代，发生的大事件，其起因、经过、结果是什么，主要代表人物，产生的政治、经济、社会影响是什么，均一一列出，重点把握。复习地理时，我买了一张中国大地图和一张世界大地图挂在墙上，还去文具店买了一个教学用的地球仪，一边看教科书，一边对照看地图，时不时还转动地球仪看时区，记经纬度，记山川、河流、海洋。有的还编成顺口溜，比如乌拉山、乌拉尔河连着高加索，这就记住了亚洲与欧洲的分界线，用这些方法硬记。数学是我的短板，自认为代数、平面几何知识的掌握还可以，但高中部分的三角函数、解析几何没有把握，只有连夜赶到重庆水轮机厂子弟校中学找老师补数学课。后来考试结果证明，总的来看，我的复习效果还是不错的。

1977 年的冬天来得特别早，十一二月已感觉进入了隆冬时节。夜晚复习寒气逼人，有时只有跺跺脚、搓搓手，有时倒杯开水，捧着茶杯暖暖手，有时甚至将双手放在电灯泡附近烤一烤再复习。因为晚间的时间最充分，夜深人静，无人干扰，学习效率也最高。这样熬夜备考近两月，终于迎来了高考时刻。考场设在重庆 34 中，当我进入学校，只见教学楼前，操场上等待入场的考生黑压压的一大片，参考学生近两千。我晃眼一看，反光的镜片从四处射来，我心里有些发怵，这些戴眼镜的考生显然文化比我高，与我同时进考场的几个老大哥边走边说，像我们高六六级的都考不起的话，其他人也难考起，显然他们对考试非常有信心，听到此言，我更是心中无底。此时考试的铃声响起，大家鱼贯入场，坐等老师发卷，也不容我多想了，能否成功在此一举，只有拼了。

第一天上午考语文。至今记得考试内容涉及毛泽东两首诗词《蝶恋花·答李淑一》《人民解放军占领南京》，当年我对公开发表的毛泽东诗词都读过、背过，有的还唱过，所以不难；作文是语文考试的重中之重，是写一篇读后感，记得文章选自《四川日报》上的一篇通讯《一个青年矿工的变化》，得益于养护段搞宣传工作的培养，写这类文章不难。考完语文感觉不错，顿时信心大增。下午考数学，按照有经验的老师指点，首先将看得懂、做得起的题先做了；对似懂非懂的题尽力做，只要思路对头，步骤对头，立的式子对头，还可以得一些步骤分；实在看不懂、做不起的题就不要浪费时间了，要反过去检查做过的试题，以保证正确率，实实在在拿到考分。第二天考政治、历史和地理，由于准备比较充分，感觉考得还可以。尤其考地理，拿到卷子从头到尾浏览了一下，感觉复习的好几道题都在其中。至今还记得第一道题就是填空题，连续留了十余空格，要求考生填写我国沿海从北到南的岛屿名称，看似吓人，实则简单，只要记过就不难。最后是一道论述题，是道大题给14分，要求接连回答三个问题，回答西亚有哪些国家，论述西亚的战略地位以及经济、社会影响。一见此题，我心中窃喜，正好是我准备得非常充分的题。我有长期坚持看报的习惯，比较关注热点问题，熟知西亚的20个国家。西亚地处亚、非、欧三大洲的连接地带，且濒临地中海、红海、阿拉伯海、里海、黑海，故称"三洲五海"之地，尤其石油资源异常丰富，战略地位十分重要。西亚历来是世界经济、政治的热点地区。我立即奋笔疾书，答完此题自认为论述充分，比较圆满。

考试终于结束了，我好像拼尽了"洪荒之力"，回到单位倒床便睡，昏天黑地睡了两天两夜才恢复了元气。高考之后，我一称体重只有96斤了，原来体重一般保持在106斤左右，减少了10来斤，一照镜子，原是一张圆圆脸，此时尖嘴猴腮，眼窝深凹，为圆大学梦，真是"为伊消得人憔悴，衣带渐宽终不悔"。

艰苦的努力，终于取得了丰硕的成果，我十分有幸被四川大学经济系录取。1978年2月23日是我离开养路段赴川大报到的日子。说实话，我一直希望离开养路段，盼望着彻底摆脱这里单调而枯燥的生活，几回做梦都是离开它的场景。但是，当踏上汽车的那一刻，当真的要离开它的时候，依依惜别之情却油然而生。我向前来送行的同事挥手告别，回望曾经住过的宿舍楼，竟然泪水模糊了双眼，毕竟我在这里生活了七年零四个月啊。我感谢养路段给了自己工作、学习、锻炼、提高的机会，它是我人生的一个重要驿站，在这里留下了我青春的足迹，这里也承载着我的痛苦与欢乐。再见了，我的养路段，过去了的一切都将化为我永远的美好记忆。

汽车行驶在我曾挥洒汗水养护过的公路上，一排排行道树掠影而过，远处的群山连绵起伏，今天我感觉道路是如此的平坦而宽阔，从这里我将踏上人生的新旅途。

## 五 后记

40年前的那场高考彻底改变了我的命运，卸下来我长期背负的包袱，真切感到我解放了！我自由了！这是我生命的重生。风雨随途，一路走来，给我支持、帮助的人太多太多，对此，我对他们充满感激之情，怀抱感恩之心。

首先，我要感谢改革开放这个伟大的时代，感谢小平同志领导的改革开放事业。小平同志拨乱反正，亲自主持高考，不论出身，不论年龄，不论婚否，不论学历高低，给千百万有志青年提供了一个公开、公平、公正的竞争机会，使多少优秀青年梦圆大学，并以高考为突破口，在全国形成了"尊重知识，尊重人才"的良好风气，掀起了全国人民向科学技术现代化进军的热潮。对于1977年恢复高考的意义，我认为无论怎么评价也不为过高。

其次，我衷心地感谢我的父母。尽管他们曾受到不公正的待遇，但他们仍保持着勤劳、诚实的品质和善良的心，受此影响，我也保持了勤奋工作、对人诚恳、与人为善的做人的基本良心。

再次，我要感谢为我指点迷津、鼓励我学习的人生导师谢成陶老师，1979年后，他调入重庆航务工程学校任教，后该校并入重庆交通学院，经考核调入交院任数学系教授，曾担任学校图书馆馆长，由于教书育人成绩突出，被评为四川省劳动模范、重庆市优秀教师，如今虽年逾八十，但仍耳聪目明，身体康健；我十分感谢我的好同事、好兄长余凡对我的全力支持帮助，我们同年考试，他录入川师大政史系，毕业之后去重庆市委党校教书，后任教授，如今已退休，平时练书法，画画，悠闲自得；我要特别感谢川大经济系七七级的全体同学，40年前我们因同学而结缘，我在这个特殊的群体中，学历最低，才学最浅，但却得到同学们的全力、全面的帮助，生活在这个集体中我倍感幸运，倍感温暖，多年来，我一直想为同学多做一点事，多做一些服务，以此回报同学们对我的帮助与厚爱。

最后，我要衷心感谢我的母校——四川大学。她有悠久的历史、良好的文化氛围、活跃的学术空气，在这里，我学到了知识，开阔了视野，更新了观念，改变了思维方式，受益终生。感谢川大留下了我，为我施展才能、发挥作用提供了机会，36 年来，我与其他教职工一道，亲自经手为国家、为社会培养和输送了近万名人才，在教书育人方面，做出了一点微薄的贡献。如今退休了，但我仍时时关注川大的发展，因为，我的命运已经与川大深深地联系在一起。虽在川大学习、工作 40 年，但我认为川大是一本永远读不完的巨著大书，川大的后来者们正续写着母校辉煌的新篇章，四川大学是我永远的骄傲。

摄于 1982 年

赖新农，重庆人，1953 年出生。1966年小学毕业后停学，1970 年在重庆公路养路总段二分段当养路工。1977 年参加高考，进入四川大学经济系本科学习。毕业后留校，从事教学与管理工作。曾任川大计算机系党总支副书记，川大工商系党总支书记及系副主任，川大工商管理学院党委副书记。经济学副教授、高教管理研究员。曾被评为成都市优秀教师、四川省思政工作先进工作者。

# 命运 1977

## 李 俊

拜读各位学友关于那场考试的回忆，一如咀嚼中药材远志，味辛、苦，性温，入心经、肾经、肺经……，品之再三，心有怀同窗四年之戚戚，遂有穿越意。荏苒岁月颓，此心稍已去。我，将花甲之身，忆那年代事，念那一代人，聊做此文以飨之。

1977，那个激动人心的年份，全中国 570 万考生，心中满怀春意，涌向高考考场。17 岁的我，一个应届高中毕业生，欣逢亘古未有之盛会，也跻身见证了那个沉疴初愈的伟大时刻，并有幸成为恢复高考后的第一批大学生，至今想来，仍有隔世之感。

### 一 小城旧事

四川省西昌地区会理县，民国时期系川南名城，人口最多时逾三十多万，今属凉山彝族自治州。会理县向东九十多公里，有一座人口不到三万的小城，一条横滩河在这里蜿蜒流过，崇山峻岭将她层层环绕，这里便是原会理县的东区——会东县，我就出生在这个川滇边缘的小城。

我父亲是西昌县（现西昌市）人，1947 年参加工作，曾先后在会东县组织人事部门和基层党委从事领导工作。母亲祖籍是自贡市，1958 年响应"大跃进"号召，招工到会东县副食品公司当营业员。1962 年和 1969 年，妹妹和弟弟也先后来到了这个世界。父母由于工作的关系，从我记事起，几乎都处于两地分居状态。那时候见到一次爸爸真不容易，感觉既高兴又痛苦。从西昌到会理要走八十多公里，从会理到会东还有九十多公里。儿时的我，每次跟父母去西昌城，都感觉进了大城市一样，内心有抑制不住的喜悦，既兴奋又好奇。

因为挂牵母亲和我们兄妹三人，我们的外婆竟然辞掉了一所公立幼儿园的工作，千里迢迢地从生活条件优越的自贡市来到偏僻的会东县，帮助母亲照料我们兄妹三人。在我的记忆中，外婆总是拖着她那双很不方便的旧式小脚坚毅地拄着拐杖，带着我、妹妹还有家中的那条大黑狗，要么上山砍柴，解决家中柴薪之需，要么到横滩河边敲打碎石，肩背细沙，到建筑工地换少许零钱，聊补家用。外婆历经艰辛且晓通人世，很擅长讲情节复杂的民间故事，能坐在她的周围和许多大人小孩一起听故事，是我童年平淡艰难的生活中为数不多的欢乐所在。

1966 年，我告别了天真烂漫的童年，成了县营盘小学（后改名为前进小学）的一名"红小兵"。

## 二　特殊的缘分

"文化大革命"对于我们这代人来说，是一种不可避免的无奈和痛楚。我的身心在那个年代逐步趋于成熟。怀着对未来道路的思索，不甘现状奋力一搏，那个时代造就了我们既世俗又超越的性格。有时候我甚至在想，如果没有这些经历，我又会以哪种"形式"存在？那个特殊的年代，让我对人生和社会有了更深刻的思考，立定了自己的人生志向和坐标。

这一时期，有些人慢慢成了我们家的熟人和常客，其中不乏有文化的学者和高级知识分子。其中，曾任南开大学历史系教授的洪中贤伯伯和曾任上海静安区文化馆馆长的青方玉阿姨，与我家关系最为亲密。他们常从天津和上海带回一些杂志和少年读物送给我，对于少年时期的我启蒙很大。每当我出现好奇、渴望与困惑时，他们总能绘声绘色，循循善诱，在愉悦的场景中给予解答释疑，使我受益匪浅。洪中贤伯伯的思想深邃、青方玉阿姨的温文尔雅，给我留下了深刻的印象。幼小的心里萌生出对知识的渴望和外部世界的想象。在那个特定的时空背景下，对于一个尚待开蒙的孩子来讲，这无疑是一份可遇不可求的恩赐。

1972 年 9 月，我小学毕业进入会东县中学就读，由于学习基础相对较好，担任了三年的学习委员和班长。那时候的教学秩序和环境已有所改变，数、理、化、史、地、生等课程依次开设，当然，少不了的就是变幻莫测的形势政治课和隔三岔五在学校广场的全校集会。每到周末，全校以班为单位步行数公里到老街公社和鱼山铁工厂支农支工，在"农业学大寨"和"工业学大庆"的运动中接受锻炼和考验。

我的初中班主任马炎光老师，出身于民国时期会理县的名门望族，其父是当地少数民族的"土司"。他待人诚恳，言传身教，学问人品俱佳。初中三年马老师对我悉心培养，始终关爱有加，使我的成长比较顺利和全面。在会东县中学学习期间，章峻岩老师任我们的初中语文和高中历史老师，他是中学时期，甚至一生中对我影响最大的人。

章峻岩老师是江苏南京人，1947 年毕业于中央大学法律系，1950年前后在西南革命军政大学任教。身高一米八五，仪表堂堂，气宇轩昂，知识渊博，思维缜密，极富人格魅力。1972 年，他调入了会东县中学任教，有幸成了我的老师和恩人。

初中至高中时期的寒暑假，常有机会到章老师家中单独聆听他的教诲。老师家中藏书丰富，书架上整整齐齐地放满了各类书籍和杂志，其中最珍贵的是锁在大木箱中的日记本和"灰皮书"系列。"灰皮书"系列是由中共中央编译局翻译编撰出版，主旨是介绍苏联东欧和其他国家的社科类著作。在章老师家里，我有机会读到他在峥嵘岁月中用性命保存下来的大部分日记片段，并在他的指导下先后阅读了吉登斯的《新阶级》、阿芙托尔哈托夫的《权力学》、夏伊勒的《第三帝国的兴亡》、两位奥地医生撰写的《病夫治国》、海格尔的《宇宙之谜》和《南斯拉夫修正主义批判材料汇编》、梅林的《马克思传》、邓拓和吴晗的《燕山夜话》及《十万个为什么》，当然也少不了读一些苏联和欧美作家的文学作品。每当遇到不懂困惑之处时，章老师都不厌其烦逐字逐段反复讲解，真是诲人不倦，乐此忘忧……在精力旺盛的青少年时代，在只能看《金光大道》《艳阳天》《闪闪的红星》和八大样板戏的文化荒漠中，在那样一个闭塞偏远的小县城，能与章老师这样一位有高贵性灵的特殊长者一起讨论和阅读这些书籍，是几世修来的缘分啊？时至今日，每念及此，常情不自禁，潜然泪下，无不为恩师薪火相传的作为和人格魅力所深深折服与感怀。

从章老师的日记和少许"灰皮书"中，接触到许多人和事，使我的心灵深处多次受到拷问和震撼，第一次萌生了对社会历史和理论问题的浓厚兴趣。章老师日记中那广阔的视野、深邃的思想和严密的逻辑思维，对我"三观"的发生和发展产生了重大的影响，我一生对重大理论和现实问题的兴趣与关注，均发轫于此。越到中年，越发不可收拾矣！

先哲有言，漫漫人生长途，关键处就那一两步。套用革命导师马克思《资本论》中的名言，从商品到货币的转换是一个惊险的跳跃！抚今追昔，70年代有幸能得马老师、章老师等的启蒙和栽培，使我日后高考及考研中得以完成一次次惊险的跳跃，一生的职业选择和理想坐标都受惠于此。中学时期的章、马两位师长是我一生思想发育的启蒙者和批判思维的播种者。

高中的最后一年，因为父母工作的变动，我也从会东县中学转到了西昌地区第一中学。不知是原中学所提供的转学材料起了作用，还是我读书思考的学习习惯引起了班主任的注意，一个月后，班主任巫秀英老师便宣布我做学习委员，这个决定使我感到很诧异。一些同学对此也颇不服气，便私下戏称我为"新来的小石柱"（一部描写一个名叫石柱的农村男孩选调到省体操队，凭借刻苦努力获得同伴们尊重的儿童小说）。那时候很多同学大都对学习不太上心，白天应付老师，晚上成群结队到附近部队大院看电影，可能因为没有了高考的压力和期盼，他们的日子也就习以为常地"优哉游哉"了吧。

恢复高考的前一年，同学们虽然人在教室，但心却不知道已经飞到了哪里。在当时的社会大环境中，学校已经没有什么学习氛围，但是我发现这所学校的老师，却有不少是出类拔萃的精英——如数学老师费轻云是复旦大学数学系毕业的高才生，他的舅公是我国著名的数学家苏步青教授；语文老师是四川著名作家沙汀的女儿；历史老师袁家驹，竟然是袁世凯的孙子，他后来调到四川大学外文系任教……在西昌地区一中，这样空前绝后的师资阵容，恐怕只有在那样的岁月，才会出现如此怪异的高人聚集。上帝很公平，机会总是留给有准备的人。坚持读书的人往往不全是聪明者，更多的是喜欢读书和心怀憧憬、坚持信念的人。在"读书无用论"盛行的时代里坚持读书，在"知识越多越反动"的氛围中追求知识，在一般人理想破灭的时候，仍然追求理想和坚持信念，个人的爱好以及天性起了很大的作用。就我而言，个体成长环境和相继而至的贵人相助是决定性因素。在这些"别样导师"的教诲中，保持着对知识的渴望和对未知世界的敬畏，我毅然刻苦学习，按部就班地当个好学生，不经意间为即将到来的高考，打下了较好的文化基础。

### 三 我的大学

1977 年 7 月初，高中毕业的我回到父亲的原籍——西昌县西郊人民公社四大队第六生产队，像其他青年一样成为一名普通的插队知青。身在父亲的原籍，社员们都沾亲带故，劳动中大家对我蛮关照，并在劳动中按成人劳动力标准每天计九分工分，而且按规定还分到了两分自留地，种上了萝卜和青菜。最后离开生产队结算时还分到了现金 30 元。

但是，对于理想难以遏制的渴望，让我无法容忍自己大好的青春年华都消磨在这谈不上苦难却无所作为的日子里。

说来也怪，这年冬天的寒冷一如既往，但冥冥之中有一股暖流在涌动，当"恢复高考"的天籁之音从广播中飞奔而出时，冰封千年的雪山都在消融。我的心动加快，似要胀破襟怀，但磨难让我学会了谨慎，所以暗自盘算着如何准备复习。我把自己的想法私下里告诉了生产队长，他表示支持，但要求不脱产，白天照常和社员们一起出工，下地干活。夜晚，我便抓紧时间拼了命地复习备考，这期间还经常去拜访母校的老师，聆听他们的指导。我在争分夺秒地苦读，时光却悄无声息地溜走，一不留神就到了 1977 年年底。在东奔西跑中，我相继过了政审关和体检关，并办好了相应的考试手续，迎接这场攸关命运的挑战。

　　我所在的考场是西昌县第二小学，那天参加考试的人很多，近五十个教室里坐得满满当当。两天的考试下来，各科的试题基本上都做完了，整体感觉还算满意，但因为没有标准答案做参考，心里始终在上下打鼓。多年来我受的教育和各个方面的影响，早就为自己立下了做一名教师的理想，所以在填报志愿的时候，毫不犹豫地在省内院校部分写上了三个师范院校：西南师范学院（现西南大学）政教系、四川师范学院（现四川师范大学）政教系和南充师范学院（现西华师范大学）政教系。当时的想法也很简单，能考取到一个师范类学校，今后当一名教书育人的教师即可，并不敢奢望能考到四川省的最高学府——四川大学，抱着试一试的心态，我在第一志愿里填写了川大经济系。一周以后征兵工作开始了，我一不做二不休又报名准备了参军的相应手续，年轻的我心想：不管"大学生"还是"解放军"，两个"光环"我总是要摘一个回来！

　　来年二月的一天清晨，我怀着复杂的心情，急切地去查看西昌县西门坡老城墙上张榜的公示栏。好家伙！当那一百多米密密麻麻的高考成绩花名册映帘在眼前时，心中百感交集，在摩肩接踵的人群中，屏住呼吸，努力寻找自己的名字。不久，我便惊奇地看到自己的名字居然在文科考生中冠名全县第五，喜悦之情无以言表，眼睛开始有点湿润，心想这个名次应该能圆我上大学当老师的梦想。果然没过几天，我就接到了公社文书送来的录取通知书，打开一看惊呆了，自己竟然被四川大学录取了！好事成双，喜事连来。当全家还沉浸在这从未有过的喜悦之中时，公社武装部又送来了入伍通知书，接兵的首长介绍说是沈阳军区野战部队，驻防中苏边境的佳木斯市，是一支很有光荣传统的部队。首长说，看了我的材料。他夸奖我，认为我基础好，若到了部队一定能考上军校，大有前途。但与上大学相比，行伍非吾所愿，经过权衡，我谢绝了部队首长的好意，放弃了从戎戍边的选择。1978年2月下旬，接到章峻岩、马炎光老师联署发来的庆贺电报，深受鼓舞。二月末的一个晚上，高中的几位要好同学来家里吃了一顿丰盛的晚餐，算是为我饯行。是夜皓月当空，满天星斗，我搭上成昆线的列车，从大凉山的腹地奔向了自己梦想中的大学……

入校后的第一场报告会上，李南峰同学精彩的报告，使我们对川大有了大致的了解，对系里的同学们有了初步的认识。当时不少同学是 1966 年的高中生，其中像我这样 17 岁高中应届毕业就考上大学的不算太多。同学们年龄跨度很大，比如肖俊周同学还是 1965 届的，年龄竟与我前后相差了十五岁之多。经历了特殊的年代，大家普遍都有底层生存经历，见证了翻天覆地的社会变迁，都有在社会上奋斗拼搏而铸就的坚强品格和练达的人情，普遍具备坚定沉毅、能吃苦的特质。能在恢复高考后就考上大学，就证明了大家的水平和实力。我们班上有水平的同学真是不少，有幸与他们为伍，使我接下来的大学时光有了深度和水准，昔日的学生生活，历历在目，并未因时间的流逝而忘却。

我们这届大学生普遍有一种知识饥渴症，异常珍惜这来之不易的学习时光。更难能可贵的是，大家在学习中会不由自主地将个人的修为与祖国未来的发展和进步结合起来。事实也证明，中国在之后经历了若干波折后还能如此高速地发展，与恢复高考后首届大学生的作用不无关系。在那个文化断裂时代还坚持学习的人所形成的特定群体，就像从沙漠中淘出的种子，在大学的沃土中贪婪地吸收着知识的养分。在教室，在食堂，在运动场，在宿舍中，学术讨论无处不在。殷建中、曾宪久、刘居纯、周开泉、苟明光五位学长与我同处一室，同小组中还有罗朗、黄晓英、彭华民三位学姐。我们共同经历了改革开放的思想启蒙运动，经历了实践是检验真理的唯一标准的大讨论，除正统的教育和传统教材外，逐渐接触到西方经济学与西方马克思主义等现代社会思潮，一起阅读伤痕文学，展开人生观大讨论……家国情怀，独立人格，批判精神，世界眼光，潜心苦读的知识分子特质，在这一时期逐渐形成了。四年来，毫不夸张地讲，我从同学们身上学到的东西和从课堂上学到的东西几乎一样多，而这些特殊经历和气质，注定影响着我的一生。

时势可以造英雄，英雄也可以造时势。作为恢复高考后的首届大学生，我们通过了自己的不懈努力，从每一次机遇的挑战中胜出，不断地升华着自我，这是我们这一届大学生的"命"；同时，特殊的历史条件使我们这一届大学生具有了登上历史舞台施展抱负的机会，这是那个年代给予我们的"运"。共同的命运使我们在那个充满希望的冬天走在了一起，然后在各自的领域发展，实现理想，走向了成功，这就是我们这届大学生的成长史，也在中国改革开放历史上留下了深刻的印记。我们的作为和担当也必将对未来中国产生长远的作用和影响，我们努力并祈福历经沧桑的祖国尽快走出传统历史的三峡，向着现代文明的正确方向稳健前行！这便是我们这批人给予这个时代的"命运"。

　　1977，我们把命运攥在自己手上！

2017 年 6 月于椰城

**1978 年 7 月摄于西昌一中**

李俊，四川省西昌市人，1960 年出生。1977 年高中毕业后即参加高考，1978 年进入四川大学经济系学习。毕业后曾经在党校和高校从事教学与研究工作。1986—1989 年在中共中央党校攻读经济学研究生。现任教于海南大学，经济学教授，硕士生导师，海口市人大代表。

# 我的 1977

### 罗 朗

　　这一年，和成千上万的知识青年一样，对于我来说确实是改变命运的一年。1978 年春节前我接到了四川大学经济系的录取通知书，终于可以重返校园，完成学业了。一个初中生要去上大学了，会让多少人羡慕，又会被多少人认为是运气好，其实只有我自己知道，在这张录取通知书后面藏着多少不为人知的艰辛，是多么的来之不易。这是我最不想提及，但又深深铭刻在我生命里的一段经历。

　　在广阔天地苦苦挣扎了八年的我，始终不愿放弃那个深深埋藏在心底的梦想——重回校园，完成基本的学业。

　　1966 年初夏，我初中还没毕业，就开始了史无前例的"文化大革命"，从此以后告别课堂，走出校门。在那动乱的日子里不觉一晃三年就过去了。1969 年年初，响应党的号召，随着知识青年上山下乡接受再教育的热潮，我来到了江津边远的农村插队。这里交通不便，信息闭塞，每天忙于田间地头，担水做饭，从基本的农活学起，一干就是八年，多次返城机会擦肩而过。其间，好多同学陆续招工和当兵都离开了广阔天地，家里人也十分着急，希望我能顶替父母退休回重庆，当一名光荣的人民教师。但是，我深知自己只有初中文化，有点儿难当此任。我的父母都是教师，作为知识分子家庭出身的我始终觉得接受高等教育是必需的。因此，重返校园读书一直以来都是我的梦想。

　　在八年的知青生活中，我曾经历了两次高考。

　　第一次是 1973 年，"文化大革命"十年动乱中唯一一次高考，也是大学停止高考招生几年后恢复高考。

　　经过努力，我得到了去县城参加考试的机会。依稀地记得是在县城的一所中学设立考场，全县考生集中在这里考试。在一间二十多平的宿舍集中住宿着二十几个互不相识的女知青，每场考试后，大家回到宿舍都要互相对答案，翻下资料准备下一科考试。这次考试我考得不错，还接到了通知去县城参加体检。我乘轮船坐火车，经过一天的长途跋涉，专程赶到县城参加了体检。正当我满怀希望，期待录取通知书的到来，能圆上大学的梦时，这一年的高考被否定了，招生路线也改变了。这次的经历对我打击很大。

　　我默默地接受了眼前的一切，不得不重回"日出而作，日落而息"的生活。但是，我仍心有不甘。在经历了这次挫折之后，自己想上大学的愿望反而更加强烈了。

　　其间，父母曾多次来信希望我能回城顶班，因为我母亲可以提前退休了，这样我就可以返城去当一名中学教师。但我一直都没有同意，一心只想重回校园去圆读书的梦，哪怕是上中专也行。在这遥遥无期、看不到希望的等待中，又过去三年了。

　　天无绝人之路，四年后的1977年，机会再一次降临了。改革开放中对高校招生制度的改革，让我又重新看到了希望，为了争取重返校园，我放弃了顶替父母退休回城的机会，准备再搏一次。但是，在接下来的赴考路上所遇到的一切周折与艰辛，却是我万万没想到的！

　　从重庆传来高等院校招生改革的消息后，一开始是兴奋，彻夜不眠。接下来是准备复习考试，没有资料书本就让母亲收集了一点寄来，抓紧在收工之后复习。

　　招生报名那天，我一早就来到了公社。在一间不大的房间里挤满了知青，报名填表，在一张粗糙的油印表格上填写姓名、年龄、文化程度……在公社招生报名处报名的第一关，我就遇到了阻碍。当时报名是分大学和中专，条件分别是：报考大学要求高中以上文化程度……而我只是一个初中生，还没有上高中就停课了；报考中专要求25岁以下……而此时的我已经27岁了。就这样，报考大专我的学历不够，报考中专我又超龄了，因此，我被拒绝了。情急之下，我找出了招生简章中"不拘一格选人才"这一条，据理力争，后来公社的人只好给我报上名。

在忐忑不安的等待中，我一边下地干活，一边复习功课。好不容易等到了发放准考证的日子，我也是一大早就去公社领证。担心的事情变成了现实，几乎所有的知青都顺利地领到了准考证，唯独没有我的准考证，原因还是不合规定，初中生不能报大学，25 岁以上不能考中专！其实当时的我已经不在乎是报考大学还是中专了，只是希望能有一次重回校园读书的机会。

无奈之下，我沮丧地回到了我的茅草房，此时此刻没有眼泪，也没有悲伤，27 岁的我，像这样的挫折已经经历不止一次了。难道就这样放弃了吗？放弃了，就意味着我将永远失去上学读书的机会。一夜无眠，第二天一早我就到队上请了假，直奔县城。

我步行了十多里山路来到长江边，乘木船过江，因为轮船只在江对岸停靠。换乘轮船沿长江而下，再换乘火车到达县城的江对岸，然后再换乘过江轮船，天黑之前赶到了县城，在一家小旅馆住下。第二天直接去了县教育局招生办，现在我也记不清是个什么机构了，就称招生办吧。我诉说着自己的辛酸经历，那场景可想而知。与此同时，一个在县城工作的熟人那天也是为了帮我而到处找人求情。最后，县招办经研究，认为特殊情况特殊处理，同意让我报名，补发准考证，但必须返回区上去报名，因为不能在县城里报名，而且我的报名表照片等资料都在区上。试想如果是在今天这个信息时代，只需一个传真一切就被搞定了。可是那是 40 年前一个偏远的农村，信息从县上到区，再到公社只有靠一部手摇专线电话来传递。不过，庆幸的是，事情总算有点儿眉目了。

我没有回生产队而是直奔区上。又是一天的艰难跋涉，轮船—火车—轮船，等车等船，客船每天只有两班，当我走下末班船时天都快黑了，还有 30 里山路，我一路小跑，摔了跤，爬起来再跑。天黑了，伸手不见五指，我也顾不上害怕了。一个年轻女孩孤独的身影在黑夜的乡间小路上飞奔，事后想起来都害怕，如果遇到坏人……如果被毒蛇咬伤……如果掉进水塘……在漆黑的旷野中，我是那么的无助，是那么的羸弱渺小、不堪一击，任何意外都是致命的。但是强烈的求学愿望，让我战胜了恐惧。当人们都进入梦乡时，我满身泥水地回到了区上，敲开区妇女主任的家门。这已经是发准考证后的第四天了，离考试只剩下最后一天了，我在妇女主任家住了一夜，天亮后在区上办齐了各种手续，又是30里乡间小路，等船等火车回到县城。

40年前的交通和今天没法比，我所在的公社和区上都不通公路，更莫说汽车了。等我再次赶到县招办把材料交上去时，已经快下班了，给我的答复是，准考证只能等到明天早上上班后才能拿到，也就是说我只能在开考前半小时拿到准考证。尽管如此，我还能说什么呢？能够拿到准考证，已经是特殊情况特殊处理了，已经算是幸运的了。

但是，拿到准考证后再赶回到区上去参加考试，却几乎是不可能的了。当时，摆在我面前有两条路。

一是拿到准考证后返回区上参加文化考试。和1973年的那次考试不同，因为考生众多，1977年的考场都分设在各区上而不是集中设在县城。如果在今天，从县城到区里，高速公路也就不到一个小时车程，可是40年前的交通，返回区上要乘火车轮船，等车等船再加30里的山路步行，那是要耗费一天的时间，如果等我赶回到区上，第一天考试的两科都错过了。如果这样，我经历这么一番艰辛拿到的准考证又有什么意义，很明显这条路太不现实了。

另一条路就是报考外语专业，因为报考外语专业需要口试，所以凡是报考外语专业的考生都被集中在县城的一个中学考场进行文化考试，然后再加试外语并进行口试。在当时的那种情况下，我别无选择只能报考外语专业了，尽管已经十多年没翻过英语书，我还是选择了英语。这是一种非常无奈的选择，因为只有报考外语专业，我才可能留在县城参加文化考试。

感谢上天还是给我留下一扇窗户，我知足了。四五天的路途奔波，到处求人的艰辛，总算有了结果，也算幸运吧。

当天晚上，我只有在县城找一家旅店住下，而最让我终生难忘的就是当晚蜷宿的这间小旅馆。这是一间用浴室改造成的旅馆，用一人多高的木板隔成小格子，根本不能算房间，只有三四个平方米大小，里面有一个洗澡的浴缸，不是用来洗澡的，而是在浴缸上面搭块木板子，配上简单的草席和被子就是一张床，可以过夜了。这几天的奔波让我几乎把复习的事忘得一干二净，人一旦安顿了下来，才想起第二天就要考试。准考证还没拿到，第一天上下午考什么都不知道。只身一人，只好把随身带的复习资料和一本借来的历史书拿出来翻看。可是浴室的灯光昏暗，只能看见穿鞋，而且是多个格子间共用一盏电灯。四周的格子间住着各种各样的人，用木板做的墙完全没有隔音的功能，非常嘈杂。这是 40 年前县城一家廉价旅馆，我一辈子再也没有见过这样的旅馆，毫无安全感，只有和衣而睡。几天的劳顿，再加上踏实了的心情，尽管环境很差，我还是睡得很香。

这就是 1977 年我参加高考前的五天经历，完全是在焦虑、无助、恐惧中度过，五天的奔波仅仅是为了那一张能进入考场的准考证。这一段求学路上的艰难经历，这特殊的五天时间，深深铭刻在我的生命里，终生难忘。

第二天一早，在事先约定的地方等人送来准考证，我终于拿到了它，小心翼翼地放进书包里，立刻奔向考场。考生们已经开始排队进场了，来不及喘一口气，我就走进了考场，迎接这一场历尽艰辛而好不容易争取到的高考，一场几乎没有准备的高考。整个考试全凭着自己以前的知识积累，两天后还加考了外语和口试。怪不得，后来我听说自己是四川大学经济系七七级班上高考分数最差的同学之一。一个初中生考大学，一个在进考场前还一直在为取得考试资格而狂奔的人，就是我。

两天半的考试中我印象深刻的是考政治那一场，开始排队进考场了，我前面一个考生还在抱佛脚，拿着复习资料在背，我凑上前看了一眼，正是商品、货币之类的名词解释，而这些对于我来说完全是陌生的。史地考试前，我也是听别人背历史朝代就跟着背。数学考试对我一个初中生来说应该是比较困难，不过 1973 年那场高考后我自学过一段时间，对这次考试有一定的帮助。只记得有一道题是计算一堆稻谷的体积，我不知道圆锥体计算公式，就通过推算得出正确答案。最后一天加试英语，我毫无准备，结果可想而知。知道吗？为什么我报考外语专业没人要，考的太差了。

考试完后在回生产队的路上我开始担心起来了，离开生产队一周了，如果这次考不上岂不是被人笑话，一个初中生偏要去考大学，还误工好几天。但事已至此，也无法改变了。我又回到自己的那间小茅屋，日出而作，日落而息，静静地等待考试结果。

也记不清过了好久，一天同生产队的社员从公社回来告诉我，公社已经贴出大红公告，通知高考上线的知青去县城体检，有我们大队的某某、某某。我问他看见我的名字没有，他摇摇头说没看见。这时我的心情完全不能用失落来形容，简直就是绝望。

心有不甘，我要亲自去公社看一下。爬坡上坎一路小跑，当我站在那张大红公告前，一眼就看到了那两个字，太熟悉了，那是在我还未上学读书就会写的两个字，那是我练习过无数次的两个字，那是我爹妈给我取的名字。这次我终于眼睛模糊了，我的艰辛和坚持终于有了结果……由于我是补报名的，所以名字在最后。那个社员没有看完就离开了。这个结果对于我来说应该是意料之中的事。尽管最后冲刺阶段没有时间复习，我的文科考得不是很满意，但是我的数学还可以，所以在总分上提升了点点。我久久地站在大红公告前不愿离去。

回到住处马上就给爸妈写了一封信报告这个好消息，他们为我操心太多了。当然，此时的我也非常清楚，要重返校园这才是迈出的第二步，不过我感觉文化考试上线比起争取准考证、取得考试资格那一步好像要容易一些。

这就是 1977 年我参加高考的经历，那年 27 岁的我所经历的磨难艰辛、来来回回的奔波，让我的一双平时舍不得穿的皮鞋完全彻底报废了。

我所经历的挫折锻炼了我，使我变得更加坚强，使我更加懂得珍惜，不轻言放弃。一张小小的准考证对于大多数人来说唾手可得，只要报名就能获取。多数知青在回忆 1977 年高考时都没有提到获取一张准考证有什么困难，而对我来说却是如此的艰辛，如此的来之不易。为了它，我八方求情，跑破了一双鞋，但这一切付出，我心甘情愿。

接下来还有填报志愿，为了多点把握，在填报志愿时我非常低调，填的都是较少竞争的冷门学校，最高报了个当时的重庆师范专科学院。此后，我仍在农村务农。1978年春节前我回重庆探亲过年。不久听说考上清华北大的都收到了录取通知书，尔后又听说重点大学陆续也在发录取通知书了。我爸还提醒我重点大学就别指望了，一般大学的通知书可能要到最后去了。我虽然也盼望着，但估计轮到自己的头上可能还早，没有完全放在心上，整天和我的同学开心地玩，享受难得的假期。这个时候，我的同学基本都已经回城工作了，只有极少数还在农村。

一天我和几个同学玩了后回家，见爸妈正在准备晚餐，为什么还杀了一只鸡？这可是我从乡下带回家来过年吃的呀。爸爸对我笑了笑，说：你有一封信在书桌上，自己去看吧。真是有点奇怪，有谁会写信给我呢？在农村收到的信都是爸妈写给我的，此刻我在家里爸妈总不会写信给我，我就在他们身边，有事直接就说了。再说，同学近期都在聚会，也没必要写信。再看看父亲神秘的样子，我更加纳闷，赶快进屋看看，信已经拆开了，是我的大学录取通知书，是四川大学经济系的录取通知书，这是真的吗？我不敢相信自己的眼睛，反复看了几遍，确实是给我的，我的录取通知书，我被四川大学经济系录取了。眼泪再也忍不住了，夺眶而出，不容易啊，真的不容易！做梦都没想过会考上重点大学，用我父亲的话说这可是西南最高学府。我父亲早年就读成都华西大学，现在我上大学的梦想终于实现了。

我参加了两次高考，两次都是那么不顺利，但两次高考的结果却完全不同。感谢改革开放，感谢那些帮助过我的人。1977年真的是改变命运的一年。

我终于离开了那个小山村——我的第二故乡……

九年，三千个日日夜夜的往事，一幕幕，融进血液，融进骨髓。烈日下挥汗如雨，真的是"锄禾日当午，汗滴禾下土"；电闪雷鸣，倾盆大雨，全身湿透，还背着几十斤重的背篓在山上栽红薯；天黑了，只能借着手电筒微弱的光亮摸索回家的路；肩上压着一百多斤的担子在送公粮的田埂飞奔；收工后还得自己担水做饭。有时候真的感觉好无助，也曾动摇过——回城顶替母亲退休，但始终心有不甘，为了心中的梦想，我咬牙坚持了下来。

虽然经历了很多艰辛磨难，我不后悔当初的选择。我的一些同学下乡两年就招工回城当了工人，初中还没毕业也没有多少文化，有的早早就下岗了，有的最后也选择了重新考大学。

回忆40多年前的往事，对于我来说真的是一件不容易的事情。虽然结局是美好的，但过程却是很无奈。在近十年的农村生活中所遭遇的各种挫折磨难，磨炼了我，成为我一生的宝贵财富，不轻言放弃。如果当年因为那张准考证被挡在考场外就放弃了，就不可能有手里这张录取通知书，可能我的人生道路也完全不同。

1977年真是改变命运的一年，圆了我上大学的梦，重新回到校园，去完成大学本科的学业。在读大学的期间，我还遇上了后来成了我先生的那个人……小时候我们在一条街上长大，在同一所小学校上学，同学三年，经常见面，但是彼此并不相识。20年后我们长大成人，在四川大学再次相遇。真是应了那句话：有的人，是你生命中必然出现的，错过了还会再来；有的事，是冥冥中上天的安排，想躲都躲不开。

最后，我想用我的好友在大洋彼岸给我发来的一段忠言来结束我的这段回忆的文字：

这一年，谢谢自己！在最苦最累的时候没有放弃。几经风雨认识了更强大的自己。谢谢自己！在最孤单的时候，自己一个人勇敢地走下去。因为，有的路只能自己一个人走。

这一生，谢谢自己！愿吃过的苦都结成果实，愿有过的累都变成回馈！

2017年5月于重庆

摄于 1978 年 3 月川大校门

罗朗，重庆市人，1950 年出生。1966 年初中毕业，1969 年到江津农村插队。1977 年参加高考，1978 年进四川大学经济系读书。1982 年分配到重庆交通学院（现为重庆交通大学）教书，1990 年调重庆市经干院（后合并到重庆工学院，现为重庆理工大学）任教，为经济学副教授，于 2005 年退休。

# 回望高考

倪新华

1977—2017 年，整整 40 年了。高考的恢复是邓小平复出后在 1977 年力主恢复的。回望 40 年前，高考前后的情景依然清晰，所经历的过程还不时在脑海中浮现。

我是"文化大革命"后第一批高中生，于 1974 年在四川省威远县龙会中学高七四级毕业。在校期间成绩还算优秀，一直是班上的学习委员。拿过学校数学比赛的第一名和物理考试的满分成绩，那次考试 3 个班 150 人没有人提前交卷，只有我一人提前交卷并取得了满分的成绩，因而在学校也算小有名气。

1974 年 7 月从龙会区中学毕业后，就回到了户籍所在地龙会区杨柳公社 9 大队 11 生产队务农，接受酷暑和繁重农活的洗礼和考验。我的家庭有点奇怪，这里要多说两句。我父母都是非农业人口，父亲在威远县新店区粮站工作，母亲是龙会区社会商业的店员，我们几姊妹都出生在区镇上，是非农业人口，但在三年困难时期的 1960 年我母亲被下派到农村的代销店，我们中间几姊妹由于没有直系亲人在镇上，我们的户籍就下到母亲所在代销店的农村，到 1962 年年初我母亲调回区镇的社会商业时，我们的户籍没有迁回，留在了离区镇有七八里路的杨柳公社。高中毕业后，我就回到生产队参加劳动，因为在生产队没有住房，只能早出晚归，披星戴月，一早从家出发，走七八里路上工，晚上收工后还要走七八里路回家睡觉，每天都累得筋疲力尽。

好在时间并不长，因为杨柳小学就在生产队旁边，到 9 月开学时，有老师请假，需要老师，我就受聘到杨柳小学担任代课教师，领几元钱一个月的代课费，而每周要担负 20 多节课的教学，内容庞杂，有小学语文、数学、政治和初中物理等。就这样，学校开学就代课，放假就又务农，到 1976 年 5 月，因杨柳农中要扩大招生，需要教师，我和其他三位同志又被公社确定为农中教师人选，参加了威远县教师进修学校举办的首届农中教师培训，为期 45 天，我参加的数学教师培训，结业后拿到了农中教师资格。过后 1976 年 9 月 1 日杨柳农中开校，就担任七六级新生的数学教师，直到 1977 年 12 月参加高考。

在恢复高考前的 1976 年，最后推荐了一批工农兵学员。这时我们高中毕业两年了，有资格推荐上大学中专。我们高中一个班就有 5 人推荐上了大学，有 3 人推荐上中专，占到了 16% 的比例。那段时间心里非常郁闷，对知识的渴望、对大学的向往达到空前的程度。后来随着邓小平复出，1977 年全国科技大会的召开，我敏锐地感到科学的春天来了，高考要来了。也像当时很多有志青年一样，向北京大学周培源校长和四川省主管教育的杨超副省长写了言辞恳切的信，表达渴望上大学，在知识的海洋里去畅游，为中华之崛起而发奋读书的强烈愿望。

1977 年 12 月参加高考的场景也还历历在目，那年考生很多，"文化大革命"前后差不多有 10 多届的初中、高中学生，全部集中在威远县城的威远中学和严陵中学考试，那几天小县城里满是考生，人头攒动，甚为壮观。由于考生太多，不像后来一人一张课桌，我们是两人同坐一张课桌。第一科考的好像是语文，考试完后比较平静，没起什么波澜。第二科是数学，数学考试结束后就炸锅了，考生纷纷议论题目太难没有做完。而我出来后，同学纷纷问我，我说题目还可以，我全部做完了。然后是政治科目和物理化学科目的考试，这些由于平时有积累，也还觉得比较轻松。

还有值得一说的是，高考志愿的填报。当时可填报 6 个大学和 6 个中专志愿。填报志愿是在高考前进行的。当时很多人都以为我会填报北大、清华，但是我都没有填报。因为是第一年高考，没啥经验，听从了原高中班主任的意见，第一、第二志愿都是工科院校，他说要求低点，把握大些。我当时对科学非常热爱，自费订阅了当时为数不多的科普杂志《科学试验》，订阅了几年，了解了自然科学有三大前沿：一是物质结构，二是生命起源，三是天体演化。因此，我在填报志愿时就有意识地与之接近。其中一是四川大学物理系原子核物理专业，二是中国科技大学的空间物理，三是成都工学院的高分子专业。我记得很清楚，川大是排在第 5 个志愿，结果被录取了，可见当年志愿先后顺序影响不大。不像现在，非一志愿不录取。

那大家可能会问，我又是怎么到经济系学习的呢？这就要从进校后的体检复查说起。进校报到后，学校进行体检复查，就两个项目，一是色盲检查，二是 X 光透视。色盲检查时我有色弱，没能通过，就强制换专业。当时全校有几位同学和我一样，由理科调换到文科，我和另一个半导体专业的同学调到了经济系，有的到哲学系等其他文科专业。过了差不多两个月后，都还有一位同学从四川医学院调换到了我们经济系学习，原因也是色盲，而川医没有文科专业。

在我的印象中，川大录取通知书是 1978 年 2 月 4 日发出的，到达我户籍所在地威远县龙会区邮电所是大年初一，我当时在威远县新店区、我父亲的工作地过春节去了，加上填报时通讯地址是杨柳农中，所以我姐姐想把通知书取出来而不能。因为是挂号信，要本人领取。后来是由杨柳公社的邮递员到镇上后才取出的。当时一共到了两份通知书，还有一份是我龙会中学高七五级同学的录取通知书，他被上海化工学院自贡分院录取。这在当时的小镇上引起了不小的轰动，人们奔走相告，对高考能否公平的疑虑才一并打消，认为这是真正的高考，没被人情关系所左右。

我进了大学后，也很关心我杨柳农中七六级初中班的学生，给他们写了一封热情洋溢的信，鼓励他们好好学习，我在大学等着他们的到来。半年后我这个班的学生不负众望，取得了较好的中考成绩。有6 名同学考上了威远县中学首届特高班，超过了完中的成绩，一时也传为佳话。后来，也有好些学生考上了大学、中专。

我记得 1977 年全省 60 多万人参考，录取一万人左右，当然后来扩招了。七七级川大是录取了 700 多人。进校后教务处的理科处长为新生做报告，问到你们这多学生有几位填报了化学专业？他说化学与人们生活息息相关。同学们绝大多数填报的是物理专业。这与当时获得诺贝尔奖的三位华裔科学家有关，杨振宁、李政道、丁肇中全都是物理学家。这就点燃了中华学子学习物理的热情，从而纷纷填报物理学科。

记得当年参加高考时，我的身体状况不是太好，体重才 90 斤。由于长期缺乏营养和繁重的体力劳动，加上非常渴望上大学而不能，长期处于思虑过度的状况，精神状态不是太佳，一定程度上也影响了考试的发挥。但是还好，机会只垂青有准备的人，让我如愿考上了重点大学的热门学科，十多年的寒窗苦读终于获得了回报。

总之，40 年前邓小平力主恢复高考的决定，改变了成千上万中国人的命运，改变了成千上万个家庭的命运，改变了国家和整个中华民族的命运。这样的功绩无论怎样大书特书都不过分，值得子孙后代永远铭记。

摄于 1978 年

倪新华，四川威远县人，1955 年出生。1974 年高中毕业后在四川威远县杨柳公社务农，代课和担任农中教师。1977 年参加高考，1978 年进入四川大学经济系学习。1982 年分到云南省西南林学院任教。1986 年调至四川省委机关党校任教。1992 年到北京中国国旅旅游贸易中心任副总经理，后赴深圳新江南投资公司任总经理。现已退休。

# 难忘的高考岁月

彭通湖

　　1972 年 2 月，历尽三年左右的下乡风雨，我从当知青的眉山县（现眉山市东坡区）重新回到成都，在西南建筑设计院印刷所当了工人并兼任团支部书记。从农村重回到城市，又有不错的单位和工作，真是打心眼里高兴。当时，自己就是一心想干好工作，不辜负得之不易的工作岗位。

　　我们的工作环境很不错，印刷任务不重并充满新鲜感，下班后也还有很多空闲时间。更值得高兴的是，全印刷所除了老田主任外，都是 30 多个年龄相差不大，并且有共同经历的知青。除完成并不太多的工作任务外，业余时间一伙年轻人就忙着各种学习和文体活动，日子过得非常充实愉快。

　　我们经常组织篮球比赛，乒乓球比赛，大家一起唱歌、跳舞，经常外出旅游参观，爬山、野炊，表演文艺节目等。每逢元旦、五一、七一、国庆等节日，我们也办专刊。我们自己也在笑，一群小知识分子在设计院的大知识分子面前舞文弄墨。大家自己写文章、排版、画刊头、抄写板报等，忙得不亦乐乎。当然，我们也有例行的团组织生活，我还和几个同事一起组织了自学小组；当时主要是学习一些马列书籍，除此之外还看一些自己喜欢的小说等。那时好的书很少，一旦有了，大家就轮流传看。总之，那时大家从来未想过到大学读书的事。日子仿佛就要按照这种轨道运行下去了。

　　平静还是被打破了！1974 年，我们单位也开始选派一些人到大学去当工农兵学员，这是大家都盼望的好事。我们毕竟都是 20 多岁的年轻人，"文化大革命"中断了我们继续学习的进程，现在大学之门开了，谁不想有机会到大学深造！第一批从我们印刷所选了三个，两个去重庆建院，一个去川外读书，大家都羡慕得不得了。第二年又送走了两个，但还是没我的份！不久，西南建筑设计院内部又开设了"七二一"职工大学，一批设计院的职工子女可以到那里学建筑，我仍然没有得到这个机会。

到了1977年的10月下旬，我和几个中学朋友在聊天。一个同学拿出一张报纸，上面就有在1977年12月恢复高考的消息。一开始我也并不在意，因为我认为自己没资格参加。那次高考主要是让"文化大革命"前的高中生和后来的应届高中生参加。当时我至多只是初中三年级的学生，成都26中根本没设高中，高中之门我压根儿没踏进过一步。从1966年5月起，学校就被冲击得乱了套，我就基本上没有和教科书打交道了，甚至书都不知丢在哪里去了。但就在这时，我的一个同学一字一句地对那份报纸研读，发现报考条件中还有这么几个字："高中学生及同等学力者均可报考。"我脑袋一下子热了起来。虽说希望不大，但毕竟还留了一个口子，那就是一个难得的希望！知道这消息后，我好几天晚上都辗转难眠，完全被这个意外的希望所左右。左思右想，终于下定决心，要用近两个月左右的时间，自学高中课程，然后参加高考！拼了，试一次运气！

一旦下定决心，我就全力以赴。首先是要选定到底报考文科还是理工科。我其实很想学理工科中的建筑，因为我毕竟在西南建筑设计院待了六年。但仔细斟酌一下，两个月要自学全部高中数学、物理、化学难度太大。还是考文科吧！如果这样，我可以把大部分时间集中起来自学高中数学这一门课，这至少还有点可能性。至于高中的语文、历史、地理、政治等课程，我虽没法去自学，但我还不至于完全无基础。我毕竟初中三年是学完了的。我们的语文老师、数学老师还是很尽责的。当时我在班上各科考试成绩虽不算好，但大多数内容我还是懂了的。尤其参加工作这几年，工作娱乐之余，我还是静下心来读了不少小说和史地方面的书。我还真要感谢我们团支部每年办那几次专刊，每次我都要参加写稿、组稿、排版、画刊头等，也算给了我一次次的锻炼学习机会。另外，我们团支部还有一个坚持了四年左右的自学小组，四五个有学习兴趣的同事，每周定时有一个讨论。自学小组的那几个同事都很好学，无形中也鼓励推动着我去自学，强迫自己去完成读书进度，不然根本无法参加讨论。读书中难免有不懂的地方，大家就下去找书和资料来解答，这也强迫我读了一些书。其实，还有一件事无形中帮助了我。当时那帮同事经常有人拿一两道数学题来让大家求解。这些几何、代数方面的题往往有一定的难度，面对这些"难题"，我们不得不穷尽当年所有的数学家底，用各种公式、方法去攻克它，有时得花几天的业余时间。一旦得到正确答案，大家都可以分享，从中得到乐趣。无形之中，我至少又复习了大部分初中的数学。

10月下旬，我的备考正式开始了。因为中国近十年没有正常教育，高中用什么教科书我完全不知道，也很难找。我只好想法从同事和朋友那里八方借书，只要是涉及高中的书我都要。我记得姚大姐为我提供了一套宝贵的数学书，小苏从他家里给了我好几本历史书，从其他人那里也借到了一些语文、地理之类的书。面对一大堆书我又懵了，怎么下手？想来想去，还是决定把绝大部分时间去攻数学，看数学书累了才去翻翻语文、历史、地理等。反正这些书多得看不完，看多少算多少。考试时就去拼过去的老底，撞运气！

一旦翻开高中数学，我就有点茫然。那时真恨自己，近十二年没认真学习了，过去那么多时间竟不知珍惜，白白浪费了不知多少时间。早知如此，何必当初！话虽如此，开弓没有回头箭，我若错过这次机会，恐怕真要在这印刷所干一辈子了。我只有靠自己去争取，这次硬着头皮也得啃。人一旦静下心，一字一句地读，一个符号一个符号地看，慢慢地也摸到门路，逐渐感觉高中数学也并没有想象的那么难，无非就是解析几何、三角函数和立体几何等主要内容。我一般先看书中的讲解，再看例题，然后就试着做后面的练习题，实在做不下去，就又翻看前面的讲解。好在我们车间任务不重，领导和同事们也都支持我备考，大部分时间我都可以闭门看书。这样，那本数学书就被我一章章啃了下来，大部分练习题我也可以做了，至于到底做对了没有，因没有老师审阅，只有天晓得！

一个人自学的日子是很苦的，那段时间我放弃了一切娱乐和闲暇，经常看书到深夜。我当时住在印刷车间二楼的一间宿舍内，晚上偌大一个车间静悄悄的，只有我一个人，只有桌前的台灯陪伴我。吃饭到食堂我也是来去匆匆，有时干脆多带几个馒头，饿了时就当一顿饭。那段时间脑袋里几乎什么都不想，走路睡觉也在盘算那些数学题。到高考临近之时，心中免不了暗暗着急，有几天干脆看累了就睡，睡醒了就看，饿了就吃，房间里有就在房间里吃，没有就出去胡乱买点来吃。好在那时年轻气盛，自己身体也还算结实，就这样挺了过来！

高考的时间终于到了，我反而静了下来。我可以说没有什么包袱，该努力的我已做了，至于结果是好是坏，只有听天由命。能考上当然求之不得，考不上我就在西南院干下去也不错。实在不行，以后还可以再考。填报志愿时，我也只填写了一个学校、一个专业："四川大学政治经济学系。"至于这个专业是学什么的，以后毕业干什么，我统统不知道。我只是觉得这个专业可能比中文、历史、哲学更有用些吧。我就这样参加了一次高考！

大概是1977年12月8日，我一大早起来，自己一个人骑上自行车到了成都锦江中学考场，报着试运气、去拼一回的心态走进考室。当我走进考室时，我才意识到教室已和我分别了近12年。桌子、板凳、黑板、粉笔，一切是那么熟悉，又是那么陌生。更没想到的是，我以后大半生都会和它们打交道。

第一天上午是考语文，我并不觉得怎么难就下来了。作文是写一篇读后感，我原来还真有写读书笔记的习惯，反正我怎么想就怎么写。以后的考试还是难在数学。我记得有一道解析几何的求证题花了我好多时间，但大部分题我还是都按我的水平去做了。历史、地理、政治我按原来的基础去做，尽量把自己理解的东西表达出来。考试时环顾周围，我发现周围好多考生拿着笔根本写不下去。我暗想，在这间考室中，至少我肯定不是最差的。管它那么多！知道多少，我就答多少。平心而论，那年考题并不很难，出题老师真还没把考生当"敌人"看。考试当然辛苦、紧张，我也被搞得头昏脑涨。两天下来，高考就在我的半迷糊状态中结束了。考完试的那天晚上，我喝了一大杯白酒，然后蒙头一场大睡，差不多到第二天中午才起来。

考试一结束，我的生活又恢复常态。每天照样工作、娱乐、休息。有人问起我高考一事，我也只是笑笑："别拿我开玩笑了，鬼才知道考得怎么样！"我当时的确不报什么考上的希望，只是觉得既然老天爷给了我这么一次机会，我必须尽力去试一次。如果有这种机会都不敢去，那未免太"虾"了。

其实当年和我有类似想法的人的确很多。不管怎么说，1977年邓小平同志力主恢复高考，的确给许多年轻人打开了希望之窗。经过十年动乱和下乡岁月的年轻人，心中对知识的渴望，想通过学习改变自己命运的希望像火种一样从来没有熄灭过。从工农兵中推荐选拔一部分人上大学，因为种种原因和弊病许多有志求学的人被挡在大学门外。尽管工农兵学员中不乏优秀人才，但的确有不少人是凭借特殊关系和"走后门"才捷足先登。1977年恢复高考，给了当时的中国年轻人一次破天荒的公平竞争机会。不论出身，不问资历、学历，更不问有无什么特殊血统关系，统统以考试作为录取的第一标准。在学校几乎停课十余年，教育混乱，甚至连教材都没有的条件下举行高考，无论其倡导者、组织者和众多参与者都是需要些胆略的。这次恢复高考，使中国教育走上拨乱反正之路，一大批年轻人得到了重新学习的机会，并因此造就了一大批杰出人才。

高考过了一个多月，我似乎都快忘了这件事。忽然有一天有人通知我去参加体检，我到这时也没当回事，因为体检并不等于考上了大学，我想可能多半又是再陪别人走一次过场而已。

离春节还差两三天，我已回家休息。那天中午，我忽然看到印刷所的田主任兴冲冲地来到我家，我真不知道他来干什么，我以为他是来串门玩的。他一见面就摸出一个信封给我，我打开一看，才知道是一张四川大学的录取通知书。我的确不敢相信这是真的！我的母亲和兄妹也都为我高兴。那天中午，我高高兴兴地陪田主任喝了酒。直到这时我才意识到，我在印刷所工作的岁月结束了，我马上就要到四川大学上学，我人生新的一页开始了！

2017 年 4 月 18 日

摄于 1978 年 3 月

彭通湖，四川资阳人，1949 年出生。1966 年初中毕业，1969 年赴四川眉山县郑兴公社下乡当知青。1972 年上调至西南建筑设计院印刷所当工人。1977 年参加高考，1978 年进入四川大学经济系学习。毕业后在四川大学经济学院任教直至退休，经济学副教授，硕士生导师。曾任中国经济史学会理事，四川省中国经济史学会秘书长、会长，主编并出版《四川近代经济史》等著作。

# 我要读书

唐　明

时光荏苒，一转眼，·恢复高考已经40年了，40年前参加高考的情景依然历历在目。

40年后的今天，中国已经建立了1600多所大学，职业技术学院和中等专业学校更是遍及全国各地；校园面积动辄上千亩，几千亩；在校人数越来越多，万人大学不下两位数；每年八九百万高中毕业生参加高考，百分之六七十都能进入大学课堂；硕士博士点遍地开花，甚至出现了"硕士一礼堂，博士一走廊"的说法，高教确实大跃进了。不过，40年前的高考是个什么样子？40年前的考生是什么样的成分和心境？现在很多人特别是年轻人已经没什么概念了。作为七七级大学生，似乎有必要把过去的点点滴滴回忆回忆，既给史学学者提供一些可资参考的史料线索，也为后人留下一笔有借鉴意义的精神遗产。

由于和很多七七级学子的高考经历大致雷同，所以本文重点谈谈自己当年参加高考前的心路历程。

40年前我在干什么？回答是在农村上山下乡。

记得是在1977年9月的一天，太阳很大，天气很热，与往年的热天没有什么不同。那个时候，粉碎"四人帮"已快一年了，农村仍然看不出太大的变化。

中午时分，收工以后我正在做午饭，我的父亲——一个县中学的政治教师突然出现在作为我住所的生产队保管室的门口，自我下乡以后，父亲很少到我们生产队来，这次冒着酷暑突然降临，一定是发生什么大事了。果然，父亲告诉我，从教育系统内部传出的消息，邓小平已经拍板今年在全国范围内恢复高考，叫我立即返城参加复习。由于正式的消息尚未公布，建议我以母亲有病为由请假先回去。父亲说完这些就走了，给了我半天时间收拾东西和交办手上的事情。

中午吃完饭，直接就去了队长家请假，然后找保管员从库房领了上百斤谷子，经过加工弄成几十斤大米，准备带回城里作口粮，傍晚时又记了最后一次工分（我是生产队记分员）。吃完晚饭以后闲了下来，坐在保管室门口，望着繁星点点的夜空，浮想连连。这个时候也该把自己 20 岁的人生经历从头到尾认真捋一捋了。

记忆的闸门一旦打开，过往的经历就一幕幕浮现在眼前……

我是出生在成都的，早年由于父亲工作调动，到了四川内江地区乐至县，下乡以前一直生活在县城。

乐至县位于四川中部丘陵地区，是涪江、沱江的分水岭。正因为是分水岭，蓄不住水，所以干旱的年份比较多，农业收成比较低，加之没有矿产资源，没有大工业，没有铁路，没有水道，注定了乐至是个穷地方，旧社会就有"遂宁的田，安岳的土，乐至县的石骨骨"的说法。近代史上，乐至倒是出了两个名人：一个是陈毅，国务院副总理，外交部部长，另一个是国民党的谢无量，做过孙中山的秘书长，著名书法家。交通地理上，乐至是中国 318 国道和 319 国道的汇合点。

我 1957 年出生，1960 年上了幼儿园。1964 年上了小学，记得上学的第一天在教室的墙壁上看见一幅水彩画，画的是一男一女两个少年骑在一个飞行的火箭上。可以想象，知道人类已经可以发射宇宙飞船飞向太空，这对一个刚上学的儿童具有多大的震撼力，于是，从小立下革命志，长大要上大学，要当科学家！

可是，接下来的经历大大地偏离了理想的轨道。我读了 5 年小学，1969—1972 年又上了两年半的初中（其中半年是戴帽初中），教学秩序还很不正常。记忆当中，学校有一次还组织学生在逢场的时候上街参与整顿市场秩序，检查农民的所谓投机倒把行为。上高中时情况好些了，但在学习期间耽误了太多。1974 年 7 月，学校宣布我们已经高中毕业了，那个时候，毕业即失业，高中毕业马上就成了社会闲散人员。

我在学校里的学习成绩一向还不错，这一点从我在初中和高中都当过学习委员可以得到证明。但自己也有自知之明，知道与老三届的学生比，自己肚子里没有多少墨水，在学校没有学到多少东西。我这个学习委员尚且如此，其他同学的学习情况也就可想而知。

有人会说：学校学不到多少东西，你就不会自学？我也想，但谈何容易，那个时代，不仅物质食粮特别紧张，精神食粮也极度贫乏。

我出生在教师家庭，耳濡目染，从小就知道读书的重要性，虽不相信"书中自有黄金屋，书中自有颜如玉"，但读过"昔时贤文，诲汝谆谆，集韵增广，多见多闻"。出于对知识的渴求，是很想多读几本书的。记得小时候，我经常到新华书店的柜台去蹭书看，与站柜台的阿姨都混熟了，印象最深的是看完了《阿凡提的故事》和一些活页文选，平时还喜欢掰着指头计算读了几本长篇小说，现在想来非常可笑。

上初中时，有一次借了同学一本连环画，课余时间在看，不小心被班主任老师（教物理的）发现，不仅当场收了我的书，还声色俱厉斥责我。当时把我吓坏了，我一个十二三岁的少年，只知道还不上书怎么给借我书的同学交代？上高中时，读书环境好一点，有几条途径：一是在学校图书馆借书看，二是在县文化馆借书看，三是同学之间互借。但毕竟社会上书籍保有量十分有限，而且大量的都是政治类书籍，文学作品也就是《艳阳天》《金光大道》之类的。所以直至高中毕业，我们这一代人读过的书少得十分可怜。后来说是知识青年上山下乡，其实这一代人没多少知识。

高中毕业以后，下乡吧！在农村锻炼两年还可能推荐上大学或招工返城，于是在1974年9月办了下乡手续，想通过在农村认真接受贫下中农的再教育，最终走出农村，走进大学，所以下乡以后在农村拼命劳动，拼命挣表现。

几年下来，情况完全不是自己预想的样子。首先是过不了生产技术关。由于身体素质较差，惭愧得很，自己在农村待了三年，虽然出勤率很高，但仍然不会犁牛打耙、打链盖、抬石头、使用钎担（一种比扁担更粗更长的农具）等农活。我们生产队的劳动力多，也可能是贫下中农和生产队干部出于保护知青的考虑，一般也不让我参与这一类劳动。

其次是上不了大学。当时是工农兵上大学，推荐上大学。1976 年机会来了，大学又在招生了，我的同学很多被推荐了，我因为下乡晚了一点（时间卡在 1974 年 8 月 31 日之前下乡）没有被推荐。

进入 1977 年，开始度过人生最难熬的几个月，用"度日如年"来形容一点儿不为过。一是很多同学离开了农村，参加了工作，有的还在星期天跑来乡下看我，自己面子上热情接待，心里却非常不平衡。二是生活安排，一塌糊涂。三是干活也没有了往日的激情。（多年以后，我还偶尔做做噩梦，梦见的都是自己还在农村干农活，返城的日子遥遥无期。由此可见，这段时间给我留下了多么刻骨铭心的记忆。）

现在好了，父亲带来的恢复高考的消息不啻平地一声春雷，仿佛在茫茫夜色中亮起了一盏明灯，让我们这些仍然身陷农村的知识青年看到了脱离苦海的希望，我从内心深处发出一声呐喊：我要读书！我要上大学！

说到考试，我一点都不害怕。上高中时，每一次考试我都是最早走出考场的几个人之一。现在想来有点好笑：一次英语考试，老师采取了开卷的形式，我认为这样考不出真实水平，竟交了白卷以示不满。这几年虽然离开了学校，离开了课堂，数理化知识有所退步，但语文、政治、史地知识还是有增无减的，考个师范学院的文科专业，自己还是信心满满。

想了这么多，心里渐渐平静了下来，当天晚上甜甜地、沉沉地睡去，一觉到天亮。

第二天一早起来，简单洗漱一下，吃了点东西，提上行李，锁上房门，迎着早上初升的一轮红日，毅然决然走上了生产队旁边的 318 国道，走上了回家复习考试之路……

后面的过程就与其他同学差不多了：复习、考试、体检、收到入学通知书。1978年2月的一天，只身来到成都，成为四川大学经济系政治经济学专业的一名七七级新生，从此翻开了人生崭新的一页。

最后，讲几则1977年的高考轶事：

——县城关中学一位数学教师，解放前成都大学毕业，数学水平很高。恢复高考的消息一宣布，不得了，他家每天门庭若市，求他补习数学的人挤破头。

——记得高考头一天是考语文、数学。上午考语文，卷子发下来，从写下自己的名字开始就一直没有停过笔，写作文时更是文思泉涌，一气呵成，当然写得好不好自有考官去评判。下午考数学麻烦就来了，有些题是根本不会做，有一道恒等式的题，看似简单，证明了半天证不到一块去，急得身上的汗都出来了。下来后找数学老师对答案，老师说："你这个数学应该有三十几分。"当时犹如一盆冷水从头浇到脚。不过，可爱的老师又说了一句："你这个成绩在文科考生中算高的。"

——高考过后不久，接到了体检通知。到县医院体检那天人很多，大家在各科室门口排起了队，一个个鱼贯而入。当我走到量血压的科室门口，看见一很要好的高中同学站在旁边，我问为什么不进去，他说量过了，血压高。我就奇怪了，年纪轻轻血压高？他说，因为太紧张。现在的人可能难以理解，至于嘛，参加个体检紧张成这样？但要知道，这是高考前体检，那时是高考后过了分数线才有资格体检，如果体检不合格就意味着白考一场。这位同学后来喝下半瓶醋，又休息了一个小时，勉强通过了血压关。

就写这些，如果读者觉得本文还有一点点可读价值，就不枉我花费一周时间写就此篇纪实长文的一番苦心。

2017年5月于成都

**摄于 1978 年川大学生 4 舍**

唐明，四川中江人，1957 年出生。1974 年四川乐至县乐至中学高中毕业后，下乡插队务农。1977 年参加高考，进入四川大学经济系学习。1982 年毕业后分配至陕西省人民银行工作，此后一直在金融系统从事教育、文秘和管理工作，直至退休。

# 浓烈的情结　深沉的期待

唐自渊

说不准具体时间，但我确信自母亲参加完一次学校家长会后，我内心就铸就了一个梦想。

记得那是 1964 年 4 月下旬，母亲请假去学校参加了一次家长会。母亲回家告诉我，班主任一见他就说："你儿子就不要考虑中专了，一定要上高中，将来肯定能考取大学，而且一定是相当不错的大学。"

老实说，家长会前母亲和我还在为上中专还是上高中发愁呢。依家庭经济条件，我应该毫不犹豫报考中专。这既可早点减轻母亲的负担，又能为弟弟今后提供拓展空间。

要说家境，我家原本在当地还算过得去。父亲是当时资中县有名的中医医生，除为人看病外，还开了一家中药铺。自己选药、切药和制药，几乎是中医中药一条龙服务。1956 年夏父亲因病去世，家庭状况迅速改变。我当时幼儿园还未毕业，弟弟只有 3 岁。作为家庭主妇兼父亲帮手的母亲，还是因父亲的关系，由组织照顾去资中县中药材公司工作。母亲刚上班时，只按学徒工对待，每月 12 元工资，后来逐步升为 15 元、18 元，直至 1964 年工资改革才升为 28 元。这就是我进入初三时的家庭经济状况。

也许是班主任舍不得他认为难得的优秀学生去上中专，从而失掉升大学的机会，不然，怎么会明知我的家境的情况下，还要坚持说服母亲让我报考高中？

关于这点，母亲清楚，我也明白。"大学梦"于是在母亲和我心中都生根了。

要说学习，我初二就可说相当不错，数学和物理尤甚拔尖。下课后经常听同学说数学和物理老师在另一班上课时提到我，夸我应是同学追赶的榜样。进入初三后，我不仅将教科书习题中的难题做完，还用钱买参考书攻克难题。记得在老师的推荐和鼓励下，我参加了四川省的数学和物理竞赛，都获得了二等奖。

怀里揣着梦想，1965 年 8 月，我从资中二中初六五级升入高六八级，成为一名跃跃欲试的高中生。

说来也奇怪，我父亲是有名的中医医生，其实爷爷及父亲的弟弟（我叫二爷）也是中医医生，后来二爷的儿子（我的堂弟）也是中医医生，我们家可以说算得上中医世家。可我不仅没继承家业，而且对中医中药一点兴趣都没有，甚至到现在我都不太相信中医中药。大概是初二下学期开始，不知怎么的，我对无线电特别感兴趣。除学习外，其余精力几乎全都倾注之上。

起初是安装矿石收音机。记得当时还是将一种可调矿石用钉子钉在木板上，用多股铜芯导线连接拧紧，耳机接在两只结线柱上。更令人难忘的是，我还用母亲的一根晾衣竿制作蜘蛛网天线，然后将它伸出房顶固定好。现在回忆起来，制作蛛网天线还可麻烦了。先要用两木条钉成十字架，在上面钉上许多能盘绕铁丝的小钉子，然后用细铁丝沿小钉子盘绕成蜘蛛网状，再用导线连接细铁丝，最后将导线连接到收音机天线接线柱上。当我一切安装就绪后，戴上耳机，反复调整可调矿石，当耳机里传来清晰的中央人民广播电台"星星火炬"小喇叭开始广播的声音时，那种欣喜若狂劲现在都忘不了。

后来就一发不可收拾，又开始安装用干电池的电子管收音机。我还记得，当时为了买到一只 2P2 的功率放大管，还费了不少周折。三次到县五金公司门市部，都因没公安局证明告吹，最后还是有人告诉我去找居委会治安委员出证明，再到派出所去盖章才如愿。自我们家有电灯后，我立即转为安装交流电子管收音机，并且从再生式开始一直到带调指示管的六灯超外差式。

半导体晶体管问世后，我又安装晶体管收音机。现在都清楚记得，当时谁有一部随身携带的晶体管收音机，实在是令人羡慕。因那时能买到的国家生产的晶体管收音机，价格相当昂贵，大都难以承受，而且还基本无货，因而自做便成为无线电爱好者的唯一选择。资中县城的无线电爱好者也有一些，都在自己安装，可都受困于无法抛掉天线获得清晰洪亮的声音，也就无法随身携带。当然我也曾经被困，也是绞尽脑汁，花了很大工夫才解决这一难题。我那时成了资中县可以安装出不需接天线的，声音洪亮、音质好、噪声小的，随身携带的晶体管收音机的第一人。我记得，曾经教我高中物理的黄老师安装出的晶体管收音机也是无法摆脱天线，还是我到他家为其解决了这一难题。

进入高中后，我学习进一步提升，除无线电爱好投入部分精力外，我增加了投入学习的比例，并着重用于比教科书习题更难的课外参考书的钻研，可以说绝大多数同学根本无法弄懂的习题，对我来说几乎问题不大。母亲还有些担心我安装收音机分散精力影响学习，不利于今后考大学。可我告诉母亲不要担心，当然也用学习成绩不断提升让母亲终于放下心来。我还记得，我们高六八级两个班的教室在资中二中的学习楼的二楼，三楼是高六五级三个班，看着他们为迎接高考每天紧张的学习安排，看着他们经常三三两两交流学习心得，也看到学校处处对高三同学的特殊照顾，我常莫名其妙地想象我两年后为高考冲刺的种种场景……

1966年夏，我高中一年级下学期快结束时，"文化大革命"开始了，一切都乱了。后来又接着上山下乡。

过了大半年，最终我不再抵制下乡。我有个无线电好友陈某，也是资中二中的校友，我初六五级，他初六六级。虽然在学校没啥交集，但我们都爱好无线电，只要不是上学时间，都经常去五金公司门市部。有时为购买一只电阻或电容器，常去门市部看是否有货。

陈同学家与我家有些相似，都是父亲早逝，都是兄弟俩。但他的家境要比我好，母亲是居委会的治安委员，住房也比较宽敞，他还有一间独立的小房间。他安装收音机的硬件条件也让我羡慕不已，他较早就有了一只万用电表，而我还很长时间没有电烙铁。我曾常借他的工具来装配收音机。

也许由于他母亲是居委会干部须带头响应号召，他兄弟俩就由母亲安排去红花公社 10 大队 9 生产队下乡了。他们住的是生产队为另外一姐弟俩共同新建的四间知青房，还各备两间客房。

因我们经常在一起，他知道我正为下乡问题发愁。记得是 1970 年 10 月中旬，也就是他下乡第二年，陈某找到我说，公社急着想建广播站，打算让他来筹办。他对我说："我的水平你是知道的，哪有那能耐？只有你才行。不如你下乡来红花公社顶这个担子，我当你帮手怎么样？"

我将此事告诉母亲后，母亲告诉我正好红花公社 9 大队 3 生产队有我父亲的一唐姓表侄女，其丈夫是公社农机站站长。于是，我决定下乡去红花公社 9 大队 3 生产队落户。由于属投靠亲戚，生产队就未专门修知青房，我就住亲戚腾出来的一间小屋。我的知青安置费便由生产队支配了。

下乡后，我和其他知青一样，随生产队社员一起干农活。主要干的农活有播种豌豆和胡豆、挖红苕、担土边、收割甘蔗等。由于我是知青，加上又是投亲靠友，干农活经常受到队长和社员的照顾，所记工分也不低，可对未来的茫然和梦想无法实现的绝望，让我经常失眠。

1971 年春节过后，我回到农村第二天，队长通知我们到公社去。到公社后，公社李副书记就告诉我，从现在起由我为主，陈某同学为辅，开始着手建公社广播站。要建广播站，首先尽快买到扩音机，同时加紧购买足够的 10# 和 12# 元丝，并架设传输线路，还要考虑公社自己发电的问题。说来也是，都 20 世纪 70 年代了，红花人民公社还没有用上交流电，天一黑只能靠煤油灯照明。

自那以后，我不需要天天待在乡下，有很多时间都在县城，主要跑资中县城边那个省属企业"四川省广播器材厂"，争取早日购到它们生产的 250 瓦的扩音机。当时要买到这种严格计划控制的扩音机真还相当困难。尽管通过各种渠道，半年过去了都还未落实。

由于公社领导们迫不及待想快点建成公社广播站，而广播器材厂还没提供扩音机的确切提货时间，这时陈同学又回城进了四川省纺织配件厂，担子全压在了我肩上。后来，我只好先安装一台 100 瓦的扩音机作为过渡。扩音机安装调试好后，主要工程就是架设从公社到社员各家各户的传输线路。那时架线相当简陋，主要用桉树树干支撑，公社到大队的主线用 10# 元丝，大队到生产队支线用 12# 元丝，主线支线都采用单线架设作为一极进行传输，另一极则利用大地传输。要知道，元丝那时也是计划物资，需通过县物资局拨指标才能购买。因需要量大，只能分批等指标购买。我还记得，当购进一批铁元丝后，公社 10 个大队近 70 个生产队，先架通哪个大队，还真使公社领导犯难，也使大队支书们相互弄得很不高兴。

还有一个问题，就是发电的问题。当时根本就买不到发电机，咋办呢？我通过查资料，后又找县红星农具厂证实，可用电动机改装成发电机，只是需要几只不好买的大电容器来改装。通过努力总算搞到了几只大电容器，属计划物资的 4 千瓦的电动机也买到了，公社领导都相当高兴。由于公社农机站有现成的柴油机，发电时用它带动改制的发电机，不发电时可照样为社员加工打米。

发电问题解决得相当顺利，一试就成功。虽然电灯发光有点点闪烁感，但比煤油灯强多了。广播站还在建设中，主要是架设传输线。可公社在我亲自经手的情况下有了电灯照明，也算是破天荒地改变了公社历史，我自己也感觉有某种成就感。

通过近三个月努力，3 个大队 19 个生产队的传输线路架好后，公社广播站也正式开播了。记得开播那天晚上 7 点整，首先由李副书记致辞，陈书记也发表了祝贺广播站建成播音的讲话。公社广播站建成后，我正式成为公社广播站专职设备维护员，月工资 28.50 元。广播站未建成前我也有工资，每月 24 元。说实话，比起其他很多知青来，我应该算很不错了，可我总是开心不起来。原因可能有二：一是知青生涯何是头？二是心中的梦想哪里还有希望实现？

大致是 1974 年 3 月，由于某些巧合的因素，我不辞而别，又去资中县文工团待了近两年。我也说不清怎么的，一个小小资中县就有三个专业文艺团体：资中县文工团、资中县川剧团和资中县木偶剧团。三个团都是集体所有制，实行自负盈亏。因政府拨款有限，而且每年不固定，三团每年互相争下拨经费，矛盾重重。

就文工团来说，40来号人，靠传统的音乐舞蹈很费劲还不卖座。一组节目经过艰苦排练，很难维持连演几场的最低上座率。歌剧也好不了多少，难以为继。在考虑转型时，通过关系从甘肃省歌舞团搞到了一个话剧剧本，反映的是甘南藏族自治州发展畜牧业的路线斗争的故事，叫《金色的道路》。经过反复考虑，文工团决定投入全力排演此剧。

大家都知道，话剧的音响效果相当关键，不管是剧情中的音乐或各种效果声音，还是剧中人物的道白，都必须到位，需让观众听清人物的语言并感受剧本给予的全部内涵。由于文工团宋团长及很多员工都知道我的无线电功底，因而宋团长反复要求我为团里安装一台适用的扩音机和几只吊于舞台上空的微音器，后来又进一步希望我去团里为话剧搞效果，还许诺尽快去争取招工指标，只要有指标就一定招我进文工团成正式员工。

说实话，我当时还是有些犹豫。如果不经过公社同意擅自去文工团，那今后麻烦肯定不小，毕竟公社掌握着我的命运，就算文工团有指标要招我进团也得公社同意才能办手续，公社不同意也办不成，可要公社同意借用我去文工团几乎是不可能的。可能是出于我不愿多待在乡下，也可能是出于我对文艺团体的好奇，我顾不得那么多了，没经公社同意就去了文工团。去文工团的日子还算感觉不错，虽然经常下乡或去外地演出，但毕竟是文艺演出，真还算得上其乐融融，既让我暂时忘了当时真实处境的苦恼，也让我从音乐艺术中获得不少快乐。没想到，后来中央下达文件，严格清理全国各行各业擅自使用下乡知青的问题，文工团想争取指标招我进团基本无望，就连继续借用我也变得违反政策了。我不得不离开了文工团，当然回公社广播站也不可能了。我的知青生涯直到1976年12月顶替母亲进入资中县中药材公司才结束。

我怎么也没有想到，仅仅工作几个月后会迎来划时代的变化。1977年，我们的国家出现了历史性的转折，对于我个人来说也具有特殊的意义。那一年国家恢复了高考，也成为我人生中的一大转折。

我现在还记得，1977年8月中旬，我从收音机里听到中央关于恢复高考决定的消息时那种欣喜若狂的心情，它几乎使我彻夜未眠。盼星星，盼月亮，终于盼到了参加高考的报名时刻。由于我是在职职工，报名需单位证明。我去找单位开证明前，还有些担心公司领导不愿放我走而不出具证明。但还好，领导虽舍不得我走，但当我表示上大学是我心里多年的割舍不掉的情结和期待后，还是为我开出了证明。一刻也等不得了，我手握证明立刻就带齐资料到县文教局招生办报了名。

说心里话，虽然名是报了，我非常明白，我是高六八级的高中生，真正正规高中学习只有一年，还有两年的课程没学。不要说和高六六级的高中生比，就是和高六七级的高中生比，也存在"先天不足"。

也许正是这种"先天不足"，我在报名时，本想报考理科的无线电专业，但反复考虑后还是决定报考文科。我当时想，绝大多数报考文科的学生都或多或少的数学不是太好，而我数学又是强项，只要我加紧准备，认真复习，又发挥正常，光数学一科就可比很多考生多拿20 分以上。再说我的语文、政治、历史、地理也一点不弱，其他考生就算优秀，但要追上我数学拉开他们的差距，谈何容易。

报名后的大致两个月的复习时间里，由于又要上班又要准备高考，我制定了严格的计划，每天复习什么内容，各科复习的时间分配等我都计划得相当细致。按照计划，我的主要精力都用在数学上。平面三角和平面解析几何全都是靠找人搞到的旧教材完全自学的。我还清楚地记得，为搞到一部平面解析几何教材，还费了些周折，连找了两个较熟的高六六级学生都因他们也要参加高考而未能如愿，最后还是从教我数学的老师那儿借到一本。

时间短，需复习的内容又多，数学尤其是重中之重。好在我对数学有先天敏感，我对教材内容的重点进行了分类，复习的针对性相当强，复习效果自我感觉还不错。1977 年 12 月 7—8 日是四川省正式高考时间。考试下来，大家进行交流的过程中，我感觉我考得非常满意。就连所有我熟悉的高六六级的考生都被数学卷的最后一道高分的解析几何中涉及所谓"点圆"的压轴题搞蒙了，而我却完全正确进行了解答。史地卷最后压轴高分题是有关中东内容的三个问的一题，也正好是我重点熟记的内容。说来也巧，就连语文卷中要求默写毛主席的《蝶恋花·答李淑一》的词，解释毛主席《七律·人民解放军占领南京》的最后两句的含义，都被我压题压上了。虽然在未收到川大录取通知书之前的等待有些让人忐忑，但我心里多少还是有些底气的。可当我真正收到四川大学录取通知书时的那种无法抑制的高兴劲，我至今都忘不了，也永远忘不了。

这就是我难忘的一段岁月。而这段岁月的积极因素又成为我后来岁月的看不见的铺垫。这段岁月有我浓烈的情结，也有我深沉的期待，虽然平凡，波澜不惊，还饱含辛酸，但毕竟让我终圆大学梦，步入象牙塔。

摄于 1978 年川大图书馆

唐自渊，四川资中人，1949 年出生。1970 年下乡插队务农，1976 年招到资中县中药材公司工作。恢复高考后考入四川大学经济系。毕业后分配到航空工业部 420 厂（现中航工业成发集团）党委宣传部工作，后调到 420 厂职工大学任教，经济学副教授。

# 走了11年的进考场之路

王志兵

## 一 学苑劫难

我的高中就读于成都四中，这是一所国家级重点示范性高级中学，改革开放后，它恢复传统校名："石室中学"。这所学校有着两千多年的悠久历史，它在公元前143年至公元前141年间，由蜀郡太守文翁创建。当时用石料修筑"石室"以保护书籍，所以，它也被称作"文翁石室"。在中国历史上，春秋时期的孔子首创了私塾这种传授知识的形式，战国时期齐国国都的稷下学宫是世界上第一所由官方举办、私家主持的高等学府，"文翁石室"则是第一所地方官办学校。它是世界上现存历史最悠久的学校之一，就连四川大学的历史起源也可上溯于此。自其创办以来，屡经兴衰，校名曾多次更改，但校址从未变动，这在中国及世界都很罕见。

班固在《汉书》中评论说："至今巴蜀好文雅，文翁之化也"，而这个地方恰是成都的"文脉"所在，后来，成都府的文庙也设在这里。1963年我们进校时，还能看见两层石栏杆台基上托起巍峨的大成殿，黄琉璃瓦的歇山式屋顶，重檐九脊，气势雄伟。行走在文庙后街上都能看到它的琉璃瓦屋顶在阳光的照射下闪闪发光。文庙前街院墙内从南向北依次排列着泮池、棂星门。泮池上面有三座石拱桥，棂星门是座三间四柱火焰冲天柱式石坊。这些建筑都是按照儒家礼法规制所建，具有特殊的文化寓意。

校园里还有一栋典雅素洁的传统建筑，就是石室书屋，掩映在七八笼枝叶葳蕤的腊梅和众多佳木的浓荫之中。它四柱三楹，两侧隔着防火墙又各向外延伸一楹。整栋建筑青瓦覆顶，青砖为墙、白浆勾缝，正面的游廊设有靠座的栏杆。石室书屋的大门两侧挂着郭沫若撰写的楹联："爱祖国爱人民为建设社会主义而学习；求真理求艺术愿增进文翁石室之光荣"，横联是"求实务虚"。著名学者北京大学季羡林教授为石室中学题词："古今一校，扬辉千秋。"由于历史长期的传承和护持，石室中学环境优美，人才辈出，实在称得上"钟灵毓秀"。郭沫若、李一氓、李劼人、何其芳等许多各界名人都在这里读过书。就在这里，我和同学们接受着最完善、最正规的中学教育，生活沐浴阳光，未来充满希望。但谁也不曾想到，有一天我们会被作为修正主义的苗子，走向"接受再教育"这条唯一的出路。

1966 年我们进入了高三的下半期，学校提前两个月进行了毕业考试，全部精力转入到高考准备中。作为高三学生对高考的憧憬那是不用说的，单是每学期刚开学和快放假前后，校园里游荡的那些成了大学生的往届学长们，有的还穿着醒目的草绿色军大衣，说不定就是哈军工的，其他肯定有北大、清华、复旦等名校的，就让人眼热不已。我们教室后边开辟了一块特殊领地，天天增加着各高校的招生简章，那些抢眼的名校徽记让人内心热潮涌来，激荡翻滚。虽然社会上此时已陆续吹来批判这、批判那的消息，但读圣贤书（也是革命书啊！）的同学们，依旧"我自岿然不动"。我们高高地抬起脚步，准备迈向神圣的高考考场……

不料一场长达十年的"文化大革命"骤然间席卷全国，我们这间平静的书斋自然也不能幸免。

经过两年左右的风风雨雨，在"复课闹革命"的统一指令下，同学们终于又回到原来的教室，坐到自己原来的位置上，大家恍如隔世，我们的高中也就这样草草收场了。我把这段经历以一首高中同学聚会时写的七律作结：

那日学园骤起波，十年不忍叹蹉跎。

追求岂会彷徨少，辗转曾经苦难多。

不信人生缺胜算，愿将岁月汇长河。

流年似水回头看，炼狱出来又放歌。

## 二　前路迷茫

高中的生活就这么结束了。原计划"鲤鱼跳龙门"的那一跃，脚刚抬起来就被"定格"，就被改变了轨迹。折腾了两三年，同学们又回到原点，坐到一起准备下乡。那时我们的下乡和后来不同，没有政策给你说可以回来，是注定一辈子的，要"扎根"农村。

我因长期形成的思维束缚，加上家庭面临的沉重压力，便坦然地直面着一切。

离开的日子终于到了。

一大早，大院里的伙伴儿们帮我把行李（一个木箱，一卷被褥，一个装着脸盆杂物的网兜）搬到学校。几十辆大卡车已经把学校的操场、过道，还有校门外的文庙前街塞满了，各班按统一编号集合登车。先把行李搬上车，顺着垒成三排（靠左右车厢板各一排，中间顺着又一排），这样就自然成了三排座位。然后人员依次鱼贯而上（太挤，上错了就没法调换），左右背靠车厢板各坐一排，中间背靠背坐两排——设计得非常科学，就像刚打开的沙丁鱼罐头，一个挨一个排列整齐，一点空隙也没有。

我和几个同学都很平静，毕竟是二十出头的人啦。我们整理着车内的杂物，以便腾出点空隙让胳膊腿能够稍微活动一下。突然有人拉我衣襟，抬头一看是院里的伙伴儿叫我："你爸来送你啦！"我顺着他指的方向一看，啊！是爸爸！我爸个头不算矮，在战争中大腿股动脉受过贯通枪伤，走路略有点瘸，远远看见他从人群中挤过，上身微微晃动，向我这边走来。我一下热血上冲，眼泪就要往外涌，赶紧转过身低下头，努力忍着，忍着……一直没敢抬头。就这样，我记忆里爸爸来送我的样子，就是远远人群中的上半身，微微地摇动，只留下那么一刹那，一秒钟都没有，没有……

不知什么时候车发动了，开到人民南路和另一个学校的汇合。那天有 100 多辆大卡车，大部分还是四中学生的。满街的大喇叭播放着革命歌曲，后来领导又讲话，又致辞。借用小品里的话："那家伙！张灯结彩，锣鼓喧天"啊。

车队沿着人民南路缓缓地一路向南开着，向全市的青年和家长展示着，昭告着。街道两边排列着有组织的欢送队伍，也有等在那里告别的亲人，还有年轻人跟着车队跑，大概是难舍难分的兄弟姐妹和挚友伙伴儿吧。一直以来，我想起那个场景，就想起杜甫的诗句："车辚辚，马萧萧，行人弓箭各在腰。爷娘妻子走相送，尘埃不见咸阳桥……"唉，写得真好！

我晕车呕吐特别厉害，一路上像个死人，瘫在旁坐同学的身上，到了宿营点缓半天才好点，勉强喝两口菜汤，就这么熬了四五天。在翻越大相岭（又名泥巴山）的时候，山上的风雪让我在晕车的昏迷中醒了过来，睁眼一看，云遮雾罩，山野荒凉，真称得上"前路迷茫"啊。

我们去的宁南县隶属西昌专区（现行政区划调整为凉山彝族自治州），东临金沙江与云南省巧家县隔江相望。县内地势深沟切割，最高峰与最低处的金沙江畔相对高差达 3334 米。宁南县内各地气候随山地海拔高度不同而变化，具有明显的立体气候特征。我们所去的那个区名叫华弹，就在金沙江边，它后边连绵蜿蜒的大山瞬间便从江岸拔起，被嶙峋的山峰送上云端。我们所到的上游公社就在那山巅里边的群山里。就是这么一个陌生的蛮荒之地，重岩叠嶂，雾罩烟笼，我们的未来一片迷茫。

### 三　蒙昧星火

与华弹区的河谷亚热带气候完全不同，我们生产队属高寒气候，老百姓称"半高山"，我们生产队地处绵延几里的一条狭窄山沟里，沟底是一条一两尺宽的小溪，两边山势陡峭，人们的房舍就零零星星地坐落在山坡上。村民们生活十分艰难，缺田少土，没有什么生活来源，仅依靠散落在山坡上的少量梯田种植稻米，大的有几分地，小的只二尺宽，也有那么几块一亩多两亩的，那可就是"大田"了。关键这里还缺水，干热气候的过度蒸发，使田里灌满水一夜就干，必须专人不停地疏通渠道引水。这样，不同生产队之间就经常发生抢水风波。后来，还听说有四中的同学深夜看水跌入沟壑的事情发生，很令人悲伤。其他的生产活动就是"烧荒坡"搞轮作，种"望天田"，很有些"刀耕火种"的意思。

所谓"烧荒坡"，就是因为这里土地贫瘠，只好今年把这片坡地放把火烧一烧，杂草灌木的灰烬就当施了肥，种一季不行了，又烧那一片。这样就容易引发山火，有一次，生产队后边山上烧起来了，队干部大声吆喝，大家拿着扫帚锄头树权去打火，我们也跟着扑打。那窜在地表的火苗遇到灌木丛和大树，会"嗖"地冲了起来，热浪袭人，心里也挺紧张的，好在终于将火挡在一条水渠外。

这里完全称得上是"看天吃饭"。队里的水田只有点涓涓细流让各队争抢，一旦持续不下雨，这点水也没有了。有的地有 50 度左右的坡度，我们在那里种土豆，每个人挎两个小筐或袋子，一个装土豆种，一个装牛圈里收罗来的稻草节（好肥料得留着往水田用），开始往山上爬，边爬边用锄头在风化的沙砾土上刨个小坑，扔块土豆种、稻草节。后来没草了就只扔土豆。到了山顶，大家就原路突溜着滑下来。下滑的过程中，我看见许多土豆种又从土层中被刨了出来。

社员们劳动很繁重，每天早上天不亮就出早工。这里的男人能背三百多斤，大嫂们也敢光着身子只穿件敞开的山羊皮背心防磨，背满满一背架的劈柴，从那面山坡下到沟里，再爬到这边山坡的砖瓦窑口，中间不歇气。上秤一称，二百斤出头，让人咂舌。但是，他们的生活却想象不到的艰苦。这里习惯一天只吃两顿饭。他们把玉米碴子和大米放在一起蒸的饭叫"金银饭"，青黄不接时谷糠拌着碎米煮成饭便是待客的佳肴，称作"谷渣饭"。开春后，万物复苏，地里长出来的任何东西都成了他们度过"春荒"的救命口粮。妇女们边出工，边把地里生出来的各种不知名的草芽树叶摘到自己胸前的围裙兜里，以备家中的餐食原料。他们吃胡豆也是将豆荚揉软了连豆一起煮熟吃。

村民们唯一值得自豪的是他们都有一个房子，就是用黄土掺杂着稻草节舂成墙搭起来的土坯房。每家堂屋中间垒个火塘，整天烧个大木桩，上边挂口锅就可以煮饭，大家围着就能取暖避寒。

人们就这样过着，生活在贫穷、困苦、蒙昧、冥愚之中。我们现在知道，20世纪的六七十年代，人民的生活水平依然很低，但从城市走到农村，特别是走到我所在的生产队这样的极度贫困的山区，那巨大的差距真是让人不敢相信。我就像走回到蒙昧之中，走回需要人类从头开始创造世界的那一刻。离开那里后，经常想起那个小山沟，希望有机会回去看看。看看我们那坐落在山腰上，门框两边贴了副褪了色的红对联的土屋，看看那条高山深沟里的乡亲。前些年出差到那边，做好准备要去的，不料遇到发洪水，交通中断，只好返程。去年有同学旅行回来，在微信里发了照片，见他们那里有了摩托车，家里有沙发、电视机，墙上镜框里还挂着装饰画……一切变化大了。据说近年开发了烟叶种植，老百姓的生活改善多了，让我深感欣慰。

下面说说我在这个"蒙昧"世界亲历的几件事，一直给我以不同的启示。

第一件发生在刚下去时。队长安排我们去砍柴。砍柴的地方在一个水库边，生产队的小溪就流进了这里。水库狭长延伸看不到尽头，两边则是高耸的山林，全长着七八丈高的马尾松，远处时而传来伐木的斧斤之声，在空旷的山谷中久久回荡。山风拂来，松涛阵阵，库波激滟，水色天光，景色很美的。一天正在休息，忽然听到就近有砍木头的声音，力度不是太大，但断断续续，一直没停。我们犯疑，穿过一带矮林去看，原来是队长家的小儿子，他十岁出头样子，每天负责放养家里的几十只羊。我们走近问他干什么呢，他一时不好意思回答，低头看着自己的作品。我们一看，那是根不知什么时候被人们放倒的大树，树干圆圆的，比个洗脸盆的口还大些。放倒的断面平平整整，几近一个规范的圆。距离断面十多厘米处，被斧子砍进去一段口子，已经砍了大半圈，正深深地往里边楔入。"你砍它做什么呢？""做车轮。"哦！我们一下明白了，他要利用圆形的树干，切下一片来做成车轮。我们惊奇了，这一斧头一斧头的啃，什么时候才能啃下来啊？孩子却说："我要砍下来，中间钻个洞就是车轮，我要造辆独轮车！"孩子眼中闪出了光芒。我们被感动了：这么一个孩子，在深山里的孩子，他在憧憬，他在追求，他幻想的梦在点燃，让这里还有希望……

我们都知道，远古的人类为了生活和生产的需要，他们不断地发现着、发明着，推动着社会进步，开创着人类文明。人们一直有"轩辕氏造车"的说法，我又查了资料，更多的史籍记载则是"奚仲造车"。《荀子》中说："奚仲生吉光，吉光是始以木为车。……故后人亦称奚仲造车云。"就在这里，在这个几乎被现代社会遗忘的角落，在这个被我们视为"蒙昧"的地方，我们被一个小男孩所感动。他什么也没有，没有书，没有老师，没有足够的营养，甚至连肚子经常也吃不饱，但他有希望，有梦想，他幻想用什么技能来改变自己的生活。这不正是我们所缺乏的吗！

再说一件事，也是我几十年来经常想起的一家人、一群孩子。

刚下去时，我们在队长家住了近一个月。后来，队长通知我们，已经安排了知青点，要我们搬过去。新家（权当新家吧）是生产队过去的仓库，孤单单的，远离其他多数人家。这也是一堂两偏的夯土房，旁边有一家邻居，也是这么一栋，住着一对姓何的中年夫妇带着五个孩子，五个孩子老大是个十岁出头的男孩，天天跟着大人出工；老二女孩，八九岁，在家做饭照顾弟妹；老三男孩，六岁左右，叫个"马把儿"；老四也是男孩，四岁左右；老五才一岁多，不知是男是女。这家人很孤僻，很少和大家来往。

一天出工休息时，突然听社员说我们的邻居是麻风病。一听这话，我们如五雷轰顶，全吓瘫了。那时这个病还不能治，科学知识也不普及，当地早有蛮烟瘴雨之说，老百姓的传说更是恐怖，非常吓人。我们找到大队干部反映，她便解释："何家是有个亲戚得了病，公社还派人来检查过，但他们本人没有。再说，这么多年大家都没事的。"她又保证替我们反映，又要争取年底农闲修新房。我们只好偃旗息鼓，悻悻然回到新家。

一天，我们说起吃菜的事，不知怎么让他们知道了，何大哥送来一大碗泡酸青菜，是农村里用缸子腌制的水淋淋、黏糊糊的那种。我们假装没地方放，连碗一起收下了。等他走了后大家一嘀咕，瞧准没人，偷偷倒进茅厕坑里了，碗也没用手洗，只用水涮了涮，还给他们了。这个生产队有个不成文的规矩，夏天天热，在谁家房子的地头干活，这家就要用腌酸菜水兑上冷泉水请大家喝。但从没见何家给大家端过。你想，既然如此，我们怎么敢吃他家的东西。他们一家人从大人到小孩都很本分，规规矩矩，安安静静，透着一种忧郁的神情。我想，这有个人性格更有人们歧视的原因。但世界上多少事啊，我们尚且自顾不暇，也管不到那么多，就这么过吧。

然而，事情就是那么出乎意料。一天收工回来，离家还远，就听到一阵孩子们的欢笑声，一改平常的安静。走近一看，何家的几个孩子正在房前的土坝子里做游戏呢。再仔细一看，他们玩得还挺有意思：马把儿用一个 Y 字形的树枝做了个玩具，上边的两个权一根留长，一根折短，长的那头拴了根绳子，绳子端头套了只鸡，短的那头翘着，就像个犁头，他则握着 Y 下边的那根粗枝，就像操犁耕地一样，挥动着一根小鞭子，撵得那只鸡不停地跑。他的弟弟跟在后边，又蹦又叫。姐姐抱着小五坐在门槛上，一边笑着一边教着小五一起拍手。大哥收工回来，两手拄着锄头，也定神望着笑。马把儿和弟弟追着那只鸡在院子里来回跑着，土地上被那犁头划出了道道白印，有的延伸，有的交叉，还有的弯成各种曲线，让人感觉到灵气，引人各种遐想。

又是一天收工，情况却让人震惊。院子里冷冷清清，凝固着一种让人窒息的气氛。姐姐还是坐在门槛上，却在抽搐流泪，小五靠着墙睡着了她也不管，大哥抱着头蹲在一边，时而用胳膊肘抹着眼泪。这是怎么啦？发生了什么事？姐姐哽咽着回答："马把儿和弟弟死了。"什么？死了？怎么可能呢？何大哥听见我们问起，便出来说："昨天病了，送到公社还是不行……"我和伙伴们都为他们伤心，只有回去舀了两升大米送过去。这深山沟里的一缕灵气，这贫穷困苦中仅存的一点点欢乐，这花季儿童思维闪烁出的一星火花，就这么，没了，熄灭了。

唉！我再说说和知识有关的第三件事。我后来转队到了名山县永兴公社，这片坝子上有一条不大不小的沟渠穿过，生产队在那上面有一个碾坊，又能碾米又能磨面，效益不错，仅替人加工面条就有不少收益，一年每人就可以分二三十斤挂面。当时老百姓除了在田地里刨食，什么都不敢干。只有这个碾坊，因为是早有的，又是周围社员必需的，保留了下来。

生产队长思量着怎么为这百十户人家再挣点什么生计，最后想出个延长水渠长度，在老碾上边再建一个新碾。这就是要挖一条河道，把水渠里的水引出来，去兜一大圈再流回来。这对生产队来说可是个大工程。队长对这事真可以称得上天天说，月月说，一心想把这事做成。春节我们返城了半个来月，等回来一看，一条水渠竟然挖成功了。原来队长利用农闲时间，大过年里，各家摊派出工挖沟，终于大功告成。

新碾坊试水那天，队长一点头，几个年轻人把水渠上边的闸门用力提起，渠水哗哗地冲进碾盘下的水轮，激起浪花四溅。碾盘上的石轱辘抖了抖便慢慢地转起来了，越转越平稳，奏出了碾坊特有的韵律。不料新碾盘转起来，老碾盘却停了。等把老碾盘折腾转起来，新碾盘又停了。

我和伙伴根据中学物理老师教的知识分析，这是势能不够。新碾下游的水位升高，把新碾水轮淹了一半，造成新碾势能不足，便转不起来；等下边水位降低，新碾转起来，老碾势能又不够了。不过，我们上高中只学了点原理，这个"势能"怎么才够，我们也不懂。有个见过世面的社员通俗地说，这叫"没水头"！他倒说得像那么一回事。

后来，由于这次的无用投工，年终结算队里的工分值大打折扣，队长也搞得很长时间抬不起头。他希望改变现状，但不懂水能利用的技术；在大环境中，他根本不敢，也不知道应该去请专家来把关。我想，通过这次挫折，也教育提醒了队里的所有人，再干什么事都得尊重知识，要有技术指导。这也无形中激发起大家对科学技术的追求。

四 "浴火焚心"

上山下乡要经受多重考验，首先就是"生活关"。当地做饭是用甑子蒸饭。就是先烧开半锅水，把米下下去煮一会儿，就把米滤出来，米汤留在一个盆子里。然后锅里再加上水，把木甑子放进去，木甑中部有个透气的格扇，半熟的米倒进去继续蒸，米饭就能做好了。

老百姓的习惯是在蒸饭的时候，甑子底下塞一些干得像干烟叶似的干菜，饭蒸好了，把菜叶捞起来拧干水，用刀切成半寸长的段节，然后用滤出的米汤煮，放点盐、辣椒粉，就是此顿饭的佐餐菜肴。

下乡第一年，国家给我们配给每人每月三十斤大米、半斤食油、一斤猪肉，主要缺乏的是蔬菜。生产队有一小块菜地，种了些小白菜之类的叶子菜，就让我们去摘着吃。随着天气越来越热，我们赶紧把能吃的菜叶收回来晒干储备。

我的伙伴决心自己种菜，他在我们的土坯房旁边开了一小块地，把从成都带来的菜种撒了下去。

第二关是"劳动关"。宁南县的劳动条件十分艰苦。当地由于山高坡陡，没办法用扁担和桶挑粪，人们都是背个背桶。在粪池边，背着桶的人把头低下，舀的人用长柄粪勺把桶装满。初看这套动作我们很是震惊，替他们捏了把汗，那可得要点准头，搞不好就倒在脖子里。等背到田头，背的人斜身一弯腰，粪水就倒到田里了，也是有准头的。这个技术我们一直不敢学。不过其他的活儿，不管再脏再累，我们也都亲自体验过。不能背粪水，我们就背干的牛羊粪。上坡时有的地方简直没路，就靠山壁上抠出的大半个脚掌的窝，一个一个地踩着攀援上去。山坡泥泞难走，我几乎是四肢着地爬着到了地头。学着弯腰倒出来，重心没把握好，连人带粪都倒到地里。记分员要过秤按重量记分，一称，我的只有60来斤，我简直欲哭无泪。后来经过一些锻炼，表现才略有长进。

一些活儿比不过社员，我就在另一些活儿上挣挣表现。粪池舀到最后，需要人跳下去清理，我就争取去。一人多高的粪池，绾着裤腿、赤着脚跳下去，先用小铲子把剩余的粪水舀到桶里递上去，再把所有的草节粪渣清理干净。这活儿初干时要有点决心，不过多了就习以为常、无所谓了，这可能就是脱胎换骨吧。

还有一样重活是"挖干板田"。在稻谷收割完毕后，土地板结得硬如石板犁铧犁不进，所以只能用锄头把田土翻起来，让太阳狠狠晒一晒，改变土壤性质，以便粉碎耙平。我们将锄头刃要对准田里龟裂的缝子，一锄扎下去，然后利用杠杆原理，把脸盆大的田土整块翻起来。有时，遇到大块的田土要几人配合才能撬翻。这种硬如石板的稻田挖上几天，我们的手掌打起泡、锄头挖坏和锄把被折断都不稀奇。

还有一样活儿是系列功夫，就是打砖坯。我们先用弓弦在和好的稀泥堆里切下一块，双手抱起来对准模子狠狠地砸下去，再抬起模子一端反复使劲摔打，以保证泥土填充到模子的每个缝隙。然后用弦将模子上面多余的泥刮去，再在模子中间预留的缝里过一下，里边的泥也被分开，打开模子，两块成型的砖坯就出来了。经过练习，我们做出的砖坯也是轮廓规整、表面溜光的，只不过我们的脸上、胳臂上、衣服上全沾上泥浆泥块，干巴巴地扯得皮肤疼。

烧窑的程序结束后，等炉温降下来一些，就抓紧出窑了。一个师傅在里边站在梯子上一层一层地往下取，另一个师傅在下边低一点接着递给我们，我们在炉道里往外传递。炉子里温度还很高，炉壁很厚炉道又窄又小，一点风也透不进来，灼热的温度从四面八方烤着你，汗水就像涌泉一样往外冒，贴着皮肤流动着，滴下去。窑内严重缺氧，我们被浓浓的砖瓦粉尘包围着，师傅破烂的衣裤也在我的头上、脸上拂动，热汗淋漓的酮体几乎裸露无遗，干灼得空气和熏人的气味混在一起，让人透不过气来。我忙不停地传递着，就像机械动作，砖瓦烫得手也麻木了。脑子在晕晕沉沉地转：孙悟空在八卦炉，……烟……火……浴火焚身。后来我想，我们毕竟在炉道，多少还有外边的空气进来，师傅们在炉膛里，又在高处，他们的处境更恶劣吧。

实际上出窑的时候，我们可以站在窑外，和妇女们一起传递砖瓦，但我们不愿那样；队长也曾安排我们去看库房，翻晒一下粮食，轻松多了，我也不愿意那样做；后来到了平坝生产队，让我去乡村小学当老师，我宁可收工后帮助原来的老师预习讲课，教他用字典什么的，也不愿离开生产队的出工队伍。或者，是传统的教育塑造了我们，是"集体主义"也罢，或是人文的同情也罢，别人能干的我也争取干，别人吃的苦我也应该尝尝。

第三关是"思想观"。有些抽象，我想借代个现实点的名词叫"感情关"。按当时流行的标准，我们下去以后和社员们"同吃、同住、同劳动"了，应该有感情了，确实也是这样，但事实上都有两面。我们感谢农民们在困难的条件下收留我们，帮助我们，我们同情他们，甚至可怜他们，也想帮助他们，但我们不想成为他们。社员们对我们是尊敬、羡慕、仰视，有时候也同情，有时候又不解我们的行为。我们不想成为他们，他们不解我们的行为，这就是我们之间不能合二为一，不能融合的关键所在。想起鲁迅《故乡》里的一段话："……然而我又不愿意他们因为要一气，都如我的辛苦辗转而生活，也不愿意他们都如闰土的辛苦麻木而生活，也不愿意都如别人的辛苦恣睢而生活。他们应该有新的生活，为我们所未经生活过的。"

对于下乡知青来说，交通条件是一个不可回避的大问题。一次是到县城办事，我们决定走小路，先沿一条公路走一段，再从小路直插到县城的公路，几乎能节省两个小时，只是中间有条河，上面有人行索桥，过了桥就能上公路。凌晨五点来钟我们就起程了，七八个人，每人背了二三十斤的东西。那天天很黑，走进大山深处更是伸手不见五指，连公路的痕迹都看不见。我们怕掉到悬崖下，就紧靠山崖壁这边，但走走方向就会打偏，实在无法掌握，于是走前的同学拿根长木棍在崖壁上碰撞着，以保证靠近公路内侧。其他同学互相间就牵根绳子伞把什么的，结队而行。空旷的山谷无限幽深，万籁俱静，只有那根木棍在石壁上碰撞发出的不规则的"啪啪啪啪"脆响，还有我们互相间不时呼唤询问的声音，可以勉强敲开山谷里深邃的寂静。我们三个男生真有些紧张，生怕什么时候发现少了谁的声音，突然不明就里地被人间蒸发。

后来，天慢慢地放亮，路才好走起来。山风拂过，我发现自己身上渗出了冷汗。在晨曦的辉映下，我们远远地看见山下果然有条河，河上横跨着一座索桥。我们刚高兴起来，马上又傻眼了：十数条粗大结实的铁链确实横跨在河岸两侧，但桥上没有铺设木板，一百多米长的铁索在汹涌澎湃的激流之上摇晃着。河对岸一些修桥工人正在作业，他们不停向我们挥动手臂，试图表达什么，但是因为太远，尤其是山谷里涛声如雷，既看不清手势，更听不见声音。我们束手无策了，怎么办？退回去，这一整天就白费了。我们爬上桥头的铁链上试了试，最后做出一个无可奈何的决定：攀援着铁链过河。有位女生实在胆怯，她会游泳，在成都中学生青少年游泳竞赛中获得过第三名的好成绩，她决定游泳过河。我的另一个伙伴儿便决定陪她泅渡，其他男生分别承担了他们的行李。大家看着他俩走入水中，奋力地挥动手臂，企图与浪涛相争，但就那么一两下，瞬间便被波涛卷走，迅速地越冲越远。这时，河对岸的几个工人已经跳入河中，飞速地追了上去。回想起来，他们是在看到我们有下水意图时，就做好了救援的准备。经过一番拼搏，两位同学被拖上了对岸，已经被冲到下游很远的地方，可见高山峡谷地带湍急的河流是何等迅猛。

见他们上了岸，我们悬着的心才放了下来。刚才的一幕已经活生生地告诉我们，只有扒着铁链子过河了。铁索距河面有二十来米高，我走上去心里很虚，那几个女生更不用说了。我们在铁索上手脚并用，谨慎地向对岸移动，不时故作镇静地互相鼓励，提醒。我们抬眼望着远处，用大臂挽住铁索，手再紧紧地抓住，两手互换抓牢了，脚再分别移动。那两只脚紧紧地扣住铁链，恨不得能像猴子那样，脚掌能够弯曲把握，不致从铁索上滑脱。走了一会儿，相对适应些了，我偷偷地低眼扫了一下河面，只见波涛汹涌，巨浪翻腾，脑子一下就晕了，赶紧抬眼定定神，眺望远方。移动到中端，又发现各条铁链并不是完全平行的，它们存在着交叉。这样就造成走着走着手和脚之间的距离不是越来越大，就是越来越小，增加了掌控的难度。我们赶紧提醒大家，这时要选择适当时机，放弃原来抓扶的，换一根相对顺手的链子。换的时候要注意踩稳抓牢，分步转换，做到平稳过渡。就这样我们终于成功地攀援着铁链到达了彼岸。

下来，我们赶紧找到修桥工人表示感谢。他们很客气，同时告诫我们今后千万不可莽撞冒险。回望着这道铁索桥，我觉得简直就和红军强渡的泸定铁索桥差不多了，只是对岸没有敌人开枪。每当同学聚会时回忆起此事，大家也不禁感到后怕。

在宁南县插队期间，我们回过成都一次，来回旅途的艰辛和面临的危险，也是难以名状。先是徒步走，路上天黑了，我们找到一家人求宿，人家同情我们，让我们在大门门洞里避避风雨，还给我们端来一大盆鸡蛋炒饭。2017 年我们全班七十岁生日聚会时，我的伙伴儿还记忆犹新，说再也没吃到过那晚那么香的蛋炒饭了。

第二天天刚亮，我们就赶到东北支援渡口市（现攀枝花市）建设的五大公司车队停车场搭便车。东北驾驶员很是实诚，同意带我们回成都。

返回宁南的行程又是另一种体会。返回的路线选择的是乘火车到宜宾，然后坐汽车到云南的昭通地区，再转汽车到巧家县，渡过金沙江就是我们所在的华弹区了。算下来我从这里横渡金沙江一共三次，每次的感受都不一样。

第一次是下山来打酱油打醋，顺便渡江一游巧家县城。当时的渡口用的是大木船，一次能坐三十来个人吧。下游千米外还有一个轮渡，是载送过往汽车渡江的。下乡宣传就说是到金沙江畔，来了两三个月还没见到金沙江一滴水，所以初见金沙江是很激动的，甚至有些浪漫。你想，几乎没坐过木船，而且在大江上横渡，那个气势谁能想象。正如宋朝的苏轼在《前赤壁赋》中所言："纵一苇之所如，凌万顷之茫然。浩浩乎如冯虚御风，而不知其所止；飘飘乎如遗世独立，羽化而登仙。"那个畅快，不可言状。

第二次是隔天从巧家返回，由于新鲜劲儿过了，就注意船上乘客的举动。快到江心，怎么见许多乘客也拿起了木桨，甚至拿起铁铲，帮助船工用力地划了起来。我挺纳闷，但知道老百姓船上的禁忌很多，所以上岸才问是怎么回事。当地人告诉我，由于下游不很远处河床下跌，而木船动力差，江水流速快，必须尽快渡过江去，才能保证大家安全，也就是常言所说：同舟共济的意思吧。听此一说，我的心里亮起了警示。傍晚返程中爬上山顶回望，看见河谷中起了风暴，狂风大作，裹挟着一条巨大的沙龙，在空中飞向江心，刹那又跌落而消散，继而浓云滚滚，很快笼罩了河谷。山巅也是风沙弥漫，松涛怒吼。看着这不一般的金沙江，后来又听说有两个同学横渡金沙江而葬身江底，我的内心对金沙江顿生敬畏之情。

今天这是第三次渡江，由于此前的预警，加之此次回来未定去留，心绪不畅，上船我就紧紧抓住船舷，当然也知道一切于事无补，但仍紧紧地抓着。在紧张和惊悸之中，我们终于安全渡过金沙江，只是白白地让手掌上留下了许多汗迹。

就这样我们扎在了这里，在这里生活，在这里劳作，在这里辗转，在这里经受磨砺，也在这里思考。夜里，我们没有电灯，没有煤油灯，甚至连松树油疙瘩劈成的松明子也非常有限，对着火塘余烬闪烁的微弱光亮，我们看书，写东西，也思索和讨论。大凉山的风在呼啸，土屋外的松涛在轰响，似乎要把我们卷入夜空。黑暗中，我好像又看到了金沙江，看到金沙江沿岸的人民，我们思考着历史和现实，求索着未来。我们在冥冥中和这一切对话、交流……

金沙江的景色是如此雄伟壮丽，我们就是这样崇敬着伟大和英雄，崇敬着大自然的变迁和时光流逝的足迹。

我们也这样竭诚而倾情地奔向时代，把自己无私地奉献给时代。

金沙江沿岸的人民在这里忍受着，坚持着，期盼着。是的，我们和他们一样生活在这里，但是，我们和他们也不一样，为了前途和未来，我们难道不应该像金沙江那样去争取，去拼搏吗！我们要和这里的人民一起，去期望自己的人生，拥有自己的欢乐，争取自己的成功。

我好像又一次在山巅看到风暴降临金沙江的狂野粗暴的景象，我好像又听到同学们为那横渡金沙江而葬身江心、为那深夜疏导水渠而跌入沟壑丧生的伙伴而痛哭的声音。

我似乎又坐进横渡金沙江的木渡船，船到中流，船夫和乘客一起奋力划桨，必须赶在船体被大江冲到前方的跌水前强渡彼岸。这真是生命之搏，生死之渡啊！

就这样，我们离开了金沙江，但我们的心没有离开，我们的精神还在一起，金沙江勇于开创，敢于前进的灵魂在我们的血脉中扎根、生长。它将陪伴着我们迎接崭新时代的到来，它将激励着我们完成那注定的、改变命运的关键的一跃。

**五　走入考场**

离开农村后，我被招工当了工人。前后辗转近九年时间，但我对当年在四中准备高考的情景依然记忆犹新，进一步求学的愿望和热情痴心不改，日久弥新。

1977 年 8 月初，邓小平主持召开科学和教育工作座谈会，与会者纷纷主张立即恢复高考，得到邓小平的明确支持。10 月，国务院批转教育部《关于 1977 年高等学校招生工作的意见》，正式恢复高等学校招生统一考试的制度。

恢复高考的风声一经透露，我们这些失去高考机会的学子早就行动了起来，我专程从雅安的工厂赶回成都的家里，把高中的课本都收罗出来，使它们派上了大用场。和我一起复习的有两个流落在雅安的成都伙伴儿，一个和我在同一家工厂，另一个在一所中专学校当政治老师。我的高中课程是实实在在念完了的，成都四中教学又是上乘，虽说丢开的时间太长遗忘了不少，但毕竟基础在那里，拿起书本一看就能懂得，但就是记忆力下降，所以我喜欢一个人安静地看书记忆、做题练习。他们两位年纪轻记性好，但基础差一点，特别是数学没接触什么，故喜欢互相问答记忆。我们也经常集中讨论交流，这样互教互学，确实解决了不少问题，效果很是显著。

其间，我还同时办理报名、资格、政审等问题，依稀记得在这过程中自己应该是遇到麻烦的。一是单位不放的问题，当时基层企业领导思想尚未得到解放，不愿自己培养的骨干离开。二是我是老三届的高三，年龄在坎儿上。近期看了电视剧《转折中的邓小平》，才知道小平同志为了这批大学生顺利报名参考，真是考虑周到，煞费苦心，什么年龄问题、政审问题、表现问题等，都替大家考虑到了，搬开了一个个障碍，冲破了一条条束缚，才使我们这批学子有可能走进高考考场。

四川的高考日期安排在 12 月 7—9 日三天。那天很冷，我们穿得又旧又薄，早上也只吃点稀饭咸菜，到了雅安中学的考场一看，房屋设施也是破破旧旧，唯有大门口那临时悬挂张贴的横幅和标语，给人以万象更新的信息。赴考的人很多，大家如期而至，准备参与一场重大的社会变革。我有些伤感，我那 11 年走过的坎坷之路、11 年经受的苦难和变故，都一一涌到眼前。我更感到高兴，感到欣慰，11 年前为进高考考场抬起的脚步，今天终于可以坚定地迈出去了，理直气壮地踏进庄严的考场，坐到那注定给我的位置上，接受神圣的检验和公正的裁决。

天实在太冷，我的手僵得笔也握不住，笔尖在纸上弯弯曲曲地划着。我不知该努力控制自己的情绪，使之冷静下来，还是该激发自己的神经，让亢奋促使血液加快流通。终于，笔握得稳了，我便按部就班地答起试卷。几天下来，我没有大起大落的感觉，平平就过了。当老师的那位朋友就不同了，考政治语文史地几科洋洋洒洒下笔如涌泉，连答卷纸都申请监考老师增加了好几次，搞得我这种写字慢，力求回答准确的人都有点失去信心。而考数学的时候，开考不一会儿他就要求交卷，遭到监考老师拒绝，只好按考场规定，时间过半才得交卷离场。

我厂里的那位伙伴儿考后却出了大名，作文中他引用了青年马克思致卢格的一句名言："最先朝气蓬勃地投入新生活的人，他们的命运是令人羡慕的。"而且，紧贴国家当时的形势和我们的现实境况做了坚定的回答："是的！我们正在朝气蓬勃地投入崭新的生活，我们未来的命运一定令人羡慕！"回答得真好，道出了一代人的心声和追求。他的作文在雅安地区考生和家长中疯传一时。

考完了，一切照旧，只是增加了一些茶余饭后的谈资。一天，人们忽然叫我到收发室取录取通知书。以往，信件邮件都要分送到厂部办公室和车间，由于这是我们厂里收到的第一份录取通知书，所以到了大门口就传开了。我只好在众目睽睽下办理着签收手续。没几天，我同厂的伙伴儿收到了复旦大学新闻系的通知，那位当老师的伙伴儿忧郁了几天，不过很快就收到四川师范学院（现四川师范大学）政教系的通知。记得当初出考场的时候，就听监考老师议论，这个考场有几个答得好，肯定录取。你想，当时考生文化水平悬殊那么大，只要看看你的卷子上写的东西多不多，就能估摸出八九不离十的评价。

人们向我祝贺，好友们一齐聚会，大家都高兴，但我的内心却总有着纠结。独处的时候，我拿出通知书仔细地琢磨着上面的每一句话、每一个符号。通知书啊，为什么你姗姗来迟，我等了你11年啦！11年多少艰难困苦，多少磨难变故啊。

我想起我的父亲，他是农民出身，在部队学了一点文化，后来经过几年干部培训才胜任了工作。他还像农民那样对文化知识怀着敬重，记得有一年他到北京开会后回老家住了一夜，回来喜形于色地向我们说，他的侄儿（就是我的堂兄）当了乡小学的老师，人们见面就叫"王老师"。对他来说，泥腿子的家庭出了个被大家称为老师的人，那份荣耀和自豪自然不待所言。后来我考上成都四中，兴冲冲地告诉他，回答的只是一个淡淡的"好"字，让我有些失望，要知道当时全校两百多人只录取了五六个，还是四中本校之外录取最多的呢。但过了几天，他破天荒地给我和哥哥一人买了一件时髦的硬领白衬衫，在那个年代，能够扯几尺白布自己缝一件那就挺不错了。不过美中不足，衬衫太大了些。

我想起我的哥哥，他比我高一年级，小学初中都在同一个学校念书。他进城之前在农村老家吃过不少苦，对学习特别认真。记得初中临近考试时，他利用周末提前进行复习，还把我也圈在楼顶复习，不料我心不在焉，一上午也翻不了两页书，根本看不进去。期末考试后，学校按成绩公布了优秀生的名单、分数。我不在乎名单上有没有我，更没心思去算自己的总分，老师统计出错也浑然不知。我哥却去找老师，说我的分数算错了，要求把我的名字补填上去。他后来进了西南政法学院，就是现在的西南政法大学。

他们都希望看到我成为一名大学生，全家人一起共享收到录取通知书的欢乐，但是现在已经没有可能实现啦。然而，在外漂泊十一年的孩子终于回来了，终于靠着自己的努力，赶上了崭新的时代大潮。这是我们全家都感到特别高兴的，爸爸、哥哥的在天之灵也一定会感到无比欣慰。

我为一同复习考试的伙伴儿填写了一首《沁园春·赠友》，以此作为回忆的收尾。

## 《沁园春·赠友》1978 年 2 月

俊彦星罗，清辉拂晓，剑气冲岗。有笔锋潇洒，挥华翰墨；才思敏捷，流丽文章。过市高吟，临江短韵，白眼狂时藉酒香。秋声起，看时来风送，试赋滕王。

　　奔腾一派清羌，也览罢山河万里霜。恰辨瞳掠宇，纵横灵感；铸心焚火，锤炼精钢。白马喷泉，金鸡唱曙，今日方得破阵枪。智慧海，挂长帆鼓浪，浩瀚远航。

　　词后附注云：20世纪70年代初数友人流落雅安为工为教，常流连于羌江河畔、周公山下，嗜酒瞩文，不入时俗，铩羽藏锋，企盼时变。1977年秋得知恢复高考，匆忙备而赴之，得中三元，始获人生之变也。

　　雅安有白马间歇泉、金鸡关，人以为得见泉涌、得闻鸡唱，皆系吉祥之兆也。

摄于1981年

　　王志兵，1948年生于山西襄垣，曾先后就读于重庆巴蜀小学、成都第四中学（石室中学），1966年高中毕业。1969年赴四川宁南县下乡插队务农，1971年招工进入雅安建安机械厂当工人，后任宣传干部。1977年参加高考，1978年进入四川大学经济系学习。毕业后分配至四川省计委（后名称改为四川省计经委、发展改革委），先后从事政工、计划规划编制、资源环境和应对气候变化等方面的宏观管理工作，现已退休。

# 1977年高考40年后记

徐仕高

自然还是退休了，走出原来工作学习多年的学校，住进了重新营造的一个小窝过活。退休，就是退下来休息。静下来看，人生实际上就是去追寻那种自己能够自由把握的现实。等到这种把握充分到手后，人生似乎又是去怀念和回味过往了。生活开始变得那么的自由、自在，心境也逐渐开始由热烈变得逐步有许多的平静、怡然。可人老事闲易怀旧，爱唏嘘过往的岁月，感悟那时的情怀，心想这是不是人老的开始了呢……今年是2017年，"文化大革命"后的高考群族，年头逢十就都自然就会思忆起那些往事。40年了，那时是一种什么样的岁月？为啥会有那种久磨不灭、难以忘怀的经历和情感？

早晨起来方便洗漱后，都爱走到阳台去稍站望景。清水河由西向东流去，来时是那样的默默，去时是如此的娓娓。时至盛春，两岸的杂树也漫出了许多的新芽枝，都争相地显示各自勃勃的生机，这是一个万物争春的季节，也是一个众生向上的时代。我们也曾经拥有那勃勃向上的青春，可那是一种争不能争、奋不能奋的年华。览景生情，百感触怀。不由得虚问天地，我今生现世又何来？自然地，我不由得要忆想起那1977年的高考参与经历。没有那时的机遇，会有现在的境地吗？没有那时抓住机遇的鼎力一搏，会有现在这样的悠然不呢？往下也就不好设想我的今生又会是什么样子了。

历尽磨难，人心思定。可是，一个新时代的开启，一个新社会的重造，最先地、首要地是要从何做起呢？当然，那就是启用全社会的所有人才。1977年6月，全国高校招生工作会议上，教育部已决定继续推行"自愿报名、群众推荐、领导批准、学校复审"的老办法。高考之门已经关了整整 11 年。何来破冰之举？1977 年 8 月，邓小平主持召开了全国科学和教育工作座谈会。会上，不少专家、学者呼吁恢复高考制度。10 月，国务院批转教育部《关于 1977 年高等学校招生工作的意见》，由此，全国高等学校入学招生统一考试制度正式恢复了。

参加高考当然成了当时知识青年的一个顶大的事。当时我是咋个会参加高考的呢？事情的由来还得从高考那年的三年多前说起。

我是 1974 年高中毕业后，8 月份下的农村。母亲是十分不情愿我到农村去。我也不懂啥大道理，初生牛犊不畏事。对母亲说，人家所有的人都去了，我能拗得过哦？人家下去能过我就不能过嗦？我坚决地要去，母亲一度心急气哭。

我去了，在农村里务农、吃住的生产队叫花果公社朝阳大队 6 队。在生产队是要和农民一起出工干农活。干农活的每个人要靠自己的力气评定工分。下乡知青也是一样，得靠劳力吃饭。满工的标准是一天劳作得 10 分，这是最强的劳动力评分等级。我去后也被评定一天劳作得 10 个工分。过后，还是有一些年轻的农民不服气，在出工的工间，一一来与我玩笑过招。开始是扭扁担：扁担一人一头双手紧握，各自向相反向扭动，生产队的没人能胜过我，这下服气了。一次新上任的队长来叫我和他同抬带底座的 195 式柴油机，那东西大约有 200 来公斤重，他抬起身后就开始闪晃，我刚开始没站稳，被逼到了稻田坎的壁上依靠起才立稳。他边闪晃边笑说，徐小伙抬起来噻。我顿时才醒悟过来，他是来比试我力气的……等我站起来后也同样给他闪晃过去，他也有些吃不住，脚有点打闪了，忙叫把肩上的担子放下来。自此以后，再也没有人能说我的 10 个工分不够格了。我完成了在农村当知青的初试。

收工后，晚饭通常是 9 点多钟了。孤身一人在农村，生活现实就是这样，没有什么精神生活的。有时能在农民家里找到点旧书看，农民那里能找到的无非是啥《三字经》《千字文》《增广贤文》之类的残破刻板线装书，要不就是《艳阳天》等小说，偶尔会有些《三国演义》《水浒传》等或是苏联小说。能有这些打发时间也还算不错了。夏天夜长，时不时地一个人晚饭后还只有在自己的屋檐下或晒坝场边坐着乘凉发呆。眼前生活倒算是能过活了，以后又咋办呢？

人生识字糊涂始。有了点文化，自然就要对自己的前程发慌。不知这身处的境地何时才是个头？自己不能回答，身边也没有人能有解。远方是何处？未来在何处？……

在农村专心劳作，不偷鸡摸狗，农民就认为是属于表现好的。因此我还出席过区上的先进知青代表大会。1977 年的 4 月份被抽调到公社去，在公社治安员的领导下工作。1977 年 8 月，那时的我下乡在生产队当知青已经整三年。在公社工作时的一天，看见一个女知青在公社手拿一本高中的教科书。我好奇怪地问她为啥要看教科书。她没有解释，我也不懂。1977 年的国庆节后，我还正在为清查一桩偷盗耕牛的案件到四川的富顺县出差。一天早上起来听中央人民广播电台的新闻联播，这才知道当年要恢复高考了。

出差完后回到公社，交代完工作后就立马回到城里的家中，刚进家门就被我姐数落了一顿：人家所有的知青都回家开始考试复习了，你还在外头乱晃，简直是个木脑壳。我只有听着数落没有作声。她接着介绍说，泸天化中学的老师们都开始补数学课了，天天听课的人都多得不得了，明天要早点去参加复习，不然座位都找不到。

没有多想和后悔的时间，第二天吃了早饭，去学校为往届所有毕业生准备复习的教室里听数学复习课，哦哟！满满的一屋早就没有座位了，教室里的边上都站上了人。我带的钢笔和本子用不上只有拿在手上，挤了个站位，开始听数学复习了。哪些内容似曾相识，可一开始就感觉到是啥也想不起来了。丢了多年，该记的公式脑袋里也没有了，当然听复习课就是完全听不懂。课间休息，上前去和原来教过我的数学老师问候，她问我还能听懂不，我没有回答。课间完后，复习课继续开始，我就提前默默地溜了出去。

一个人走在空荡的回家路上，心想一个问题：咋办？我这要去参加高考嗦？这不是在做梦而是个现实。报纸上公布的文理科要考的课程有：政治、语文、数学、物理、化学、地理、历史。数学是文理科都要考的，绕不开这堵墙。这堵墙那是必须要翻过去的。可这堵墙首先就把自己打蒙了，咋整？离考试不到两个月的时间要复习完的还有物理、化学，我的天啦，时间上咋都不行。

这下在人生的十字路口上了，我又当往何处走？

我家子女三人，我、姐、弟。我姐和我下乡，弟留城可进厂当工人。为此，母亲舍不得放弃那当时认为是十分珍贵的机会，不惜让弟初中退学当了工人。1977 年 6 月泸天化工厂招工，我和我姐只能先解决一人。我姐当年回城进了厂。对仍然留在农村的我，母亲只有好言相劝让我再待一阵。她没法。父亲是个不大爱说话的人，也更没有多话可说。我又咋办？人生关口，自己得要想好、找个出路才是哦。回城是目的，高考是个路子，也只有这个才是现今自己可以自力的唯一机会。尽管开始有走后门一说，可我家父母都是工人，没有一点办法走得到后门，政策现在还与我无缘，回城只有靠自己。

可去往高考路上，现在摆在路上的几个拦路老虎都在，我也只能绕开它走路才是。……报考文科，只有去考文科。这样至少能够错过物理、化学两门考试，躲过两只自己在时间上降服不了的老虎。最实际的路就是自己能够走的路，有的路自己走不通，自己走不出来的，那对我来说就还是不叫路。考文科这只需要对付数学这一个虎。政治要考的内容平时看得多考试还是靠背。语文自感平时书还是看得多，那就看自己的积累了。历史、地理现背现卖，想来也不是不可能过关的。虽然样样都是难，但有可能走得通，走得通，这就是有了希望。走有希望的路那才是我现在最简捷、最实在的路。决定立马清晰了起来。这一下就感觉自己剩下的路好清楚。在依然还是炎热的天气里似乎来了阵阵的秋意凉气，心头开始有些点清爽了起来。

那天的中午饭后，马上就去我家住处隔壁的单元，找到自己中学时要好的同学也是数学学得不错的同学。两人商量我俩在一起如何复习数学的事，一说即合。数学，他的主张就是做题，从初中后期学的内容开始做题，一样一样地边做习题边搞懂。我觉得按他的说法实施才行。每天上午、下午两个半天都到他家一起复习数学。政治，他说把一年来的时事大事理一理，早上起来就背政治。他考理科，历史、地理两门他就管不了了。让我抽空准备书本上的条理纲要，抽时间自己看、背。语文考试，恐怕漫无边际，不好去猜了。去准备几个作文的题目倒是有必要，想好下笔的思路就好，上场能够大致使自己有个写作的思路就行了，不然上考场后才去现想现构思，浪费时间就划不来了。我想历史、地理他叫我自己去理，则只有自己晚上抽时间把书本拿出来整理后写成纲要再记住，这个办法可行。有了复习的套路，第二天到他家去一开始就做习题，他拿出的数学题也不知道是从哪里来的，反正做就是了。其他一切就都是按计划进行了……天天如此。

不经意就到了报名的时候，我回公社去开具证明。从生产队回到公社的路上，遇到公社的公安协管员（这是我现在创造的一个名字。那时没有这种说法。当时的体制是：在人民公社由县公安局派驻一个"公安特派员"，具体负责公社辖区的治安和户籍管理。当工作量大时，人手不够，便由公社从生产队里抽调一个农民到公社协助公安特派员的工作，没有任何收入，还在原生产队拿原有的工分）。招呼以后，说起去报名参加高考，他一听就摇脑壳，说，那事咋个可能呢，你咋个得行呢？那报名考试不是哄人的是啥子嘛，你都要相信嗦？他边说着边摇头。他为什么不相信，是他不晓得今年要高考考试？还是多年的宣传使他形成了固定的认识模式了？我也没有想去解释，也解释不清楚。说，就当去试试吧，总还算是有个机会嘛。我没有想到啥事对我来说能是肯定的，但有机会让你去，那还有啥说的呢，去闯！

报名总得要选个专业吧。当时自己啥也不懂，大学的专业那时在小县城里从未听人说起过，好多人也说不懂。我选专业首先看的就是报纸上刊登的招生专业后边的招生人数有多少。我只想选招生人数多的专业报。这样，招的多录取机会才大。细一看，中文、历史招的多，这些名字好理解，心想中文一进去就是学咋写文章，怕是不好要哦。历史尽是学些以前的东西，怕是没有好大用处的咯。二来心想这些专业大家都会去报，估计报名的人会不少，要录取也不容易。我也挤不进去，不能填。政治经济学专业，这个招收的名额算多的，和中文、历史这些专业招生数相比是一样的。这个和中文历史专业相比来说偏一些，估计录取要容易一些。看到这报考目录上的这专业时，我想我选的这个政治经济学，学政治又学经济，咋个要不得呐？要的，就选这个。高考的专业报名就是这样稀里糊涂的填了。

高考考试的那天来了。父母都起身很早，伙食也很好。那天没有让我吃一年四季365天都吃的稀饭，怕考试中途上厕耽误了不好。有包子、油条，还有鸡蛋。这是从我有记事以来记得吃的一顿最丰盛的早餐。那天只有我和我姐才有这早餐，他们都还是吃的稀饭。8点半开始考试，我7点过点就吃完了。带了只笔就到我家河对门的考场去了，到了考场外也不过8点过一点。开考后，第一场语文自觉不难，都能做，只是一个诗词《念奴娇·答李淑一》默写中的"飏"字想了一阵才写对了。下午考的数学，好像除了最后一题不会做，其他的题都还会做。这两个月的时间大部分都花在数学做题上了，毕竟复习过的还是不一样，做题时还是有办法下手。可是每道试题的最后一步都是没有做出来，做出来的也觉得好像都不对，得不出完整答案来。其他时事政治、地理、历史都不算难。全部考完后出场有一阵的轻松，有信心没把握。考后不久，听到那时在小县城里盛传的大学是要200人中才会录取一人的小道消息，时不时地心中还会泛起些紧张来。现在来看，当时的心里说穿了就是为自己的前程担忧。大半年多没有参加体力劳作，想起以后还要回到农村去，想起农忙时自己在田间的那情景，更是五味杂陈，不好受。

好多人都在考完后自评、找同学或老师点评。自己盘算着各自可能的分数是多少。我考完就完了，不去想，想多了也无益。考完一阵后我就回农村生产队去了，和生产队的农民关系还处得不错。冬季农闲，活又不多，冬至后家家陆续都在杀猪，走这家串那家，逛晃到快过春节时才回城里家中过年。

1977年的大年三十晚，刚吃过了年饭。大约是晚上八点左右，我姐去打渔村上边的邮政局取报纸，回来就一整狂喜，激动得话都不太说得连贯了：考……考取了，这是……通知书。边说一只手边晃着一个信封。我母亲忙叫我姐把信封交给我父亲，我姐把录取通知书递到父亲手中，只看他从信封中抽出来一叠纸来，父亲第一眼先看的是通知书。母亲则拿着另一张纸看是报到说明，我姐立在父亲旁边边看边念。我一会儿看信封，一会儿看通知书，一会儿又立在母亲旁边看报道说明。那会儿看的好像不是内容，好像是在看是真是假。父亲最后看的是报到说明，除了我姐笑出了声，一家人都在抿嘴笑，都是一张喜颜。

这是徐家心情压抑多年来的第一次全家舒展，这是徐家平淡过活多年来的第一次全家开心。这在父母心中的意义是三个孩子都立业了，其中一个孩子为这个家庭涨了阳气。多年来父母的心血化作了当时世人眼中的高尚。

这么高兴，隔壁过路的邻居也来了，是来看录取通知书的。父亲不知是什么时候重新把白酒瓶拿了出来，执意要留下邻家请人喝酒。母亲去拿出了花生、没有吃完的香肠腊肉碟。父亲和邻居人家慢慢地喝起酒来。父亲知道我在农村乡下学会了喝酒，可从来没有在家叫我喝过一次酒，这次叫我也喝了。这也是他第一次开始叫我喝酒，并且是为我单独设下的一个小酒碗。那晚上的聊天话都是邻居来的大人们在说，我父亲没有啥话说，低一辈的我也不可能说啥。他时不时地只顾喊大家：来，喝酒。我们一家子都是在幸福听隔壁来的两个大学生技术员邻居聊有关上大学的事。在那个年代，我们一家没有经历过，但我晓得我父亲他懂得考上了大学那是个不简单的事。父亲旁读过不到两年的私塾，算得上一个初小生。因为是1946年被抓壮丁从而走出了乡下。也是由于当壮丁后逃跑出来，到重庆的小龙坎一家蓄电瓶厂当了学徒，出师后成为工人了的。他爱说一句俗语：养儿不学手艺、挑断箩兜绳系。所以我知道他晓得：上得了大学，那是穷山沟里飞出了凤凰，布衣凡人家出了秀才。可你要他说，他是说不出来啥名堂的。在那时的社会基层里，百姓的一生就是在谋生或叫找口饭吃。生儿育女、盼儿女长大、等儿女成人、成家有业以后，自己咋过活就都是无所谓的了。

这通知书我都到手了，那就是稳当了。家中的儿女算是全部都有工作了。生活就算是活出头了。父亲每天下班回家脸上都有一丝笑容。这以后我没事，有时站在楼道的过道栏杆前闲望，看见父亲、母亲分别下班回来时不时都有人主动招呼了，我晓得那是因为家中的大事使他们在那个小地方里有些长了颜面阳光的缘故。1978年的这个春节，我家里的父母和子女都过得十分的爽。

　　要办入学手续，过完年我回到公社去了。乡间倒是平静没有一点的变化。入学通知上说好的需要一个政审材料，我只好找到公社的公安员老范，请他写，他笑嘻嘻的不知从何下手。这时遇巧公社中心小学校的刘校长进来了，我和他交往过，他也比较欣赏我。范公安请刘校长写，他拿过通知书看了看，然后用那时的通用套语写了一个政审材料，并主动拿到当时管公社党委公章的刘副书记那里去盖了章。他拿回来盖了章的材料给范公安看时也没有回避我，我眼神好，很快地就浏览完了一遍。那时还需要转的户口和粮油供应关系也顺利办妥后，我又回到生产队去，把当年分到的谷子、红苕干片，全部装进4个麻袋带回城里的家中。

　　1978年2月过完春节，家里在默默地为我准备上学的生活用品。父亲不知什么时候买了一块80元钱的东风牌手表戴在手上，走的那前一晚把手表取下来给我，我不想要，父亲硬塞给我，说是上课不会忘记时间。我估计是隔壁那个大学毕业的技术员邻居，他给父亲说大学上课是没有人通知你的，上课不打铃铛、全靠自觉，他记到心里去了。行李中有一床新弹的棉絮被，一只不大的但也是家里最好的香樟木箱子，一只塑料壳的温水瓶和新洗脸盆已用大网兜装好了。母亲送我去到车站，塞给了我60元钱。还许诺我以后每月要寄给我35元的生活费。这可是我差不多提前得到了大学后的工资水平了哦。到了2月下旬，临到了要入学报到时间的前一天出发。我从泸天化厂所在的纳溪县（现纳溪区）安富镇一路坐汽车到隆昌县、再转乘火车来到成都。下了火车，身上背起铺盖卷，一只手上提起网兜，一只手上拎起木箱下车。走出站来一看，哦，好大一个火车站坝坝。从来都没有见过耶！下车后真还找不到咋个才去得到四川大学呢。问了一个黄包车师傅，他手一指说在九眼桥那头。我问还有好远？他说远得很，城外头去了，要坐车才去得了。要嘛去那头坐公交，到九眼桥下公交后再走进去。要嘛可以坐火三轮，直接把你送到学校门口。火三轮现已不见了。就是加长的黄包车多安装了个单缸马达，能跑得长远得多。我想，我背包提箱的，哪里是公共汽车站也不晓得，下来走路要咋个走也搞不清楚，算了，就坐一盘火三轮。那时的城市交通不是国营就是集体的，根本没有私人经营。坐三轮要到机动三轮车卖票亭去买票。给了三角五分钱买了张车票。上车后一路来到望江河边的川大校门。

那时的校门已不复存在。现在的是在三校川大、华西、科大合校后完全重修过的。当时的那校门在我眼中看来非常气派。刚新修不久，门顶上的校名"四川大学"几个字后来知道是一副取之鲁迅笔迹的凑合字体。在我的眼中确实是显得那么高大，非常有文化。校门里一条笔直的大道通向深处，两边的树木也笔直排列，这是我从来没有见过的风景。卸完行李火三轮就走了，我不知道政治经济学系在哪里，也不敢进去。我是入学报到时间的前一天提前到的。有朝校门内走去的两个女大学生见我问是新来的大学生，我回答是。她俩说明天才是报到接待日呢，走到门卫室给门卫说，请门卫电话通知系上来人接去。

系上派来接我的老师骑了个自行车来，把我的香樟木箱托夹在后架上，网兜挂在车龙头上，老师在前边推行领路，我跟在后头，感觉一脸的轻松，真真地跨进了大学的校门。

我终于走进了这个将生活、学习四年的学堂，我当时是有些自豪的。以至于后来每次进城都爱把校徽别在我唯一一件卡其布的中山装胸前，有些许的得意。此时的我，也完全忘记不了到乡上去赶场时见到化工厂出来的青年工人时自己的那副自卑心态，也完全忘记不了挽起衣袖扎起裤脚在田间农作的那副邋遢样。心想这时那些小年轻工人也在此时出来赶赶场该是如何的眼光看我呢？这时我生产队的农民也在场的话又会和我说些什么呐？时光不会倒流，我也仅仅是想想而已。还有更充实的生活等着我呢！尽管以后的幸福生活不是天上掉下来，但是我现身处的现实社会至少可以让你自己去努力争取。

《1977年高考40年后记》这篇文算是写完了。我的文字功夫不高，搞不清这个"记"字该用"记"还是"纪"。都是记事，记，是要拿话来说事。纪，则是把记事竹简用丝线编成册。在记字前加了个后字，是因为年代确已久远，尽管往事历历在目，把细节说不太清了，也不能朗朗的出口之故。我用个后字就好遁责了。

40 年后记，之所以想把它写出来，是因为我记得有"前事不忘，后事之师"的古言。我是真正的不想再过 40 多年前的那些日子了，但过去的历史不可选择，好在它也过去了，权当作为一种教训的沉思吧。想说明的是：所处的现实可以努力，未来也还可以创设。不管哪个年代，你总要自己去走，才有可能走得出来。若不走，不管哪条路你都走不出来。

参加 1977 年的高考，是当时那二三十岁的这一群组青年人的过往经历。这一历史事件给了中国所有的知识青年以希望和出路。朝气蓬勃的青年人，好像早晨八九点钟的太阳，希望寄托在青年人的身上。如果真把希望寄托到青年人身上去了，那就要真正放手让他们去创造属于他自己的世界。世界归根结底还是他们的。

12 点了。家里已经把饭做好，叫吃饭了。我从阳台上回到饭厅，开始我的现实生存的必要程序。思归思、想归想，管他生活是高级还是低级的，生活下去就还得要吃饭。我当年参加高考，真的是为了有一碗稳当的饭吃，隔三岔五的有一顿肉吃。革命工作了大半天，学习了大半天，休闲了大半天，人就是还得吃了饭才能继续下去呢！

记于 2017 年 5 月

摄于 1978 年

　　徐仕高，四川泸州人，1956 年出生。1974 年泸州泸天化厂子弟校高中毕业后即下乡当知青。1977 年参加高考，1978 年进入四川大学经济学系政治经济学专业读书，毕业后留校从事管理工作，曾任川大计算机系、计算机学院党委副书记，学院工会主席，为经济学副教授，现已退休。

# 40 年前的一个改变

杨勤敏

今年是恢复高考 40 周年。

40 年前，国家百废待兴，百业待举，一切还在徘徊、摸索之中。正是在那一年——1977，一个关系着国家前途的举措，改变了中国社会前进的航向；也正是那一年，这个紧紧连接着普通民众的决策，改变了成千上万年轻人的命运。闭锁十余年的高考大门重新开启了，给我，也给同我一样的年轻人带来了人生道路上的春天。我们参加了"文化大革命"结束后的第一次高考，走进了梦寐以求的大学校门。回首当年，自己作为那个年代的幸运儿，有许多往事历历在目记忆犹新，也有许多感慨百端交集难以忘怀。

1974 年 8 月，我高中毕业了。尽管未满 18 岁，但当时摆在面前的人生道路只有一条，那就是"到广阔天地去，接受贫下中农的再教育"。记得那时知青下乡插队的规定是只能跟随父母单位指定的地方，而我父亲的单位下乡插队是在远离成都、地处大凉山的米易县。因此在选择下乡的地点时，考虑到四川农村农民居住得十分分散，父母担心我一个女孩子的安全，最初是打算让我回到老家——北京顺义县（现顺义区）农村。8 月中旬，我父亲的单位又新确定了一个下乡插队的地点——灌县骆家河坝知青农场。知青农场的前身是一个部队的后勤生活基地，后来移交给了水电工程局。1974 年由省计委、省建委、省电力局、省机关事务管理局、水电工程局五个单位合作把它作为了本单位知青下放的地点。由于农场是集体生活，我的父母放弃了让我回老家插队的念头。

8 月 28 日，我告别了父母，告别了熟悉的城市，乘着敞篷大卡车，带着背包行李，在敲锣打鼓的欢送声中，奔向了我们毫无选择的地方——广阔天地，开始了接受再教育的生活历程。

农场的知青最初被划分为四个队，下面设若干班组，有队长、班长，还有团支部，都是由指定的知青担任，实行知青自行管理自己。每个队都有几名农场的工人师傅作为农活的技术指导。同时，还有一名由各单位派出的知青带队干部做日常思想教育管理。一二队是男知青，三队是女知青，这三个队主要干大田农活，还有一个直属队是后勤。后来，知青人数增加了，最多的时候近800人，就分成了六个队。一二三队不变，仍然干最为辛苦的大田农活，四队是基建运输，五队是种植蔬菜果树与养鱼，六队是后勤管理。

刚到农场时，我分在三队，6个人一个班同住一个寝室。记得到农场后的第一次大田劳动是挑粪。舀粪的工人师傅见我个子矮小，就只装了不到半桶粪。第一担挑起来除了气喘吁吁，感觉上好像还有一点儿兴奋与新鲜；第二挑就感到有点儿吃力了，肩膀一阵阵发痛，咬咬牙挑到了地头；第三挑、第四挑……肩膀就完全是火飘火辣的痛了，强撑着挑到地头，几乎是把扁担直接甩下肩膀；到后来只要扁担一挨肩膀，那钻心般的痛呀，痛得泪花在眼眶里打转转……收工之后，肩膀肿得老高老高的，胳膊肘也抬不起来了。看来，这个"再教育"不脱几层皮是过不了关的。不过，有了第一次的磨炼，第二次、第三次……就没有那么痛苦了。再后来就是挑着满满一挑粪，走在田埂小路上，也能健步如飞了。

我在三队待的时间很短。记得有一次我们班的六个人被分派去养猪场帮忙，班长见养猪场人手紧张，就向场部申请到养猪场去，养猪场的老师傅闻知后，提出除个头矮小的我以外，其余的都要，于是我被"开除班籍"了。当时，由于农场的财务会计还有四五年就要退休了，我们管理局的带队干部知道我在学校是属于学习成绩好的，于是提出让我去跟着老会计学习，就这样我从大田队调到了后勤管理队。虽然，农场也给后勤队的知青规定了每周参加大田劳动的天数，还要求农忙季节必须天天到生产一线，所负责的事务收工之后晚上再做，但是比起来我算是十分幸运的。以至于一直到现在，只要知青朋友聚在一起，大家都说我那会儿在农场没吃到什么苦。

由于工作的特殊性，我们就成了农场的机动人员，哪里需要劳力，我们就被派到哪里。于是，在农场的那几年，我做过不少门类的活儿，诸如：插秧割麦掰苞谷点红苕，挑粪浇灌蔬菜果树以及打农药，修房子时挖地基和灰砌砖上房顶盖瓦，到渔班背着背篓四处割草喂鱼，到炊事班帮厨洗菜切菜做馒头包包子卖饭……

由于仓库管理的知青与我同班，我们也时常被派到晒坝去帮忙。

在晒坝干活，最重的活是翻晒粮食时从粮库里抬出抬进，两个箩筐装满了粮食，两个人用的是杠子来抬，粮库里的粮食堆高了之后，就要抬着箩筐走上一节一节升高的跳板。不过此时的我，肩膀已经磨炼成"钢"了，我也不知道那时自己哪儿来这么大的力气——大概是吃得多吧，农场食堂二两一个的馒头，我可以一顿吃三个，人当然也像发面式地长体重，胖得"不成体统"。

晒坝上还有一项重活儿就是"打连盖"，现在几乎销声匿迹了。连盖是过去农村常用的一种农具，专门用于拍打菜萁、豆秆，或稻、麦秸秆等，脱粒菜籽豆子或残存的谷粒麦粒。打连盖时，人站成一排，将连盖高高举起，用力打下，周而复始。而且，打连盖的时间一般都选在艳阳高照、农作物的壳被晒得很脆时进行，当然人也被晒得汗流浃背。刚开始，连盖到了手中根本玩不转，举起来甩不了几下，人就累得上气不接下气，撵不上趟。当然，多甩打几次后也就应对自如了，"连盖"在手中被甩得溜溜转。

晒坝最脏的活路就是"摇风斗车"风粮食，而这里面最最最脏的是风油菜籽，即便是戴着帽子和口罩，活路做下来，整个人都"面目全非"成了"灰人"……头发灰蒙蒙的一片，鼻腔里是黑黑的，吐出的口水也是黑的，冲澡时流下的全是黑乎乎的泥浆水。而且，灰尘是直接被吸入肺部，丝毫不逊色于现在的 PM 2.5。

在最初的两年里，我和其他知青们一样，每天努力地劳作着，用辛勤的汗水，用现实的表现，积攒着返城的时光与资质。两年的时光一过，自己身边的知青发生了变化，有的参军了，有的返城当工人了，还有的被幸运地推荐进了大学——这是我为最羡慕的……而这一切，对我来讲是一个未知数，我只能耐心地等待命运的安排。

就在我苦闷茫然的时候，接到了一个"毛根儿朋友"的来信，告诉我：她遇见了我初中时的班主任，老师关心地询问我是否返城，并让她带话转告我"一定要争取上大学读书"。"毛根儿朋友"在信中对我讲：老师这样关心你，你一定要记住他的希望。我的这位初中班主任，是我这一生中最感激也是最难忘的恩师之一。在那个不以读书为荣尚的年代里，他始终坚持以学习成绩作为对我们每一个学生的要求标准，并常常在课堂上讲："毛主席不是还讲学生要以学为主，兼学别样吗？"班主任是语文老师，每教我们新学一篇课文，新字新词组抄写五遍，划分段落归纳段意写出课文中心思想，背诵好的句子以至整篇课文，这些都是我们的必修课。谁的作业字写潦草了，他不批改就退给你要求重做。现在回想起来，班主任要求我们所做的这些基本功，为我们日后的写作打下了坚实的基础，让我们终身受益。记得我们班有一段时间由于数学老师经常更换，成绩急剧下滑，半期考试时居然有三分之二以上的人不及格。班主任十分着急，反复找学校领导，给我们班调来了全校最好的数学老师。到期末数学考试时，班上及格的人数超过了三分之二。在班主任的眼光里，学习成绩也是评先的第一标准。在他的教诲下，我们的成长才没有偏离人生正常的轨道……现在，当我苦闷茫然的时候，听到了来自老师的关心和希望，心中万分感慨，要读书、要上大学成了我努力的目标。但现实也告诉我，要不辜负老师的希望，要实现自己的人生目标，也是很艰难的。

转眼间到了1977年，我当知青已经三年多了。这时，高考要恢复的消息传来，对此很多人都半信半疑。尽管如此，我还是让父母把我保存在家里的课本托人带到了农场，重新捧起了书本，开始应考复习。

那时候，能够多有一点儿时间复习功课是十分难得的。我白天做农活，处理事务，晚上看书复习，常常是看着看着就睡着了，半夜醒来才关灯。记得也就是在那段时间里，母亲要动手术，我终于被准许了半个月的假。守护在病床前，母亲输液睡着了，我就抓紧时间看书，同病房的一个阿姨见我在看书，并知道我是在复习功课准备参加高考，提出了疑问"你就这样复习应考，怎么能行"……

那时候，复习应考是没有人给你指导的，完全凭着自己的感觉进行准备。记得有人为应对语文考试准备了三四篇作文，带队干部问我准备了几篇作文，我感到很为难，因为我怎么知道考什么题目考什么体裁。我每天的复习，就是把过去学过的书本翻来覆去地通读。

那时候，几乎没有任何复习资料。一天，听说有个知青有一套地理的复习资料，我迫不及待地找到她，央求她能借给我看看。她不同意借走，只答应让我在她的寝室里看。于是，那天晚上，我只好坐在这位知青的寝室里，借着昏暗的灯光，用了两个多小时的时间边看边强行记下复习资料里的内容。

高考的时间确定了，我和参考的知青们来到了县城——灌县，我们是住在县革委招待所，七八个人挤在一间房，房间里只有一盏25瓦的灯泡，哪儿像现在的学子参加高考，又是父母陪伴左右，又是为节省时间在考场近处找好宾馆休息。

当年，我们渴望参加高考，但一旦临头，还是感到它是那样的神圣、那样的神秘，心情自然忐忑不安。考试的地点在灌县林业学校，三年多没有进过教室，更没有参加过考试，等待发卷的时候，拿笔的手都在微微颤抖。第一天上午考语文，下午考数学。记得有一道语文题是默写毛主席诗词《蝶恋花·答李淑一》，我就在心里默默地唱着这首诗词歌曲来帮助自己的记忆。记得在做数学试卷时，面对"2的3次方等于几"这道题，自己紧张得一时短路，居然没有答出来，以至于后来对我的先生和儿子讲起这个细节时，成为家里的笑话之一。

考试时，监考的老师常常在我身边转悠，看我答题，也看出了我的紧张情绪。在第一天考完后，监考的老师专门找到我，语重心长地对我讲：上午考语文，你的状态还比较好。下午考数学，本来也应该做得比较好的，但你太紧张了。明天一定要放松，要有信心，你是应该考得好的。

第二天上午考政治，下午考史地，监考老师的话始终激励着我，心情放松下来，答题也就自如了许多，有的试题居然能回想起当年在课堂上老师是怎么讲的，在朋友的那套复习资料里是怎么回答的……

两天的考试，很快就过去了，记得考完的那天晚上，我们几个知青相约去看川剧，这是我第一次也是唯一一次看川剧，大概是紧张与疲劳过后人一下放松了所致，在喧闹的锣鼓声与高昂的帮腔声中，我居然迷迷糊糊睡着了。

过了一段时间，体检的通知书下来了。那年的体检有中专与大专以上之区分，我参加的是大专以上的体检。体检过后，一个知青到县城办事回来告诉我，她遇到了林业学校的那位监考老师，老师问起了我的情况，当他得知我收到的是参加大专以上的体检通知书时就说，"我一直在看她答题，我想她应该收到的是大专体检通知"。林业学校这位监考老师，我现在根本回忆不起他的面容，只是依稀记得他十分年轻英俊。我与他的接触，就是在考场上那短短的时间里，但他在关键时刻对我的鼓励，对我的期望，却永远留在了我的脑海里，镌刻在永恒的记忆里。他是唯一的一位没有教过我但让我一生中最感激、最难忘的恩师。

当年填报高考志愿，每个人可填写省内三所大学、省外三所大学，还有四所中专学校。我在填报省内三所大学时，全部填写的是四川大学，分别是历史、哲学、政治经济学三个专业；省外的三所大学是武汉大学历史专业、南开大学政治经济学专业、黑龙江商学院商业经济专业；四所中专学校是四川财政学校、成都市工业学校、长征航空工业学校、成都无机校。当时有的知青见我省内的大学只填报四川大学，就说我的心气太高了，带队干部也劝我改一下志愿，多报一两个学校以避免未被四川大学录取而落榜，但我还是坚持不改初衷。

1978年的春节，我仍然没有回家过年，留守在农场。大概是初二那天，场部的知青急切地找到我，说家里来了长途电话。当我拿起听筒，电话的那一端传来的是父亲兴奋得一句紧接一句的声音"你考上大学了！被四川大学录取了！录取通知书寄到家里了！……"尽管看不到父亲的面容，但我感觉到了他的话语中那抑制不住的喜悦之情。经过一番努力，我终于没有辜负父母的希望，成了杨家的第一位大学生；我终于没有辜负恩师的期望，考上了大学，也终于实现了自己心中的梦想，我感到无比的欣喜与骄傲。

1977 年恢复高考，全国有 570 万的年轻人参加了考试，只有 27 万的考生被录取，告别了田野、工厂、军营，走进了大学的校门，成了时代的幸运儿，开启了人生的新篇章。由此，中国也重新迎来了尊重知识、尊重人才的春天。

人们常说：机会对于渴望成功的人来讲是转瞬即逝的。当年恢复高考，无疑是改革开放带来的第一个改变了不少人命运的重大机会，能够成为高考恢复后第一批学子中的一员，我感到十分幸运，因为我们是改革开放的第一批受益者。记得作家路遥在《人生》中引用了作家柳青的这样一段话：人生的道路虽然漫长，但紧要处常常只有几步，特别是当人年轻的时候。没有一个人的生活道路是笔直的、没有岔道的。有些岔道口，比如政治上的岔道口、事业上的岔道口、个人生活上岔道口，你走错一步，可以影响人生的一个时期，也可以影响一生。作家这段话一直让我难以释怀，影响着我，并使我感悟到：在一个人的生活道路上，紧要处的那几步，如果你把握住了，也可以影响人生的一个时期，更有可能是影响一生。

40 年后的今天，我已由青年步入老年，走过岁月，走过生活，一路走来，十分知足，更感幸福。

2017 年 5 月

摄于 1978 年川大大校门

杨勤敏，1956 年出生，祖籍北京，长于成都。1974 年高中毕业到都江堰骆家河坝知青农场当知青。1977 年参加高考，1978 年进入四川大学经济系政治经济学专业学习。1982 年大学毕业后分配至成都热电厂工作。1986 年调入四川省电力公司，从事企业宣传、党务干部人事工作，先后担任过四川省电力公司宣传处副处长、四川电力物资公司党委书记、四川省电力公司人事董事部主任。现已退休。

# 我的大学梦，圆在春暖花开时节

易群芳

**有备者，喜迎明媚春天**

1977—2017 年，中国高校招生制度改革的历史已走过了整整40 年！

40 年前的 1977 年，经历十年浩劫后的中国，出现了新的历史性转折：高校招生制度出现重大改革：恢复招生考试！集十余年之千万学子，迎来了断代后的第一次高考！光阴虽已四十载，那年、那景、那情，却并未时过境迁，于我依然记忆犹新。在不到 5% 的空前绝后的低录取率下（正式录取 27 万），我以优良成绩，成为四川大学经济系七七级的一员。

**客家人，辗转远迁贵州**

我祖籍广东梅州，生于四川泸州，却从贵州考入名校四川大学——缘由虽有曲折，曲中还算有幸。

清晚期，我的曾祖父供职于广东梅县县衙（今梅州，客家聚居地）。20 世纪初，我的曾祖父偕夫人、儿子随县太爷调往四川泸州并定居。客家文化骨子里"崇文、尚学、重教"的优良传统潜移默化地影响着父辈，也影响着我。

父亲生于泸州，入学私塾多年，不仅习文书写深得先生欣赏，数学计算也很优秀。或许受父亲数学天分的影响，我自小入学起就在数学领域显现出天赋。

大跃进前夕，我的大姐成为成都某汽车团的军嫂，接走了母亲照顾我的侄女。我的哥哥、两个双胞胎姐姐和我当时尚未成年，就和奶奶留在了泸州，和父亲一起生活。1958 年，姐夫所在汽车团整团转业至贵阳支持大三线建设，大姐夫任职汽车队队长直接参与了开阳磷矿的筹建与发展，大姐携母亲一同前往。

1960 年年底，刚成年的哥哥成为北京某空军部队飞行员；次年，奶奶病逝，父亲工作忙碌，大姐夫便驾车回泸州接走了年幼的三姐妹。就这样，我在贵州开阳磷矿开始了学业启蒙、开始了青少年成长时期，直至进入四川大学。

### 大学梦，萌于《趣味数学》

我小学就读于开阳磷矿子弟小学。印象最深的小学老师当属三、四年级的数学老师——和我同姓"易"，是昆明师范的高才生！

我虽在班上年龄、个头都偏小（那时学习差的可以留级，班上年龄相差达 4 岁之多！），但学习成绩（尤其算术）一直排前，第一学期考试就获得一个"铁皮文具盒"的奖励，至今还能记起文具盒上"平湖秋月"的图案。记忆中，我自三年级起，手中就喜欢拿着一本《趣味数学》课外书（接近于当今的《奥数》）！书中那一道道奥妙无穷的趣题，把我带入了数学王国，令人流连忘返。

在《趣味数学》园地里，我因为理解并解答了一个又一个数学题，鼓舞了自己的学习劲头，自学能力得以提高，希望上大学、当数学家的理想逐渐萌芽。

后来学校停课了，但我学习的热情仍不减退。我时常拿出姐姐们用过的数学书看，偶有不懂的，就会去求教别人。父亲、母亲时常会对人夸奖说我爱学习，母亲也尽量不让我做家务，"溺爱"的理由是"你还有更重要的事"。

后来学校"复课"了，我们年级去"支农"了一个星期。这是我一生中第一次，也是唯一的一次和农业劳动近距离"亲密接触"！

### 弃工作，高中优秀留校

后来开阳磷矿不断内部招工。我们三姐妹只是姐姐、姐夫的亲属而非子女，所以失去了第一批招工的机会。不料后来我们都先后进入事业单位。1970 年秋末，大双姐进入卫生系统（后成为技术精湛的妇产科医师），小双姐进入教育系统（后被推荐上学，退休于贵州师范大学）。1971 年秋，在矿务局机关任机要秘书的大姐为我带回了招工登记表。这时，厂子弟中学将恢复高中，我和母亲都兴奋不已，坚决参加了高中录取考试并被录取。为此家中还意见相左，一天回家走到门口，就听母亲说"你妹妹想读书，就让她读！""现在工作机会这么难得，读了高中找不到工作怎么办？"是大姐和母亲在争执。晚饭后，争执继续，母亲哭着要女儿上学！晚上，想着大姐和母亲的争吵还会发生，我打算不读高中了。第二天我没去学校，下午中学胡学胜校长和一位老师意外登门："这次招生你考了第一，如果你不读了，开这个班就有些遗憾了！"又将班主任王天玺老师介绍给我们。在学校的关心、母亲的支持下，我如愿上了高中。

到了高中，我成了女同学中的"大姐大"（尽管没大几个月），加上入学成绩前茅，我被选任班长。第一个高中班，师资构成很牛：数学由川大老毕业生胡校长和南开数学才子刘少楷讲授，语文由北大老毕业生朱宗林和贵阳师院高才生田茂泽任教，兼教政治的王天玺来自北师大，物理吴筱芳、化学陈欲林老师来自华东师大，两任英语老师匡明娣和李旭东都来自上海外国语学院。这支强势的教师队伍有着别于常情的共同愿望：不仅要给同学们把停课几年耽误的学业补回来，还要超圆满完成高中课程！在老师们的指导下，锻炼了我快速接收、快速消化、快速应用的能力。高中两年，数、理、化、语、外五门主科，我都没下过前三，总分基本保持第一。

中学时我担任了副大队长职务，主要负责全校课间操呼口令的工作。我个子虽不大，声音却不小，没有喇叭不吹哨子，大操场上的数百学生都能听见！后来我又第一批入团并任团支委，"使命感"油然而生，很是关注同学们的行为规范和业余生活，还争取到校党委的支持，利用教学楼底楼楼梯间开办了学生图书馆。图书馆地盘不大，除了两壁摆满书籍的书架，还有一张课桌、两把木椅，供学生图书管理员使用。于是，打扫操场的李老师有了比较"像样"的休息地方。我去请教英语时，他也可以像真正的老师坐在办公室一样给我指导了。现在想来，那段时光，应该给了李老师心灵上一定的安慰。

高中毕业后，学校将我留中学任教。因在读高中时就一直担任着社会工作，有时俨然就像个"小老师"，所以，留校当老师，于我并无太多惊喜。

### 小老师，渴盼大学深造

留校后，身边的同事老师不少是名牌大学毕业的高才生，我的知识、经验都非常欠缺，在工作和日常活动中，非常尊崇他们，和同事老师们相处非常和谐。

在教学工作方面，前两年我讲授语文兼生理卫生，之后教英语、任班主任。在老教师的指导帮助下，我逐步度过了青涩期，胜任了分配的教学任务。我是班主任，除了排班值日，每天都要到学校查看本班同学的早晚自习，直到高考前一个星期。我还积极参与社会工作，担任校团总支文体委员，从留校到上大学之前，一直负责中学文艺宣传队。每次节假日之前，都要组织教师乐队，负责在校内外寻找舞蹈老师并协助学生们排练，亲自制作民族舞蹈服装。

### 迎高考，但凭基础牢靠

幸运来了！1977年9月，"高校招生制度改革"的消息传出，10月正式消息出台，大江南北沸腾了！从1966年的老高中生，到1977年的应届生，无不欢呼跳跃：自由选择、自主报考大学的机会到了！

我的数理化成绩一直不错，所以没有任何犹豫报考理科。因为学校开学工作很忙，从10月下旬正式消息出台到12月中旬考试，只有不到2个月的时间。我认真思考着复习的事情：数学不用担心，我基础较好；语文可以不复习，一是有基础，二是没时间；但化学、物理已丢了几年，时事政治缺乏完整资料。我的准姐夫是大学化学系教师，每逢周末就从贵阳到磷矿帮助复习，他说我"基础非常好，一点就明白"。除了星期天，每天晚自习回家后的一点时间还不能都用于复习，还要备课、熟悉英语教案，又不敢睡得太晚，影响讲课的质量！

就在这时，同事王华元老师对我说："小易，改考文科吧！你的性格更适合文科"。好！出于对长兄同事的信任，我没有多想，改考文科！说是考文科，放弃物理、化学后，我并没有去背历史、地理、政治资料，也没有去练习作文或古文、语法，只是倾情于做数学了。直到临近考试，学校才给了一星期的假（含考试 3 天），我才有时间突击复习历史、地理和政治。

紧张的四场考试结束了，我感觉都及格了，尤其是数学题，全部顺利解答！唯一不足的是有道题结尾开根号，忘记在前面写正负号，丢失了 3 分！后来，从县教育局得知，我的数学考了地区第一。

那年高考没有公布分数，但在县医院当院长的姐夫从县教育局打听到"叫你妹妹报好学校吧，她考得很好，总分 320 多"。

### 入川大，专业临时改报

我一心只想进入天府之国的四川大学，所以填报的志愿是"四川大学中文系"。

我把志愿书交到了学校，第二天，建议改考文科的同事王华元老师找到我，说帮我把川大中文系的志愿改成了川大政治经济系"，"是吗？改就改了嘛"。王老师说他曾钟情于经济学，但他的高中老师给他填报了四川大学化学系，他为此耿耿于怀了多年，现在终于找到可以托付心愿的校友学妹了！

工作几年后还能如愿上大学，我要感谢高考招生制度的改革，为我弥补了多年来未能进入大学校园的遗憾。我要感恩聪慧、善良、勤劳的父亲母亲，他们既是我的人生楷模，也是我能坚守学习意愿的后盾。还要感谢高中时遇到的那支强势教师队伍。最后是感谢川大学长、同事王华元老师：感谢他建议我改考文科，修改了入学志愿，学文科对我一生比学理科更有味儿；学经济学又比学中文更有意思。由此，我才成了四川大学经济系七七级的一员。

我虽然没经历过上山下乡的磨炼洗礼，没有直接接触工人、农民的人生阅历，家庭和自己似乎都没遭遇过太大的政治风浪，但我和数千万同代人一样，都是从那个年代走过来的。耳闻目染，看书读报，也算是那个时代熏陶过来的人！

四年大学生活激情满满、苦乐相伴，令人难忘；毕业后几十年教学生涯亦是无怨无悔，心地坦然；虽无"大作"，但却未敢荒费光阴、更无欺世盗名……自觉对得起川大，对得起阳光下的那片天。

2017 年 5 月 5 于成都

**1977 年摄于遵义**

易群芳，四川泸州市人，1955年生。1973 年贵州开阳磷矿子弟中学高中毕业后留校任教。1977 年参加高考，进入四川大学经济系学习。毕业后分配至贵州师范大学任教，后调泸州经济管理干部学校（现为泸州财经校）任教至退休，经济学副教授，心理咨询师。

# 我的大学梦

殷建中

　　杨勤敏同学在微信上感慨："我想班上的每一个同学不管当年身处何方，做着何事，上大学都是大家唯一的梦想。"这个梦我从小学、初中一直到高中都在做，但正在可能实现的时候却瞬间破灭。

　　我是四川乐山高级中学六六级学生，当时 18 岁，应该 1966 年高中毕业参加高考。1966 年 5 月，学校一切活动都围绕"保高三"展开，校园处处洋溢着迎高考的备战氛围。当年高考有三项必做的工作：一是政审，二是体检，三是七月上旬的统一考试。当时政审、体检已结束，只待还有一个多月的统一考试了。学校专门用一间教室作填报志愿的咨询。教室的墙上贴满了各高校的招生简章，看得我们是眼花缭乱，心中充满了对大学的希望和憧憬。正是在这样热火朝天迎高考的时候，突然传来了高考推迟半年举行的消息。这无疑是当头泼下一盆冷水，感到沮丧极了，但也松了一口气，只不过等半年再考嘛！想不到这一等就是近 12 年。

　　我可能是乐山高级中学第一个主动报名上山下乡的。乐山不是大城市，周边农村就能容纳这批学生，用不着到云南、新疆、北大荒去。由于我报名早，学校请示县上后，通知我可去乐山的任何一个公社插队落户。我对当时的农村几乎一无所知，是一位姓何的好心街坊告诉我：乐山冠英公社是好地方，是个鱼米之乡。于是，我和初中六八级的弟弟一起插队落户到乐山冠英公社云光大队 12 生产队。同来的还有一位乐山一中初中六六级的女生，插队到紧邻的第 11 生产队。

　　1969 年 1 月，我开始了接受贫下中农再教育的生活。

　　生产队老老少少一百多人，有二三十户，田地只有不到二百亩，人均不到 1.5 亩。每年粮食产量基本稳定，除了雷打不动必须完成的公粮任务，剩余的大概 60% 是基本口粮，即使刚产下的婴儿也有一份，这部分能分 250 斤左右；大概 40% 是工分粮，平均每个"全劳力"能分到 200 斤左右。"全劳"是指个顶个的男社员，女社员最高只能评 8 分。

我戴着近视眼镜，长的又显瘦弱，社员们私下议论："这个知青干活不得行。"我兄弟虽只十四五岁，长得比我还高点，人也壮实，社员们说："这个还不错。"

记得刚开始挑粪肥田，舀粪的社员关照我，只给我舀了大半桶。第二趟时我要他舀满，虽然只有一里多路，我还是休息了一次才担到田头。生产队长笑着说："看来还行。"不久，担粪这活就不在话下了，还学会了左右换肩担东西。有次生产队派全劳修一座村子附近的小石桥。桥墩上的长条石要八个人抬才行。生产队长宣布：抬石头的每天记工分 15 个，中午集中开伙食，每人一斤米、一斤黄豆的标准。我两兄弟主动争取参加了抬条石。八个人抬一条长石条是需要统一指挥的：大家准备好后，领头的喊"起"，大家就把穿过捆住石头的粗绳的扁担放在肩上站起来。领头的再一声"走"，大家就迈着整齐的步伐开始前进。如果前面遇到左弯道，领头的就喊"前面向左转"，大家就齐声喊"后头向右甩"。如果前面遇到斜坡，长条石会向后坠，领头的就喊"前面有斜坡"，大家就齐声喊"后头撑住走"……说是中午饭，其实吃饭时已经下午两三点钟。每人两大碗，一大碗冒尖的白米饭，一大碗热气腾腾的豆花。至今我回想起来都感到难以相信，我竟把这两大碗一扫而光了。

鉴于我两兄弟的表现，我的记工标准提到 9 分，而我兄弟则达到全劳标准，每天 10 个工分。另一个投亲靠友插队的生产队长的表侄儿仍是每天 8 分。这件事可以看出，农民是很有原则性的。我记得当时我兄弟为这事是很得意的。

当时是集体劳动，出工收工都由生产队长指挥。如果哪天生产队长有事耽误或忘了时间，出工就会晚点。如果哪天要把那几块田的活干完，收工就会晚点。

农忙时每天要出三次工，早工大概 7 点到 9 点，收工吃早饭后出午工，大概 10 点到午后 2 点，收工吃午饭后出晚工，大概下午 4 点到 7 点。收工后吃晚饭。社员们农忙时才吃三餐饭，农闲时一般只吃两餐。

当时烟酒之类都是凭票供应。除了春节、端午、中秋之类节日，农忙时也会发烟酒供应票。农忙时累得腰酸背痛，晚饭时喝上一杯酒确实解乏。这样就学会了喝酒。出工休息时男社员会递烟给我们，一般都是 8 分钱一包的"经济牌"或 1 毛 4 分一包的"春耕牌"香烟。那时烟是凭票供应的，递烟给你是很友好的表示。只抽别人的烟不好，我用我的供应票买了烟，这样你来我往，就学会了抽烟。这抽烟喝酒的习惯和爱好至今 70 岁了仍未改。医生劝诫过我不少次，爱人、女儿也常敲打我，但再教育烙印太深了，恐怕再也改不掉了。

冠英公社有 8 个大队，每个大队都有一所小学。小学就办在以前的祠堂里。云光大队姓杨的多，云光小学就办在杨祠堂。那时为了让农村孩子也能上初中，就在每所小学办了一个初中班，名曰"戴帽初中"。云光小学也办有一个戴帽初中班。有次上戴帽班课的老师因爱人生病请假一个星期，大队王书记就叫我去代课。那时上的课除语文外，其他课程叫"工业基础""农业基础"。"工业基础"课本里包括了代数、平面几何、水泵、发电机等内容，可谓包罗万象。我既不懂水泵、发电机，也搞不清"农业基础"里讲的东西。于是就把"工业基础"当成数学课上，把"农业基础"就当成语文课上。我从未知数的表示、代数式讲到解一元一次方程。学生们听懂了，课堂纪律也出奇的好。一个星期后，我回到生产队，正在地里劳动，听见一位大队干部站在地那头大声喊："殷老师，王书记叫你回学校去上初中班的课。"去学校后才知道，那位老师仍然按教材按部就班讲，学生们又听"糊"了，于是"造反"不上课，"要殷老师来上"。就这样，我开始了我的教书生涯。时间是 1970 年。

时隔不久，可能上面也感到"戴帽办初中"质量太差，各公社开始筹办初中。县上和区上拨了点钱，主要是各生产队派工派料，一所虽简陋但已可正常教学的中学很快就完工了。教师在全公社教师中选调。我和另一位高六六级的女生荣幸入选。上任前我还去乐山三中进修培训了一个月。一年级学生是各大队选送的，大队盖章同意就行，那时本来就不存在什么考试选生之说。二年级就是把各大队戴帽初中班学生合成两个班。刚开始我负责上二年级这两个班的语文课。

上课时经常会发生一些令人啼笑皆非的事。一次我念"千里迢迢"，下面有十来个学生大喊："错了，念千里召召。"一看，喊的全是同一个戴帽班的学生。又一次念"尴尬"，下面又有几个学生喊"错了，念兰介"，又是同一个戴帽班的学生。我只好教学生查《新华字典》。这些学生才明白，原来是他们以前的老师教错了。学校教学还是认真的，成立了语文、数学两个教研组。教学中遇到困难就集体研讨。我高中数理化成绩还是很不错的，所以数学组还经常请我当参谋。我是公社团委委员，所以学校领导要我负责团队工作。当时学生们入团的积极性甚高，很快就发展了第一批团员，中学成立起了团支部，我任团支部书记。和学生们在一起我是快乐的，让我暂时忘却了心中的苦闷和烦恼。

这期间发生了两件我人生中很重要的事情。

第一件事是入党。1973 年 11 月我光荣入党。我是教师，要为人师表。同时，我有入党的愿望。我从小受的教育，让我感到入队（少先队）、入团、入党就像小学、初中、高中而大学一样，都是自然而然的人生应走之路。我入党时，没有入党宣誓，也没有预备期。我的入党宣誓是后来进川大后举行的。记得当时川大补入党宣誓的学生不少，大概有一二百人，在领誓人的引领下我们庄重地举起右手齐声宣誓。那场面既庄严又壮观，自豪感和责任感油然而生。

第二件事是结婚。下乡不久我和同去插队的女知青相恋。两年后女朋友招工返城，我仍是一名教师，拿民办教师的补贴，回生产队分口粮。但我们相爱依旧。1974 年年末，女朋友带着她单位出具的证明来到了乡下，我们在公社领取了"结婚证"。"结婚证"上的红色大印是"乐山县冠英人民公社革命委员会"。一年后我们有了可爱的女儿，取名为"爽"。公开说是取自"飒爽英姿五尺枪"，内心是希望女儿能爽爽快快、顺顺利利地成长。我和爱人从相恋到结婚，这种婚姻在当时极少见。值得庆幸的是，我爱人的父母接受了我，而且对我很好。知道我要去她家时，总要用"肉票"买点肉招待我。我和妻子相濡以沫，现在退休了，正含饴弄孙、携手同老。

1977 年是我的幸运年。恢复高考的消息开始流传。开始并没有引起我的关注。我这时已到而立之年，结了婚并有女儿，所以压根儿就没有想我可以报考。想想停止高考前的历年招生，没招过年龄这么大而且已婚已有孩子的老学生！恢复高考的正式消息公布后，我惊喜地发现，招生条件放得竟然这样宽！我竟然符合报考条件！我竟然可以报考！我的大学梦立即死灰复燃，我毅然决然、义无反顾地立即在第一时间报了名。这时的冠英公社中学已办了高中部，我上高中班的政治课。我将和我的学生同堂应试。如果连我这个当老师的都考不上，将来如何面对我的学生？我参考就确有义无反顾的味道了。

我在文化知识方面占了大便宜。我是农村中学民办教师，所以，中学所学知识就没有丢过，而且还有明显长进。我担心的是身体条件。所以，我是抱着抓住这个最后的机会奋力一搏的心情报考的。

当时乐山县有 9 个区，城关区和 8 个乡镇区，每个乡镇区有若干个公社。冠英公社属乐山县第三区，区政府所在地在西坝镇。1977 年报考的学生实在太多了，我所在的三区就有一千七百多。所以，当时只能分区设考场。我是在三区西坝中学的考场参考。

冠英镇离西坝镇约 10 公里。我和另外两个知青提前一天步行到西坝镇。下午熟悉考场，晚上借宿在同去知青的亲友家。当时应试的学生水平差距实在是太大了。有的在熟悉考场时就宣布弃考，有的开考不久就要退场。政治考试结束，考生们陆续走出考场。我听见一位考生说："三大法宝"，前面两个好答——"游击战""地道战"，第三个一时想不起来，后来想起了，还有一个"麻雀战"。看他盲目高兴的样子，真有一种说不出的滋味。文化考试后通知体检的考生很少，听说全区一千七百多考生中只有十来个。冠英公社就我一个。体检是由县招办统一组织。我的身体状况不佳，血压就测了好几次才过关。感谢老天眷顾，虽然毛病不少，但基本合格。当时要求填报 6 个志愿，规定 3 个省外高校、3 个省内高校。我的第一志愿是四川大学经济系政治经济学专业。

充满希望的等待其实使人有一种幸福感。我留的通讯地址是乐山城的家。这时正值学校放寒假。有一天，我背着一岁多的女儿玩耍后回家，刚到家门口，父亲就微笑着说："通知书到了，你可不要像范进中举哈！"我急迫地从父亲手中接过录取通知书，封面落款"四川大学缄"。我的大学梦时隔近 12 年终于成真了！收到录取通知后写过一首诗："喜鹊枝头戏东风，春花今日笑吐红。十载几曾开怀笑，天眷人为谢邓公。"诗不怎么样，却真实地表达了当时的心情和感悟。由于川大通知书到得早，消息很快传遍整个街道和我妻子、岳父母工作的嘉乐纸厂。妻子对我讲，好多人都说她有眼光。考上川大，使我获得我人生的一个新起点。

我是老三届中的幸运者。和我有相似经历的人中有人说"青春无悔"，还在同辈人中引起了争论，我看大可不必。如果一件事，你可以做也可以不做，事后可能有后悔或不后悔。但如果一件事是要你必须做的，就只存在做得好不好的问题，无所谓后悔或不后悔之说。反倒是 1977 年恢复高考，存在参考和不参考的选择。我当时如果选择不参考，那真是会后悔一生的！

我在观看《历史转折中的邓小平》电视剧后，才知道 1977 年恢复高考还有这么多的艰难和曲折，有这么多的动人细节和感人之事。小平同志对老三届学生的关怀，尤其是对我这样年龄偏大并已婚的高六六级学生的理解、体谅和爱护，让我热泪盈眶、深受感动。那一声"让孩子们回来吧！"分明是一位普通父亲在对孩子们发出慈爱、情深的呼唤！我对小平同志的感情连我读小学的孙儿都感觉到了。孙儿和他爸爸去新华书店买书，主动给我买回了《历史转折中的邓小平》一书。在孙儿的作文中写道："我爷爷最敬爱的人是邓小平。"是的，我崇敬邓小平！这种崇敬不仅来源于他的科学理论和伟大实践，而且来源于他老人家的慈父情怀和人格魅力。

**摄于1977年**

　　殷建中，四川乐山人，1947年出生，1966年高中毕业。1968年在乐山县冠英公社插队落户，此后在冠英公社中学任教。1977年参加高考，进入川大经济系学习。毕业后分配在四川省委宣传部工作。先后担任四川省委宣传部学校教育处处长、部机关党委书记、部秘书长、副部长等职。其间于1984—1986年挂职甘孜州丹巴县任县委副书记，现已退休。

# 并不遥远的往事

俞 乔

1974 年夏，我中学毕业将插队落户。临行前，父亲让我到北京看看，开阔一下眼界。在京城盘桓数周后，我登上南归列车，返回四川下乡。车窗外，京都浮华，渐渐远去，留下雾茫茫大地，一派朦胧；天际边，如轮暮日，徐徐下坠，唯余灰蒙蒙云幕，席卷而至。身临此境，心绪难宁，来日如何，深感迷茫。

## 一 下乡插队

我下乡的地方是称为"内地边疆"大凉山边缘的普格县。这里属于横断山脉的典型垂直气候，我所在的联合公社为干热河谷低山区，可种水稻、小麦、玉米、花生等农作物。而彝族聚居的寒冷高山区就只能种植土豆、荞麦。

我们村坐落在山坳之中，称呼为联合公社的联合大队第三生产队，有三十多户，二百多人。几十年前，这里草长林深，人烟罕至，野兽成群，来自云南的汉族先民砍树烧荒，修建了层层梯田，引山涧之水种植稻米。这个村子以前叫"狐狸脚"，即豺狼狐狸出没处的意思，原始蛮荒，可见一斑。

我们五个男生来到村里，开始了农民生涯。队里有近二百亩梯田种植水稻，一百来亩山坡旱地，种植玉米、红薯。梯田散落在几大片三十多度的山坡上，大田面积有一两亩，小田不足一分。与其他生产队的梯田连接在一起，从远方高处俯视，长满稻谷的梯田好像条条金色的缎带，绕山而上，层次分明，景色很是壮观。

农作辛劳，与千百年前并无差别。此时正是秋收时节，收割水稻是最重要的农活。水稻种植是一种特别辛劳的农作物生产，与平坝地区相比，大山里坡高沟深，梯田收获更为艰苦。割禾腰酸背痛，但劳动强度相对较低，一般是妇女的活计，而脱谷和背运则为体能密集型的劳作，由壮男劳力专事。

脱谷使用拌桶，这是一种高及大腿、近一人宽的梯形斗状木制农具。两个农人分站前部两侧，双手握住一把割下的稻禾，挥臂拍向桶壁脱粒稻谷；桶后部插有竹席，防止谷粒飞溅斗外。两人需拖着泥水浸泡、装载稻谷、重逾数百斤的拌桶移动位置，翻越梯田，继续打禾脱谷。不同层梯田的高度相差达一至两米，拖拌桶翻越时要一鼓作气、猛冲而下，才能平稳着地。这种劳作很对我们的胃口，队长对几个城里小伙的灵活也觉得惊奇。

做山里农民不易。山区用半人高的竹编背篼搬运打下的稻谷。梯田埂宽度仅为三十多厘米，难以行走。田内泥水浅则及小腿，深则过膝盖，背上百斤左右的稻谷，要小心翼翼地挪动脚步，才能走出梯田。在田里背上稻谷时，深一脚浅一脚，踏着烂泥，一不小心就失去平衡，摔倒田中，稻谷撒落泥水里，不得不连泥带谷捞起，到小溪中淘净淤泥。走出梯田，沿着陡峭崎岖小路，翻山越岭，往返数里，将稻谷背回晒场。我们凭着年轻体健，打禾脱粒、背运稻谷，成了生产队的全劳力。

秋收之后，完粮纳税。粮食是政府规定的一类物资，国家计划收购农村产粮和计划供应城镇及工业用粮，即所谓"统购统销"政策。农业税不收货币，必须缴纳主粮实物。我们队粮食总产约三分之一需缴纳国家。按照政府征收主粮的标准，一斤稻谷可算一斤粮税，一斤二两玉米只折一斤，且水稻产区不收玉米及红薯。因此，队里的近半稻谷被征收，玉米红薯则全分给农民。缴粮时，男女老少出动，蚂蚁搬家，将几万斤稻谷背负十多里路，交到区粮站。

队长分配我们驻守粮站，负责翻晒、守护、风谷、缴粮、入库。每天清晨，要抢占粮站的三合土场地，把稻谷在烈日下翻晒数日，直至粮站验收员认可，达到标准的干燥度才能过秤入库。每天下午，验收员来到晒粮场，抓一把谷子，放在嘴里，一咬崩牙、裂为几小块才可放行，而仅一咬两半还不行，两者间的取舍就全凭收粮员的自由裁量。此外，稻谷分为三等，大多定为中等。在验收员的监督下，达标的稻谷用粮站风车吹去稗子空壳，即可过秤入库。队长给验收员送上一筐鸡蛋，以搞好关系。晚上我们借住在小镇居民的屋檐下，几捆青菜是栖身的见面礼。晒粮时节，最怕阴雨。一旦有雨，需把包括被子在内的一切可用之物盖上粮堆，如遭遇此状，稻谷既不能入库，我们也无处睡觉了。

农民饥饿且苟延。一年辛劳，粮食仅能充饥。交完公粮后，一个全劳力可分三百余斤带壳原粮，折合二百多斤食用粮，老弱妇幼更少。乡民除了种好自留地，只好靠山吃山，在山野之处广种南瓜，以补缺粮之炊。

年关前夕，乡亲们开始宰猪。生猪属于二类物资，实行"杀一卖一"的统购统销政策，农民卖给政府一头猪后才能自宰一头。一天清晨，听见杀猪叫。不一会，一个小孩便来叫我们去吃饭。到了他家院坝，全村人尽数到场。几个汉子忙碌着，就着院内的斜坡挖个坑，放上大铁锅烧水；待水沸腾后，将拳头大小的肉块倒进锅里，煮至半熟即捞出，一盆凉水浇上，将油脂激回，洒些盐末辣椒粉，端到简陋的桌上，众人便大吃起来。其结果是几乎所有人都腹泻拉肚子。连续数日，天天如此，但却是村民最享受的一段日子。

### 二　彝区社教

70 年代中期，四川少数民族地区基层政府奇缺秘书和公安员，严重影响了政府日常运行。为此，省里报请中央批准，决定不受下乡两年以上限制，挑选一批表现优秀并有一定文化的插队知青充任。在生产队劳动中，我比较踏实肯干，还是全州学理论先进分子，因此，1975 年 11 月被招收为干部。简短集训后，便编入凉山州社会主义基本路线教育工作团，先后在昭觉县和雷波县参加了一年半的社教工作。这是两个典型而又有差别的彝族聚居县，共同的特点是自然条件差，很多地方并不适合人居住。

组建社教工作团的目的是落实两次农业学大寨会议精神。1975 年

9—10 月，国务院召开全国农业学大寨会议，将农业学大寨运动作为国策，试图通过"坚持党的基本路线，大批修正主义、大批资本主义、大干社会主义"，在各地速成一批大寨县，以巩固指令性经济的制度基础，并解决全国极度缺粮问题。1976 年 12 月第二次农业学大寨会议进一步明确要求，1980 年全国三分之一的县建成大寨县，各省市自治区农产品上《纲要》，基本实现全国农业机械化（注：1956 年《全国农业发展纲要》规定，黄河、秦岭、白龙江以北地区每亩粮食平均年产量达到四百斤；黄河、淮河之间达到五百斤；淮河、秦岭、白龙江以南的长江流域到八百斤）。

昭觉县位于大凉山腹心地带，海拔 2000 多米，群山连绵起伏，自然环境恶劣。我所在的工作队进驻到大山里不通公路的嘎祖公社，工作队各小组分别驻扎在不同山头的生产大队。这里属于寒冷的高山气候，仅能种植土豆、荞麦，相当部分口粮靠政府救济。彝民的生活原始，民众淳朴，不晓汉话。我们小组借住在一个彝族房屋中。由于常年山风飙烈，土屋不仅不能开窗，也不能用茅草盖顶，而是将一块块尺余长的木板叠铺到屋顶，再压上篮球大小的石头。晚间，躺在床上仰望，可从木板缝隙看到晴朗夜空的满天星斗，而雨雪天时，屋内则无干燥之处。当时，彝族土屋是人畜共居。两位女同志住火塘边的竹编篱笆后；三位男同志住在不足一人高、用碗口粗木棍草草搭就的隔层上，下面关着一头牛、几只羊和十几只鸡。木棍之间有十来厘米空隙，不小心踏空，半条腿漏下去，正好踩在牛背上。冬日还不觉人畜同居的恶劣环境，待到气候转暖，恶臭刺鼻，苍蝇蚊子跳蚤成群结团，轮番向人进攻；特别是苍蝇，布满了各个角落，喜欢在人身上停留，一巴掌打下去，总不会落空。不过，除了有人得急性痢疾，好在还没发生严重的传染疾病。

雷波县在横断山脉边缘的小凉山，隔金沙江东望云南永善县。我们社教分团分配在不通公路、孤悬一隅的卡哈洛区。沿着崎岖小道行走一整天，还得提心吊胆走上山岩中凿出、一侧插入云霄、另一侧直下大江、长达十余里的悬路，穿过称为"燕子崖"的数百丈绝壁，才能到江畔的区委。此处难行骡马，货物运送靠背夫，路人时常失足掉入江中。我所属的工作队负责彝族聚居的卡哈洛公社，距区委有半天的上山路程。这里彝民与汉人多有交往，初通汉语，民风强悍。此地山高坡陡，生存环境恶劣，既无山泉，也无小溪提供水源。每户人家都有一巨大的石缸，积蓄雨水或积雪以供人畜饮用。春旱时，要从几十里外几近干涸的牛滚凼取水。该处几乎无植被，坡度很大，雨雪天极易发生滑坡山洪等地质灾害。一次深夜暴雨引发山洪，大水卷着巨石滚滚而下，顷刻间河沟堵塞，泥石流涌及我们居住的公社土楼，幸亏发现及时转移，否则将连建筑带人冲下深沟。

根据我的体会，凉山的社教有几重目的：一是根据中央农业学大寨部署，坚持"以阶级斗争为纲"的基本路线，巩固集体经济。二是落实省和州的要求，力图提高粮食产量，减轻国家调返销粮的沉重负担。三是根据当地情况，改善边远山区的生产与生活条件，特别是交通运输条件。

为提高粮食产量，工作队下足了功夫，花了一个冬天耗时耗力在山坡上修建了几十亩样板田，开春时被一场大雨冲刷得面目全非，只有另想办法。嘎祖公社主产马铃薯，栽种若干年后，便会退化，产量大幅下降。工作队领导是州粮食局长，调车到遥远外地载回免费的优良马铃薯种，当年就可见效。不过马铃薯种耗费量大，一亩地要用三四百斤马铃薯种，两卡车马铃薯难以满足当年大范围推广的需求，但对未来几年逐步换种有帮助。卡哈洛公社土地贫瘠，缺乏肥料。我们则动员民众到大山深处寻找山洞鸟粪、在干枯水塘挖腐烂泥土，这种天然肥料效果不错，却耗力费功，成本高昂。

真正有成效的是基础设施建设。在嘎祖公社，工作队办了两件实事：组织当地群众苦战数月，修建了一个小水电站和一条连接交通干道的简易公路。在建设中，工作队里一位年长工程师发挥了至关重要的作用。他平常谦和寡言，走路都小心翼翼，迎面来人时提前欠身让道，站在一旁。该工程师包揽了公路勘探和水电站设计的全部工作，任劳任怨，调度指挥有方，其真才实学和认真态度颠覆了原有的窝囊印象，赢得了干部和乡民的敬重。

在雷波县，工作总团组织上千民工分段包干，大干七八个月，终于建成工程艰巨、沿江边通往卡哈洛区的近百公里等级公路，结束了该山区路难行的历史。我们负责的那一段公路建设需要大量炸药爆破山岩，领导指派我领取和押运炸药。我带着两辆卡车，到几百公里外戒备森严的爆破物仓库先领取炸药，再去相隔甚远处领雷管。然后，我抱着几大挎包雷管，紧张兮兮地端坐在司机边。我们都忐忑不安，山路行车一旦急刹发生碰撞，雷管受到挤压可能爆炸，后果不堪设想。两天路程，司机全神贯注开车，我则小心翼翼搂着挎包，丝毫不敢掉以轻心。按照有关爆破物运送规定，炸药和雷管不能共同携带。彼时条件有限，只得从权。

### 三　县办工作

1977 年初夏，我被调往越西县委办公室工作。越西县有两千多年历史，汉武帝时即设越巂郡，南丝绸之路古道穿越此处，历代都是控制边关的战略要地。该县交通较为便利，河流纵横，自然资源丰富。一条越西河流经的冲积小盆地，有数百平方公里，两岸为汉族居住产粮区，土地肥沃，良田十万余亩，山区为彝族聚居地。该县粮食自给有余，在州内是少有的粮食调出县。

此时，县委办公室先后调入三个年轻人，缓解了缺乏人手的状况。办公室主任对我们做了分工：一位管理及准备文件和材料，为县委常委会议服务；另一位负责接听记录上级党委来电，向各区委、公社及县局委办传达县里指示，安排上级领导视察事宜；我的主要工作则是跟随县委书记下乡。

前任县委书记雷厉风行，作风强悍，花了很大精力修大寨田，成为率先建成大寨县的先进典型，许多附近县的同志纷纷前来参观取经。大寨田建在公路边，放眼望去煞是好看：一片片填土铺就的田地平整如镜，一道道石块砌成的田坎笔直似列。清晨五点，他便坐吉普车直接到现场，伫立地里。如果没人上工，公社书记就会当众受到严厉批评。

我工作的一个内容是帮助领导预读文件、摘出要点。一个县虽小，但文件不少。每周有大量从中央、省、州下发的文件和县内各单位与区、公社报送的材料。县委书记政务繁忙，经常出差开会，文化程度也不高，只能让小干事先看，整理纲要。因此，只要在县里没外出时，我晚上都到阅文室做功课。对基层政府的全面情况渐渐有所了解。

在计划经济时代，省、地、县三级党委的中心工作是粮食生产和粮食征收。公社体制下，县委书记就是一个大生产队长，替全县农民安排种地。从春季播种、田间管理、秋收入库、纳粮完税等各个环节都得操心。他的工作重点就是在不同农时发号施令，指示生产，检查进度，核对情况，落实征收。我的另一项工作是协助他实时更新农业经济诸多统计表：不断地向县农工部、区委及公社索取、核对、调整、改动各种农作物播种、管理、受灾、收获、入库等情况。当时没有电脑，全靠人工归纳计算，可以想见这种工作的烦琐。这些报表还得逐级上报到州省。压力之下，数字浮夸的水分很大，却成为征收农业税的基本依据。

此时，我才明白农业税的实际操作和确切含义。农业税按照实物征收，国家先设定每年征收总额，然后向各级政府下达计划征购的数量总指标，这是具有实质意义的法定要求，务必完成。与之相对应，农业税率则主要是象征意义。当时四川的名义农业税率为16%，略高于全国平均水平。县级政府可再规定本地农业税率，最高不超过常年产量的25%。而且，同一县内对不同经济类型的公社也可实行不同的税率。因此，当时县里对征税有较大的裁量权。实际农业税负取决于政府征粮数量和粮食总产量两大因素。农业税按照粮食产量估计数征收，高估产量，会导致税率大幅上升。再加上地方附加税、战备粮、灾荒粮等额外征收，产粮区的实际税率超过名义税率。

本县产粮区的粮食征收数量高，当然税率也就很高。但农民并不知晓如何确定农业税，公社通知缴纳多少便如数上缴。彝族居住的山区则基本不征收或仅只象征性征收，国家还定期大量向彝族山民返销粮食。所谓"返销"，并不需付钱，而是无偿补贴。越西县的征收粮与返销粮先在县内平衡后，再调出粮食。在国民经济极为困难的条件下，每年省里都向凉山州运入大量粮食补贴山区贫困彝族群众，这是国家对少数民族关怀与帮助的具体体现。凉山领导则觉得工作没有做好，希望尽快摆脱落后状态，在本地产粮县多征收补贴山区，少从外地调入粮食。作为凉山少有的产粮县，本县书记的关注重点当然是粮食总产量和征收粮食数量的高低。多调出粮食的书记就是好书记。

县委书记经常下乡检查工作。大山之中的区社路程甚远，许多地方不通公路，来回费时。曾有几次，书记到现场听取区社领导汇报后，便驱车离去；把我留在乡里，代替他蹲点调查、核实与了解情况，数天后我自行返回。一日，县委办公室主任问我，为啥只见书记外出、不见我相随？我便如实汇报。主任沉吟片刻说道，这样不行，你必须跟书记下乡，不得拉下。并告诉我，他直接给书记讲。主任精明能干，熟悉程序，是经历过多任县委书记的老秘书。以后，再未出现这种情形。

高寒山区的生活困顿。某日，我跟随县委书记到一个高山彝族公社进行调研。会后，公社同志想搞点好吃的东西。伙房空空如也。几位同志出门许久后，方从老乡那里收来三四十个鸡蛋，倾倒了仅有的小半瓶菜油煎炒。油少蛋多，全部烧糊，只得再加上一大瓢水煮。鸡蛋端上来苦且焦，大家仍吃得津津有味。

## 四　大学之路

在生活和精神双重贫困下，读书成为我的主要乐趣。看了一堆杂书后，关注点转向政治经济学、哲学和历史。当时的自学并无实用价值，只是觉得人必须会思考，此生不可变成活工具。我还拟定了一个读书计划，下乡插队和上山社教期间，都随身带一个累赘书箱，装满诸如斯密的《国富论》、李嘉图的《政治经济学及赋税原理》、马克思的《资本论》、黑格尔的《小逻辑》等枯燥书籍。回首艰难岁月，曾经有多少回挑灯执卷的思索，多少次夜空眺望的迷惘，多少遍闻鸡而起的奋发！

那是一个经济几乎破产、思想高度桎梏、极端专横反智、没有任何希望的年代。"昼间谋稻粱，夜里会先贤。"这是许多当时并未谋面、以后成为大学同学所共同的经历。许许多多不愿沉沦的青年，尽管不知道未来的命运，为求知本能所驱使，仍在愚昧笼罩的黑暗中摸索。我们那一代失去机会、流落山野、远离文明的年轻人能够坚持自学的可贵之处，就是保持了与人类文化的一缕香火联系。

自我学习有很大的缺陷。方法大都是信马由缰读书，见到精彩文字，击节称叹，划上不同深浅的横线，用极有限的经历去印证、揣摩微言大义；然后，写下心得笔记及学习文章。在信息极度封闭的环境下，政治威权认可的叙事和推论被等同于自然公理，单纯的年轻人极易陷入被预设的排他集体幻觉死胡同。生活常识与虚构假设的巨大反差，常常使我迷茫与困惑。

在卡哈洛区社教期间，我结识了两位亦师亦友的同志。其中一位出生于川中地主家庭，60 年代中期与大学无缘，只得远走蛮荒，在大山深处的彝寨教书；十几年的艰苦锻炼和很高的文字功力终于得到认可，破例抽调为州政府干部。另一位则家境贫寒，自小擅长绘画，常为县城电影队自创海报补贴家用；"文化大革命"前考入四川美院，后分到凉山文化局，创作的系列版画在国外巡展获得好评。两位同志分别担任不同公社工作队的秘书。每月初，分团部都将分散在各公社的工作队同志召回集中学习汇报；对我来说，则是向这两位同志私下请教和交流的机会。在金沙江畔简陋的小客栈里，我们经常彻夜长谈，既有海阔天空神聊，也就现实话题探讨。他们的阅历与见识特别是身处逆境而自强不息的精神对我启发良多。

1976—1977 年发生的巨大变局终于使中国开始走向正常社会。1977 年 10 月 21 日，《人民日报》头版头条发表《高等学校招生进行重大改革》一文，公布国务院决定，将于 12 月在全国范围内进行考试；鉴于时间紧迫，各省自行命题并安排考试日期。坚冰从此打破，苦难的一代终于看到了希望。欣喜之后，我立即报名。报名时需要提前填写申请学校和专业。招生的学校及专业寥寥可数。当时，根本不懂如何填报学校。我怀着仰慕和渴望，填了北大、南开、武大、川大四所大学的政治经济学专业。实际上，这几所大学不宜同时申请，如果其中一所拒绝，材料不可能再转送其他三家。

这是一次史无前例且空前绝后的高考。它不仅有连续累积了 11

年、岁数差异很大的 570 万考生参考；也不仅是由于时间急迫、各省自行出考题。它与之前及以后的高考最大的不同在于，来自社会基层和生产一线的应考者仓促上阵，参加了一场既无法准备也不知道如何准备的考试。

报名之后，却没有时间备考。县委办公室工作头绪多，分兵把口，各守一摊，很难请假。此时，恰好领导交代下来一个任务。原来一位彝族老红军退休后，回原籍居住。他是 1935 年 5 月红一方面军十一团途径越西时，参军长征，延安时期在中央警卫团工作。作为少数民族红军代表，前不久被邀请到京参加"毛主席纪念堂"的开工奠基仪式。为此，四川日报特向该老红军约稿。办公室主任指定我帮助他写一篇回忆文章，给了两周时间撰写。我对老红军访谈后，几天内就写出了稿子，正好利用剩下的十余天准备考试。

有了时间，却不知道如何准备应考。和所有报考的年轻人一样，我也为没有复习材料发愁；而且，边陲小县则更难找到资料，只好利用与考试科目沾边的书籍。时间仓促，怎么办？四门考试中，自我感觉对语文与政治的内容相对熟悉，暂且放下；历史地理内容繁杂，快速浏览范文澜的《中国通史简编》和周一良的《世界通史》，对照中国地图和世界地图强记国度、地名、山川、河流；数学最难准备，我向一位中学老师请教，如何速成复习。他的回答直截了当："时间太短，没有办法。"只得找出当时的初高中数学课本，仅来得及通读一遍公式与例题。

四川的高考日期安排在 12 月 7—9 日三天。第一天的考试安排为上午考语文，下午考数学；第二天上午政治，下午文科考历史与地理、理科则考物理与化学；第三天上午外语考生加试英文。考试前一天，考生们纷纷去设在越西城关小学的考场实地踩点。教室破旧、土墙斑驳，窗户低矮，门都上了锁、贴着封条，有工作人员严加守护。考生可以查找贴着自己准考号的教室，提前熟悉环境，避免开考时找错地方发生混乱。

12 月 7 日清晨，我和众多考生一道，提前来到考场，怀着搏击前的兴奋等待着。考前半个小时，监考老师验明身份后，大家鱼贯入场，端坐考位。平常小学生用的一张课桌设置两个考位，两桌之间留出一米左右的通道。监考老师来回巡视，宣布纪律，发下密封考卷。考试开始的一声令下，只听窸窸窣窣的拆封声，旋即归于寂静。

考场的课桌与长凳为十来岁孩子身材打造，低矮且局促，不适合成年人，考生们都半趴在桌上答题；从后面望去，颇为滑稽。桌面有许多划痕，凹凸不平，答卷需小心，以免划破答卷。此时初冬气温已经很低，身着棉衣仍觉寒冷，手指僵硬，运笔不畅。不过，我写字速度快，这些都不是问题。考题一下就吸引了我的注意力。基础知识题简易，而作文题可发挥的空间很大。三小时很快过去，仍觉意犹未尽。下午数学考试题则很艰难，相当部分题目做到一半便卡住做不去。第二天上午的政治考试却十分顺畅，下午的历史地理考试亦无大碍。两天的高考匆匆结束。我已尽力而为，余下的唯有等待。

＊　＊　＊　＊　＊　＊　＊

1978 年 2 月末，我在大山环抱的一个成昆线小站，候车北上，投奔川大。晚到的列车终于进站。登车之前，回首眺望，只见一缕阳光穿破重重乌云，照亮了蜿蜒的河流、林间的村庄、远处的山冈。瞬间，眼前展现出一幅美妙的五彩画卷；顿时，心中充满了一股难言的如春暖意。我不由为之振奋，新的生活即将开始！

2017 年 5 月

**1979 年摄于川大大校门**

俞乔，1956 年出生，四川成都人。1974 年中学毕业后在普格县插队务农。后抽调为干部，在四川越西县委办公室工作。1977 年考入四川大学经济学系。此后赴美留学，获密西根州立大学经济学博士学位。曾在加里伯利大学经济系、新加坡国立大学经济系、复旦大学管理学院金融系任教。现为清华大学公共管理学院经济学教授。

# 难忘的高中岁月 迟到的高考机会

张美抒


## 一 难忘的高中学习岁月

我原是一个农村孩子，老家坐落在四川省资阳县（现资阳市）伍隍区付家乡鼓楼村，距区公所所在地伍隍场仅三里之遥。伍隍场历来是资阳县的文化区域，素有"下资阳"之称。解放以前，伍隍场就是远近闻名的大场镇了，它拥有一大批规模宏大的庙宇及古建筑群，其中比较出名的有伍隍庙、禹王宫、川主庙、南华宫、江西馆、刘家祠等，伍隍场便是因伍隍庙而得名。这些庙宇及古建筑群的建成年代现已无从考证，但在一个乡镇上同时保存这么多风格各异的庙宇及古建筑群确属罕见，它对于当地文化的影响是极为深远的，倘若能够完整保留下来，到现在也当属于珍稀文物了。后来，杨芳毓先生动议为乡梓造福，筹资将伍隍庙改建成为寿民中学，除原有建筑统称旧院用作师生生活设施外，新建了芳毓楼、新中楼以及东院作为主体教学设施。解放后人民政府将寿民中学保留下来，并将其更名为伍隍中学，相继重点投资建设，使之成为仅次于资阳中学的县级高完中。同时，将南华宫改成了区公所，将禹王宫及江西馆改为国家粮库，将川主庙改为生猪交易市场，将刘家祠改成伍隍中心小学。我的小学学业是在伍隍中心小学完成，中学生活则是在伍隍中学度过。

在经历初小、高小及初中的学习考试及毕业后，我于1963年幸运地考上了高中。当时，上高中被视为升大学的"正途"，竞争十分激烈，资阳县八区一镇共千余初中学子报考，仅招收高中新生200名，分别在资阳中学和伍隍中学就读。我成了伍隍中学高六六级新生。

高中原本为高考而设，所以一进高中就感受到浓郁的高考气息和严酷的竞争氛围。新生的学号是按升学考分的高低排序，两个班学子的划分则按升学考试总成绩的平均数决定，这意味着班级的起点一致，个人的差距分明。学校大张旗鼓地追求高考升学率，鼓励教师与教师竞争，学生与学生竞争。仅仅在开学典礼上，学校便让我们明白了高考是我们学习的终极目标，高考是我们成龙成蛇的分水岭，高考是我们成材或是成柴的试金石，高考是最终决定我们穿皮鞋或是穿草鞋的分界线！能否达到光辉的顶点，关键就在于这三年高中期间的努力程度了！起跑的信号枪在高中一开始便已经打响，国家需要人才，学校需要声誉，个人需要前途，三大合力形成巨大的压力和动力，推动着我们在学习的道路上不遗余力地前进。

三年的高中学习生活，说长不长，说短也不短，但总是那么紧张，那么刺激，那么压力山大！虽然教育倡导德智体全面发展，但是对于我们来说，唯有智力，才能算是真正的主体，唯有靠智力的超常发挥，才能过关斩将，到达光辉的彼岸！毕竟三年后将参加至少 60 万人以上的大会考，即便当年可以招收大学生 20 万人，一个人至少也要考过 40 万人方能入围！故此，每天心中无它，唯有学习、学习、再学习！真是背不完的书、看不完的资料、记不完的公式、做不完的题啊！

我基础稍差，只能笨鸟先飞，每天除学校安排的常规学习之外，晚上则偷偷蹓回家里加班。自己给自己制订了严密的学习计划，严格要求自己每天睡觉时间不得超过四个小时，除主体时间全部用于钻研功课外，走路时必念英语，吃饭时必想数理，其他还得挤时间温习时事政治……真是难忘的高中岁月、实在的青春无悔啊！苦战了一千多个日日夜夜，虽然极其艰辛，却活得格外充实，一步一个脚印，坚定不移地朝着梦里目标奋进。通过学校、老师的不懈努力加上学生的一致拼搏，最终取得了良好的教学效果，学生整体以优异成绩通过了高中毕业考试，我个人也跻身于优秀学生行列，剩下的便是直奔主题，义无反顾地向高考冲刺了。学校看好我们这一届毕业生，老师也看好我们这一届毕业生！对于高考的如期到来，学生盼望着，学校期待着，家长也期盼着！

## 二　迟到的高考机会

正当高考一切准备就绪，时隔一周即将进入考场的时候，"文化大革命"全面展开了。我们的高中阶段延续了三年，直到1969年才领到高中毕业证，然后回乡接受贫下中农再教育。尽管那时高考之心不死，但高考事实上已经是遥遥无期。放下知识青年的身段，参加生产队的农业劳动，尽管每天都会出一身汗，滚一身泥，沾一身粪，只要习惯就好，20多岁的人了，到底能够自食其力了。况且能与老父老母相依为命，倒也是其乐融融。有时间还可以翻翻高中课本，说不准什么时候就有机会来了呢！

不知不觉两年过去了，高考意识越来越淡，农民意识越来越浓，若不是一系列意外发生，我想怕真是一门心思扎根农村当农民了。直到有一天接到公社的通知，说是伍隍中心小学有一位女教师小产了，安排我立即前往代课。真是救课如救火，我立马前往并立即全副身心地投入代课教学，未曾想高中学识居然第一次派上了正规的用场。更未曾想到的是在我代课期间，中央突然下达了一个文件，明确规定在全国范围内，凡是在1971年年底以前参加工作的临时工、合同工，一律转为正式工。我居然代十多天课就转正，成了全民所有制的小学教师。有了正式工作，生活安定了，一颗心也随之安定下来，对于参考大学的期盼也没有以前那么强烈了。

年轻教师是需要到艰苦的地方工作的，我几乎每年都要被调换到一所边远小学任教，这既是一种挑战，也是一种磨炼。我人年轻，吃苦耐劳都不算什么，唯一令我放心不下的是老父老母住在农村老家，无人照顾，但学校有学校的规矩，正所谓忠孝不能两全，只好走到哪里算哪里。到1971年7月，我71岁的母亲因心脏病去世，悲痛之余，为了照顾年迈父亲的生活起居，我毅然决定在农村安家，娶了一位农村姑娘，由她代我照顾父亲。至此，大学梦便算与我真的绝缘了。到1977年时，我已入党、提干（当了小学的教导主任），并已经是两个孩子的父亲。家里添了小孩，于是将老岳母接来一道生活，互相照顾，要是没有意外事件发生，一家人恐怕就是这样平淡地一直生活下去了。

未曾想到1977年9月教育部在北京召开了全国高等学校招生工作会议，决定恢复已经停止了11年的全国高等院校招生考试。乍一听这消息时，心中虽有激动，也仅仅是为有条件参加高考的学子们感到欣慰，毕竟物是人非，我早已失去高考的资格，就算一抹春风吹皱了一池春水，又干我何事？事不关己，高高挂起，于是班照样上，书照样教，工作照样做。直到有一天回中学参加函授学习时，碰见老班主任文国才老师，他满是关切地突然问道：小张啊，复习得怎么样了？我当时一愣：复习什么啊？他更是一脸惊诧：啊，都恢复高考了，你不准备参加呀？我还有资格参加高考吗？文老师有没有搞错？一听我的话，看我的样子，文老师马上焦急起来：看看你，咋个这样大意啊，你认真看过招生文件没有？这次小平同志亲自主持了招生改革，对考生既是年龄放宽，又是婚否不限，尤其对你们老三届的还要注意招收。满五年工龄的还可以带薪学习，你可不能辜负了这番好意进而浪费了这次千载难逢的机会啊！赶紧回去复习准备，已经时不我待了！一下子，文老师的话如醍醐灌顶，让我仿佛从梦中醒来，立马去找文件仔细研读起来。啊，当真是，期盼了11年的高考终于回来，各项优惠条款已为我们量身定做，圆梦的机会到了，说啥也不能放弃这次机会啊！再留意高考的时期，屈指一算，已只剩18天。虽然深悔这些日子的不经心，以至于无端浪费了这么多的复习时间，但是已无暇多想，赶紧准备高考教材，收集各类复习资料，充分利用18个晚上（白天还得照常上班）重操11年前挑灯备考的旧业，再次将每天的睡觉时间定格在四个小时以内，为了高考，拼了！

一生最紧张的18天终于过去，高考也如期进行，一切都是那样井然有序，只是与11年前不同的是，那时的高考考场统一设在简阳，这次由于是积压了十多年的高中毕业生汇集一堂，人数实在太多，考场需求量太大了，只有就近安排。简阳、资阳，甚至连伍隍中学都不用去，我们就近被安排在伍隍中心小学教室里考试。在小学的教室里考大学，到现在想来都觉得好笑！凭借老师、亲友们的支持和帮助，凭借 11 年前就打下的坚实基础，凭借 18 个晚上的拼命复习，我十分顺利地通过了考试。大致数学考得最好，语文、政治考得不错，历史地理考得一般，加试英语算差强人意，总体情况还是令人满意。但考完后经过同学的提醒，我才发现自己在填报高考志愿时犯了一个致命的错误，那就是所有志愿都是填报的英语专业，尤其第一志愿是填的四川大学外语系英语专业，原因是自己对英语专业有着一种特殊的偏好！填报志愿时只想着如何圆梦，偏就忽略了英语专业对考生年龄的年轻化要求，我参考时已经 29 岁，这种年龄考外语实在不妥！当时我的情绪一下子降低到了冰点，不断拍打自己的脑袋瓜子，咋会这样糊涂？不过懊恼两天也就想通了。能参加考试已是福气，考不考得上靠运气，虽无所得，亦无所失，何悲之有？

### 三　意外惊喜

高考之后，一切恢复正常，班照样上，课照样教。由于忙，便把高考的事遗忘了，一段时间过后，突然接到高考体检通知，我的名字正好列在全区体检考生名册的第一位，这又让我着实兴奋和激动了一番，但始终认为自己填坏了志愿，一时也不敢抱太大的希望。只是出于对组织的尊重，我随同其他通知参检的考生坐上解放牌大货车，前往资阳县医院进行了体检。随后，当自己慢慢调整好心态，不再胡思乱想的时候，偏偏惊喜就来了。记得那是 1977 年寒假中临近春节的一天，我正好在家午休时，朦胧中被隔壁的农家小哥叫醒，说是叫我立刻去公社领通知，我问他领什么通知，他回答说是六级通知。"什么？通知还分级别？"我百思不得其解，我立刻起身前往公社，一路都在想这个奇怪的六级通知，最后，头脑中突然灵光一闪，该不会是录取通知吧？果不其然，六级通知是误传，公社叫我到区邮政局领取大学录取通知书。

从邮递员手中接过录取通知书，我一下子全身沸腾了，哇！真是四川大学，我真的被四川大学录取，梦想成真，真的好幸运啊！急忙抽出通知一看，却又傻眼了，咋不是我报考的英语系英语专业？怎么是经济系政治经济学专业？有没有搞错？惊愕之后，我想起来了，当初填报高考志愿时我曾在"愿否服从组织调配"一栏中填报了"愿意"两个字。应该是这两个字在关键时刻给我的升学带来了一线生机！政治经济学也不错呀！哈……我想开怀大笑，但突然笑不出来了，反而是一眶眼泪往下掉。是啊，来不及高兴就从梦中回到现实，大学录取通知虽然到手，梦是可以圆了，但现在的我已不再是 11 年前的我，那时的我可以无牵无挂，勇往直前。而现在的我已经成家立业，肩负着太多的道义和责任，家中年迈的父亲和岳母需要照顾，两个幼子需要照料和呵护，苦苦撑持家庭的农村妻子也离不开帮助，再加上单位组织多年的培养和期待，手上还有那么多待续的工作。所有这些，能让我屁股一拍抽身就走了吗？唉！这算哪门子事嘛！当初该读书的时候无书可读，现在不该读书的时候偏偏又来了机会，这大学是能上还是不能上？这梦是能圆还是不能圆？能由我一个人说了算吗？我该怎么办？怎么办？我无数遍地在问自己，顿时觉得手中的川大录取通知书变得沉重起来！是啊，该回去同大家商量商量，合计合计了！……

2017 年 5 月 23 日

摄于 1977 年

张美抒，四川资阳人，1948 年出生。1966 年于资阳伍隍中学高中毕业，1977 年参加高考，1978 年进入四川大学经济系政治经济学本科专业学习。毕业后分配到内江地区计委，从事经济计划工作。1984 年调往宜宾地委党校，从事干部教育工作，任党校教务处副处长、党校副校长。1998 年调往宜宾广播电视大学，任校长。

# 下　篇

长春光机学院 7703 班回忆

1978 年 7703 班同学参加学院文艺演出

大学期间南湖滑冰课上的部分同学

1982 年 1 月 7703 班毕业合影

2012 年 11 月合影，摄于成都青城山

# 从大柴湖游向知识的海洋

陈雪娟

1977 年 12 月 5 日的清晨，正是暮冬时节，万木萧疏。天还没亮，黎明前的大地是那样宁静，只能察觉到我们这些考生自己激动的心跳声。一阵马达的轰鸣，划破了天地间的寂静，一辆军用卡车，从湖北省钟祥县（现钟祥市）大柴湖青年农场匆匆出发，送我们这批知青去大柴湖公社的考场参加高考。这是我们改变人生的重要机遇。为了让我们吃饱上考场，炊事班的同志们凌晨 4 点半起床，给我们做早餐，还多蒸一袋面（50 斤）的馒头，给我们每个考生发两个馒头当午餐。

下车了，我们踏着枯枝碎草，怀着时不我待、奋力一搏的心情，快步走向简陋且神圣的农村考场，当时心里直嘀咕，这书都没看完一遍就上场，能行吗？等拿到试卷，才安下心来，幸好当年考的全是最基本的概念题，没有传说中的难题、怪题。记得数学最后一道 20 分的题是二元一次方程，友平用代数的方法解答，我用几何的方法得出同样答案。这一幕在物理复习中也曾有过，当时老师出了一道题，我和友平用不同的解法做对了，得到了老师的赞扬和鼓励，语文的作文题是"学雷锋的故事"，可由于慌乱，不少人看成了"雷锋的故事"，答错了题。

我是 1975 年秋去的农场，当时知识青年下乡政策发生了大的变化，每年的高中应届毕业生由原来随学校插队落户改为由家长单位派遣干部集体安置。1974 年，武汉军区后勤部在钟祥大柴湖后勤农场的土地中划拨了 1120 亩地，组建了大柴湖青年农场，农场的主体是后勤部人员的子女，每年单位派四名现役军人到农场带队，同时县里安排了 9 名贫下中农代表教我们干农活。知青生活上是工分制，先每月每人发 9 元生活费，年终再结算。当时每餐饭的素菜 1 分钱一盘，可以买半盘，一分钱买两个菜。自己种的菜，怎么做都好吃。我们农场人才济济，记得夏天收工后，大家都坐在自建的平房宿舍门前乘凉，由两台手风琴起音，吹拉弹唱，好不热闹。县里 1976 年召开农业学大寨会议，通知我们农场准备一台一个多小时的节目去演出。我们唱了长征组歌全曲，还创作了对口词、三句半等节目。可惜这些自己写的稿件都已丢失，唯有我在 1977 年当团总支宣传委员时，收集了大家的诗作，油印了两本诗集《茁壮》和《火花》，算是留下了一批作品。几十年后再聚会时，很多人都惊喜地从诗集中发现了自己当年的习作、农场的生活。总是有热闹的时候，那一夜，白天还说发现了狼，要吃我们养的猪，通知大家准备好棍棒，听见喊声就去打狼，半夜听见声音，大家迅速起身，迷迷糊糊地冲向猪圈，没见着狼，再一回头，食堂火光冲天，又赶着去救火，但来不及了，我们食堂做饭烧的全是麦秸秆、棉花梗等易燃物。机耕队的人跳上屋顶，把屋瓦掀开，进行物理隔离，免得殃及。场领导听说起火，吓得腿都软了，说里面还住了人呐。万幸的是，住在里面的玖娥和振平前两天搬出来了，躲过一劫。食堂被烧了个精光，只好另起炉灶。几十年后再相逢时，当年的几个坏小子才把他们半夜摸到食堂做吃的但引发火灾的细节公布于众。在大柴湖的两年时间非常短暂，却是我生命中重要的一段时光。我人生的几件大事都发生在此，在农场的小道上与羊打架，摔断了腿，在这里入了党，考上了大学。每到夜深人静时，当年斑驳的时光总是叠叠错错地浮现在脑海里，留下了我一生无法泯灭的印痕。

1977 年 10 月，党中央给我们送来了喜讯，决定恢复高考。大家奔走相告，纷纷表示想请假回武汉复习参加高考。场部领导经商量后，发通知一个都不准假，要求大家在农场坚持生产，只能休息时复习，否则正值秋收冬播时期，没人收割耕种，大豆、棉花、芝麻等就会烂在地里，冬小麦也播不下去。就这样，我们白天干农活，晚上才能匆匆翻书，偏偏碰上当年是纪念苏联革命胜利 60 周年，农场场部放了不少苏联影片，对我们诱惑极大，每次都要纠结半天，是看电影，还是复习。农场虽然不让我们回去复习，但还是尽量给我们的复习提供帮助，于 10 月 27 日请了建工学院的曾宪义老师来帮我们复习数学，请了一个姓谭的老师帮我们补物理，每门课都讲一整天，同时给每个考生发了十几支军用蜡烛，供我们晚上熄灯后复习用。在填报志愿时，大家对学校、专业没有概念，只听说学好数理化，走遍天下都不怕，大家全都报的理工科，我妈妈因在建筑设计院工作，来信一再让我报考武汉的城建学院，去学建筑，可我一心想走远点，去看看外面的世界，对父亲的家乡林海雪原充满好奇。所以，第一志愿随手填了北方的一所学校，也就是我后来就读的学校——长春光学精密机械学院，与友平填的同专业不同学校。当时我不知道的是，这是一所隶属于兵器工业部的学校，毕业后，同学们大都去了全国各地的兵工厂，有的在深山中做炮弹，我也去了湖北宜都大山中的二三八厂。

在递交报名表的最后时刻，农场的很多知青因为听说武汉的年轻人复习条件好，补习班遍地开花，做了许多的难题，对自己没自信，纷纷将报考大专的志愿改成了中专，等考上中专后又很后悔，当初为什么要放弃考大学呢？由此，我得到了人生中一个重要的启示，那就是任何机会都是上帝给我们的礼物，不能拒绝，首先不能自己放弃，努力过，试过，哪怕结果不如意，起码不会有后悔和遗憾。

考完后，碰上有招工的机会，我于 1977 年年底回武汉进了金刚石厂。1978 年年初公布初试名单，头一天在钟祥一中张榜，第二天就要求到公社医院参加体检。时间只有一天，多亏当时在县知青办工作的刘成璧及时电话通知我们，否则等通知到农场再告诉我们，就很可能错过了机会，回想这一幕还挺惊险的。1978 年 3 月 1 日，农场的张洪亮给我带回了入学通知书，当时他们从农场当兵的一批 12 个男生回武汉，李明、李伟平都穿着军装来送我，顿时觉得他们好神气。那两年从农场走出去的一批入军营的血性男儿有一部分参加了对越反击战，军人的后代，在祖国需要的时候，理应义不容辞地奔赴战场。所幸的是，他们中除了有人负伤，全都安全从战场返回，从战火硝烟中走出的战士，永远是我心目中最可爱的人。

3 月 5 日，我随着火车的一声长鸣到长春去学校报到，3 月 17

日，学校正式开课。我这个从大柴湖游出的丑小鸭，又游到了知识海洋的大门口，站在了人生新的起点。新的生活开始了。

2017 年 3 月 31 日于武汉

（右一）1975 年摄于大柴湖青年农场

陈雪娟，武汉人，1957 年出生。1975 年高中毕业后下放到湖北省钟祥县大柴湖青年农场，1977 年参加高考，进入长春光学精密机械学院精密仪器制造工艺及设备专业学习。1982 年分配至湖北宜都二三八厂技术科工作。1986 年调到武汉市科学技术委员会工作，直至退休。

# 难忘1977

房春虎

1977年距今过去整整40年了。这一年恢复停止了十多年的全国高等院校招生考试，以统一考试、择优录取的方式选拔人才上大学。全国有570多万人报名，经过考试，以4.7%的录取率，27万多人有幸被录取上大学。

此前，高等院校及中专学校招生采取"群众推荐、领导批准"的办法，选拔工农兵学员上大学。像我们这些中学毕业返乡的农家子弟，想再上学根本没有希望。

1977年10月恢复高考的消息传来，无论是"老三届"毕业生，还是"文化大革命"期间复课后上学的高中、初中毕业生（有的参加了工作、参了军，有的插队，有的返乡，年龄大者已30多岁，小者20岁左右）及当年的应届毕业生，都可以一起报名参加考试。这无疑给我们这一代中学期间没能安心学习、毕业后各奔前程的千百万知识青年，提供了重新选择人生道路的机会。

恢复高考第一年，考题由各省自行统一出题，考试时间基本安排在12月11—13日。我们县教育局为了本县有更多的有志青年能考上大学，指示全县的三个高级中学利用星期天办高考补习班，为报考大学的有志青年义务讲授复习功课。

当时，村里报名参加高考的只有我一人。为了准备高考，每逢星期天，天还没亮我就起身赶路，去我上中学的母校——店头中学听课。沿途要翻一道沟，再跨过仓村塬，下了"石头坡"，步行20余里，到达位于沮河川的店头古镇。早晨八点到中学，上午听两节课，下午听两节课。中午吃饭，喝白开水，啃些自己带的馍。听的课程主要是理科班的数学、物理、化学，其次是政治、语文。下午六点课程结束，又赶回家，到家时也晚上八点多了。那时可真是早出晚归，披星戴月，孤单一人，不畏艰难，锲而不舍，前后听了七八次课。那年，我在村里的小学当临时代课教师，星期一至星期六还得给学生上课。好在我的另一位同事蔡老师帮我承担了一部分教学工作，替我批改学生作业。这样白天加上晚上的时间，每天能有五六个小时的时间复习功课。70 年代的农村，交通不便，消息闭塞，我只能靠手上仅有的几本残缺不全的中学课本，几十页手抄的或找人要来的油印资料来复习，所以不可能系统完整地对过去中学所学的知识复习一遍。

经过近两月的艰难准备，12 月在黄陵中学，我参加了 1977 年陕西省高等院校招生考试，考试课程有政治、语文、数学、理化。考试结束，我感觉政治、语文答的还可以，这可能与平时自己喜欢看小说和报纸有关，尤其在任教的小学，可以经常看到新的报纸、杂志，了解时事政治。尽管自己上中学时学习成绩在年级名列前茅，但数学、理化只能答出少部分题，其中的一些考题知识过去根本没学过。上中学期间，大部分时间用来学习毛主席著作，学工、学农、学军，每学期的数理化课从来就没上完过，况且高中毕业回农村已四年，学的知识也有所忘记，觉得考的不理想也是必然结果。回到村里，继续在小学教课。大概过了月余，突然接到通知，让我第二天早晨八点到县医院参加体检。我们仓村公社参加高考的考生大约 30 名，通知体检的只有两名，另一名是在石家崄村插队的我们中学韩校长的儿子韩张勋。当天下午，太阳即将落山，我翻过山沟，傍晚时赶到石家崄村，找到韩张勋和他结伴连夜赶往县城，走了 30 多里路，到县上已经半夜十二点。我有个堂兄在城关派出所工作，我去那凑合住了一宿。第二天，到县医院检查完身体，领了张报考学校的志愿表，也不知道自己考了多少分，也没人通知，稀里糊涂填报了北京航空学院、南京航空学院、西北大学，并选了服从分配。当时觉得能让体检，说明考试成绩还行，心想，说不定还能被哪个学校录取。我们高中有好多同学报考了中专学校，通知体检的倒不少。

1978 年春节即将来临，我和家人正在忙着打扫屋里屋外卫生，收拾东西，公社邮递员送来了上大学的通知书。我被长春光学精密机械学院精密仪器制造工艺及设备专业录取，这意外的喜讯，给我们全家带来了少有的欢乐。尤其我的母亲特别高兴，她老人家是名普通农村妇女，解放前上过学堂，知书达理，重视子女上学。但我们兄弟姐妹中只有我一人最终学有所成，实现了母亲的殷切心愿，圆了我自己期盼的大学梦。

1977 年是我人生命运转折的一年、难忘的一年。回忆起当年不免感慨万千：岁月流逝，40 年已过，共和国变化天翻地覆，我们这一代曾亲历目睹。昔日同学四海为家，成就人生不尽相同，有苦有乐不枉一世，愿明日人人生活快乐、身体健康。

## 后记

过完春节，已是阳历 1978 年 2 月份。2 月 23 日，我身背简单行装，告别了父母乡亲，告别生活了 23 年的西北黄土高原，与考上山海关铁路桥梁学校的同一公社南河寨村的马广全结伴，在店头搭了辆解放牌拉煤车，中午到达煤城铜川，买了张到长春的火车通票，下午到了省城西安，中转签字乘 136 次列车第二天晚上到达首都北京，下车后签了次日去长春的车，在车站旅客住宿介绍处办理了住宿证明。当晚住在前门大街一个巷子里的旅馆，第二天早晨起来才知道这里紧临天安门广场。因为乘的是下午的火车，就高高兴兴地逛了天安门广场，又到故宫游览了一圈。25 日下午在北京站乘开往东北的一列普通火车，于 26 日凌晨抵达长春。学校在火车站设有新生接待站，按接待站贴的纸条留言，乘这趟车来自关内的我们几名新生，到站前的一家旅社休息等待。天亮了，眼望冰天雪地，银装素裹的北国冰城，冒着刺骨寒风，我们坐上学校的接站车，沿斯大林大街（现在的人民大街）驶向学校地点卫星路。跨进了长春光机学院大门，从此，开始了我的四年大学生活。

2017 年 3 月 12 日于西安

**1977 年高考准考证上的照片**

房春虎，陕西黄陵人，生于 1955 年。1973 年高中毕业返乡务农，1976 年在农村小学任临时代课教师。1977 年参加高考，进入长春光学精密机械学院一系精密仪器制造工艺及设备专业学习。1982 年毕业分配到五机部（现中国兵器工业集团公司）西安第二一二研究所工作，从事引信技术研究，研究员。

# 我的大学之路

高慧琴

岁月如梭，时光飞度，转眼间恢复高考制度已经过了 40 个年头，当年那振奋人心的喜悦至今记忆犹新。这一历史事件彻底改变了我的人生轨迹，使一个从未有过大学梦想的山村姑娘意外地闯入大学之门。接到李安泰同学通知，要我写一篇有关 1977 年恢复高考的回忆录。联想到我的个人经历和大学之路，不能不从儿时写起。

## 儿时的梦想

我出生在一个不足 200 人的小山村，村中没有学校，7 岁多便到两公里之外的邻村读小学，由于身体弱小，每天只有小跑才能跟得上一起上下学的同学们，幸亏那时的书包不是很沉重，里面只装了两本书——语文、算术，还有一块石板和几根石笔。我的记忆里学校只有两间教室，好像最高是四年级，五年级就要到更远的地方去读。也不知道学校是怎么安排的，反正我们一年级新生没有教室，暂时借用一间农家的磨棚，自带小板凳，石板放在膝盖上写字。到了二年级又搬到了一个大一点的石窑上课，在这个教室里还有三年级的学生，由一个老师负责，给我们讲课的时候，让他们上自习，给他们讲课时我们上自习（实际上就是玩），也没有课程表。有时一位男老师带我们在院里（石窑顶上）走走队，应该算是体育课吧，使我们学会了齐步走、稍息、立正、左右转等动作。为了活跃课堂气氛，偶尔也让喜欢唱歌的同学教我们唱革命歌曲。

后来学校迁了新址，扩建了校舍，大概是我们三年级的时候正式进入了"山前小学"，有了自己的教室。黑板是水泥抹平再刷上黑墨，课桌也是水泥预制板搭在土坯垒砌的台子上，自带板凳。教室的一角有一个土坯炉子，用于冬天生火取暖，但那点热量远远达不到暖和的效果，记得小时候冻伤手脚是常有的事，甚至有时脸蛋也会冻伤。尽管条件艰苦，但课程设置相对正规多了，有了专职的体育老师，五年级的时候又增加了科学常识和政治课。可直到小学毕业也没有上过美术课，也没记得有过专职的音乐老师。那个时候学校最大的领导是"管校的"（管理学校的贫下中农，"管校的"是大家对他的尊称），他应该是我们大队最穷最革命的，当过兵，好像也没什么文化，有时也给我们代代体育课。

农田不忙的时候，村里的妇女们会聚集在一起做针线活，有时候孩子们也凑在跟前听她们聊天。有一天，她们在聊女人到底做什么工作最好，一位邻居大嫂说"在县城洋布棚里卖洋布不错，既轻闲干净又不受风吹日晒"，她鼓励我"好好学习吧，将来有本事了，到城里洋布棚里卖洋布多好呀"。大家都笑了。"到城里卖洋布"怎么可能轮到我们这样的老百姓呀？偶尔跟着大人到县城里赶集，每次走到卖布的地方，我都不由自主地停下脚步多看几眼，这样的工作着实令人羡慕。从那以后"卖洋布的售货员"总在我的脑海里挥之不去，难道这就是人们常说的"梦想"或是"奢望"？

并不富裕的童年是快乐的，那时候没有太多的娱乐活动，经常是吃过晚饭，母亲收拾家务，父亲带着我们几个孩子讲故事，念小曲，算算术题。那些淳朴幽默的民间题目——什么几个人几个馒头啦、几个动物几条腿啦、几个瓶子几斤油啦、几个长工几间房啦，等等，都用顺口溜或打油诗的形式表达出来，很有意思，很能激发孩子们的思考，后来在儿子小学奥林匹克数学课本上常见到类似的题目，或许是这种"启蒙"教育使我们姊妹的数学成绩都不错。1972 年年底小学毕业，完成了我人生第一阶段的学习，拥有了我们这个家族的最高学历。

## 梦想的升华

春节过后，我踏入公社的最高学府——故城中学读初中，离家有七八公里，这所学校比较正规，课程设置也规范，还有一些师范院校毕业的公办教师，兼上音乐和外语课的老师是北京下放过来的"臭老九"，北大毕业。当年全国的形势都有所好转，文化课的学习也得到民众和领导的重视。父亲倾全家之财力给我买了一辆自行车，使我每天上学不那么辛苦，我也对未来几年的学习充满了信心和希望。

但是来自山前小学的学生整体素质和学习成绩都比较差，总是被人瞧不起，同学们经常拿生活环境来取笑我们，我感到极度的自卑和无奈，只能把精力投入学习当中，根本不敢参与抛头露面的文体活动。我的课堂表现不错，经常受到老师的表扬，慢慢也得到了同学们的认可，当然也激发了自己学习的热情。但是好景不长，当我们刚学完 26 个英文字母，跟着老师朗读"Long Live Chairman Mao；Long Live the Communist Party"的时候，出了马振扶公社中学事件，学校从此取消了英语课。

升高中又是一个难题，当年公社中学计划招两个班，学生不需要升学考试，但必须经过大队党支部推荐，政审过关。在我们那个由四个自然村组成的生产大队，在有限的名额中，没有我的名字，我该怎么办，小小的年纪就要到农田里干活挣工分？前途一片渺茫，又一次陷入恐慌和无奈之中……突然有一天好消息传来，应师生要求，公社党委决定再扩招一个班，我也有幸升入了高中。刚好 1975 年邓小平出来主持中央工作，大家又开始重视知识、重视学习了，公社党委决定将公社中学迁至太行山脚下，同时在那里开发一个农场，兼做学校实践基地。记得当时学校的各个文艺队、体育队继续活动，他们不用参加劳动。在这种学不到知识、看不到未来的状况下，能在县城或社直单位找到工作的同学都陆续离开了学校，还有一部分同学在家长的怂恿下干脆退学回家务农挣工分了。只有我们这些学生还在学校坚持着。

春雷一声震天响，党中央一举粉碎了"四人帮"。国内各行各业的形势有了好转，学校也开始重视文化课了，我们的班委会也做了调整，我有幸担任了学习委员。在高二的下半年，学校出现了一些状况，几名年轻教师陆续离开了学校找到更合适工作或返城，师资力量严重不足。学校研究决定优先保证高二年级的教师，再抽几名高二的学生给高一代课，作为学习委员的我被选中。面对这样的机会，我犹疑了，很多高一的知识，自己都没学会，怎么去教人家，况且高一年级中有一些曾经是我的同学留级下去的。我不敢接受这样的挑战，又舍不得放弃这难得的机会，在班主任老师的命令和鼓励下，硬着头皮，抱着试试看的心态接受了这个任务。我请求教自己擅长的数学课，但已有人选，便安排我担任化学课程的教师。还好，班主任是教化学的，先向他学习，再备课、上课，基本上是现买现卖。第一次上课，教室里除了学生还有两位听课老师，一上讲台，整个人都蒙了，40分钟里不知道自己讲了些什么。课后两位老师耐心地给予了点评和指导，更多的是鼓励。第二次进教室就轻松多了，效果自然也有所提高。突然觉得我能完成这项任务。随着教学进程的推进，感觉越来越顺手了，同时也受到了学校和同学们的肯定与好评。由此，我萌生了自己真正的梦想——做一名乡村教师，一辈子站在讲台上给学生上课。

有了梦想，就有了动力，那一学期我非常努力地学习、工作，1976年年底顺利高中毕业，同时也圆满完成了代课任务。次年被学校录用为民办教师，也算是为实现自己梦想有了一个良好的开端。我要努力学习、工作，争取早日转正为公办教师，为党的教育事业贡献力量。当年我每天可以挣10个工分，每个月还有15块钱的生活补贴，算是当地的高薪了。

## 意外闯入大学之门

"大学"对于我来说是一个遥远而神秘的地方，1977年之前从来没有奢望过自己能有机会读大学。尽管1976年粉碎"四人帮"后不断有"恢复高考"的小道消息流传，但仍不敢相信，总觉着"大学"与我"无缘"。然而在1977年10月的一天，国内各大媒体都公布了一条重大消息：教育部决定恢复停止了10年的全国高等院校招生考试，以统一考试、择优录取的方式选拔人才上大学，招生对象是：工人农民、下乡知青、复员军人、干部和应届高中毕业生。啊？真的吗？我也可以参加高考上大学？这个消息确实令人振奋。

　　很快到了高考报名的日子，公社的报名点就设在我们学校。报名那天，校园里人山人海，犹如赶集的日子一般。主要是我们 1976 年的毕业生，往届的也不少，还有年龄比较大的老三届和下乡知识青年。哇！光我们一个小小公社都这么多人，那全国得有多少考生呀？再说城里人一定比我们基础好，自己能考上吗？拿到报名表，怎么填？我犹疑了。尽管是统一考试，但"大学"和"中专"是分开、并行录取的。为了保险起见，我填了"中专"报名表。之后与我的班主任老师（他是老三届，也参加这次高考）交换意见，他严厉地说道，"你着什么急呀，年纪这么小，今年考不上还有明年，你应该上大学。"经过一夜的思考，第二天我更改了报名表，但只敢填报河北师范大学、河北机电学院和河北化工学院等离家不远的学校。

　　考试的科目确定了，是政治、语文、数学和理化四科。赶紧找资料复习吧，好在我比其他同学有得天独厚的便利条件，毕业后一直担任高中化学教学工作，周围都是自己的老师。为了迎战这次高考，公社党委也很重视，委托我们学校为全公社的考生补习功课。学校也组织老师搜集、编写一些复习资料，主要是政治，要与时事形势相结合，语文老师也写了一些范文，其他科目都以课本为主。我除了自己复习，还要承担一部分"化学"课程的辅导。离高考只有一个多月的时间了，系统复习是不可能的，怎样安排才能取得尽量好的成绩呢？我从小对数学有一种特殊"天分"，只要老师讲过的知识，基本过目不忘；化学是自己教的课程，跟物理一张卷，应该问题不大。我把更多时间用在了政治和语文上。特别是语文，我一直不开窍，成绩不好，短时间内只能死记硬背啦。

　　当年高校的录取程序是：先进行文化课考试初选，获初选者再进行政审、体检，合格者择优录取。

　　高考那两天，母亲都为我准备了最好的午餐——烙饼，我骑着自行车到 10 公里以外的大河中学参加考试，当时考试的内容已记不清楚了。考试过后继续工作，因为没抱太大希望，所以等待的心情并不着急。初选结果出来了：全公社初选上了 6 名考生，其中包括 3 名下乡知青。走完这些政审、体检程序之后，就是耐心地等待最后的录取结果，在那个办事需要"走后门、托关系"的年代，谁也不知道第一次恢复高考的录取内情到底如何。

突然有一天，大队部打来电话说有我一封挂号信，落款是长春光学精密机械学院，可能是大学录取通知书。得到消息后，我在同事的陪同下立即赶往大队部，果然是录取通知书。形势真的变了！是真正的统一考试、择优录取！内心的喜悦难于言表。大队部也将这一喜讯通过高音喇叭播放了出去。我赶紧回家把这好消息与家人分享，但到家后发现只有母亲在家，她可能也没听到广播，当我告诉她考上大学时，竟然回应"瞎说，又在骗我"，"你看，这是录取通知书"，这才相信。除知青外，全公社只有我一个本地考生考上了大学，另外两个初选者中，一个是我同学，被中专录取，另一个是我的班主任，1978年再次高考被录取。我们村有史以来终于出了一个大学生，这个消息传遍了当地的各个村落，亲朋好友不断到家里打听、祝贺。

接下来就是父亲陪着我办理各种手续，路上遇见熟人，他都会主动地打招呼，告诉人家我考上大学啦，那种骄傲和自豪是发自内心的。

一段时间高兴过后，家人又开始担心。一个没出过远门的女孩子，独自到千里之外冰天雪地的地方去读书，怎能让人放心。说实在的，我最远的旅程是骑着自行车参加学校组织的清明节到石家庄烈士陵园扫墓，顺便参观了两个工厂。知道离村子不远处公路上跑的"票车"（公共汽车）和经常跑货车的铁路上偶尔也有的"票车"（旅客列车）都是拉人的，但我还从来没有坐过公共汽车和火车。还好，有一个远房舅舅是中学老师，曾经当过兵，算是见过世面，答应帮助我们。

1978年3月6日，很多亲属和乡亲们都来为我送行，父亲和舅舅用自行车带着我和简单的行李离开了村庄，母亲含着眼泪站在村边直到望不见我们的影子。先在亲戚家借宿一晚，第二天早晨他们把我送上开往北京的火车，舅舅叮嘱我到北京后一定要下车，不要出站，直接转乘去长春的159次列车。我就要一个人独自前往陌生的地方了，心里忐忑不安，但还要装出一副淡定的样子，请他们放心，一定会安全到达的。火车慢慢地开动了，随着鸣笛声，我的眼泪也掉下来了。记不清过了多长时间，火车到了北京站。下车后，从未见过站台是什么样子的我不知所措，默默地跟着人流行走。突然有一个中年妇女问我"到长春的 159 次列车在哪个站台上车？"我说不知道，请她问别人吧。心中暗喜，这不是我要坐的车次吗？好了，任凭她如何询问，我都紧跟着她，终于坐上前往长春的列车，3 月 8 日早晨顺利地到达了目的地——长春市。随着拥挤的人流走到出站口，一眼看到了学校迎接新生的牌子，悬着的那颗心终于落地了。到学校安顿好、办完入学手续后，赶紧给家里发个电报报平安，让家人放心。

明亮的教室、宽大的食堂，还有那么多藏书的图书馆……长春光机的一切都让我感到亲切和新鲜。未来四年，我要在这知识的海洋里尽情遨游，希望的大门，就此向我敞开了！

入学不久，学校进行了一次摸底考试，卷子上的题目很多都不会做，成绩非常不好，据说我的物理只得了 3 分；接下来班里组织的多种活动我以前都没参加过，什么都不会；同学们谈论的很多话题我只是傻傻地听着，不知道话题的背景和内涵；普通话也不会说。当时我的心里非常难受和自卑，心想乡下来的学生基本素质差，学习又不好，一定会像刚上中学时那样被人瞧不起。可是没有，这个班集体没有嫌弃我，大家互相关心、互相帮助、互相鼓励，使我很快步入正轨，与大家一起愉快地学习、生活。

不知不觉小半年过去了，第一次期末考试，成绩还不错，原来在同样的学习环境里，我也可以取得不错的学习成绩，我不笨！从此信心倍增。第二学期，我也有心思去关注一下学习之外的事情了。我的小学和中学都没有图书馆，基本上没有课外读物，更别说小说之类的文学作品了。其实一来到光机学院，我就被图书馆中的各种读物所吸引，只是怕耽误学习不敢问津，现在终于可以一饱眼福了。记得我读了第一本小说《第二次握手》之后就再也停不下来了，《李宗仁归来》《钢铁是怎样炼成的》《傲慢与偏见》《红与黑》……原来世间还有小说这种让人赏心悦目的东西。当然正常学习是不能耽误的，只是偶尔忘了写作业。同学们在中小学干的这些事情，我只能在大学里恶补。到了周末还可以花一毛钱在学校礼堂里看一场电影，要知道在农村只能自带凳子看露天电影，音响效果可想而知。在冬暖夏凉的礼堂里，坐着舒适的椅子，欣赏优美的音乐，观看喜欢的电影，城里人可真会享受。

转眼间，大学生活已接近尾声。1981 年暑期，我们到大连机床厂毕业实习，据说由于发大水，长春到大连的一处铁路桥梁被冲毁，只能坐火车到天津，再乘轮船到大连，我这个乡下人又尝试了一种新的交通工具。在工厂实习之余，同学们一起到海边玩耍、游泳、照相……非常快乐！返回学校后，在长春光机完成了大学阶段的最后一个环节——毕业设计。四年的大学生活很快结束了，我在这里不仅收获了知识，收获了友情，同时也恶补了缺憾，增长了见识。

快 40 了，回首往事，1976 年是中国历史的转折点，由此带来的 1977 年"恢复高考"是我人生轨迹的转折点，沿着这条轨迹前进，实现并超越了我青春的梦想，成为一名大学教师，终生从事自己所热爱的教育事业。我永远不会忘记 1977 年，永远感激 1977 年。

2017 年 3 月 31 日于石家庄

高慧琴，河北获鹿人，1960 年出生。1976 年高中毕业，1977 年参加高考，进入长春光学精密机械学院光学精密机械系本科学习，毕业后分配在太原机械学院工作。1983 年在太原机械学院机械二系读硕士研究生，毕业后进入河北轻化工学院（现河北科技大学）任教，从事教学与科研工作。

**1977 年夏摄于获鹿**

# 难得的 1977 年高考

葛明先

　　我——葛明先——于 1974 年在福建省龙岩一中高中毕业后，没有在当年上山下乡当知青，是因为之前在参加支农劳动时患了"稻田皮炎"未获及时治疗而转变为大面积的皮肤"湿疹"，留城继续治疗，推迟至 1975 年 7 月才到龙岩县适中公社仁和大队知青农场务农。在当年年底我请事假回家期间，农场评过了工分。事后回到农场才得知我被评为全农场最低工分，心里感到很憋屈，却也无可奈何。之后不论是干农活还是做其他事情，我总是竭尽全力，争取做得更好些。

　　大约是在 1977 年 10 月下旬的某日，我父亲看到了龙岩一中贴出的高考补习班报名通知，得知龙岩一中历届校友均可报名参加补习，就赶紧替我报了名并交了费。父亲接着请假专程到仁和知青农场，陪着我办好了请假手续。

　　可惜在补习班开课前一天，我收到了适中公社知青办寄来的信，通知我"在某日（就是补习班开课的第二天）中午十二点之前，必须回到仁和知青农场，半天劳动，半天学习。否则后果自负！"

　　因此，我只是在第一天上午在龙岩一中礼堂参加了高考补习动员大会，下午上了半天补习课，第二天上午就乖乖地回到了仁和知青农场，开始了半天劳动、半天学习。而龙岩一中高考补习班发的油印讲义、提纲、习题、模拟试卷和答案等纸质材料，均是请参加补习班的邻居带回家，我父亲去取回后陆续邮寄给我。

　　一个多月的时间匆匆而过。1977 年 12 月 10—11 日两天，我在适中中学的考场里，同其他考生一起参加了改变命运的高考，但总是会在每一次走出考场后才想起某道题答错了而顿足叹息。政治、语文、数学和理化都考完了后，我觉得自己考得不理想，以为这次是考不上了，希望以后还会有机会再次拼搏。然而喜出望外的是，我被长春光学精密机械学院 03 专业录取了，而且还是适中公社第一个收到录取通知书的七七级考生。

四年的学习时光很快就过去了。毕业前，张玉兰老师曾问过我是否愿意留校工作，我说需要征求父母亲的意见。父亲回信要求我争取回福建工作，我选择满足父母亲的心愿，于是我被分配到了位于福建省清流县大山深处的福建洪流机器厂。我到厂组干科报到时，科长一看我是在光学精密机械系学习精密仪器制造工艺与设备专业的，就说计量室有很多光学仪器，你就去计量室吧！就这样我被安排到了检验科计量室，并且一直干了 20 多年，直到 2009 年年底工厂被别的企业收购而全员下岗时戛然而止。

2017 年 2 月 8 日于漳州

**1977 年摄于福建龙岩**

葛明先，1956 年出生于福建长汀。1974 年在福建龙岩高中毕业后留城。1975 年下乡到龙岩适中公社仁和大队知青农场。1977 年参加高考，进入长春光学精密机械学院一系光学精密仪器制造工艺及设备专业学习。毕业后分配到福建清流的福建洪流机器厂，1986 年调动到福建长汀的福建红旗机器厂，从事计量技术工作直至退休。

# 大学梦

和一星

"你长大一定要上大学！"

妈妈的话，我懵懵懂懂，但对我而言绝对权威！

妈妈小时曾有过上学的美好时光。舅舅是西南联大高才生，可惜毕业前病逝，这给妈妈全家带来灭顶之灾。此后妈妈失学，一日三餐饥饥饿饿。妈妈参军后，拼命学习，看到大学生军医在家读书的情景，万分羡慕！

大学梦，是我的梦，更是妈妈的梦。

小学一年级，赵老师让表现好的学生先放学。有一次，我讲小话还有此待遇，应是老师没有发现吧，一路忐忐忑忑，到家不敢抬头看妈妈。第二天起我名副其实地不再越雷池一步。小学四年级，上学路很远，有时妈妈不让出门。一天王老师严厉批评："和一星！三天打鱼两天晒网！"当时我盯着王老师，心里不服："我长大一定要上大学！"

在农村小学，我第一次学分数，听赵老师讲分子分母。那时大家说，"语文高老师、算术李老师"。我暗下决心：语文目标高老师，算术目标李老师。但是学校停课了，天天在宣传队跳舞和挖防空洞，直至小学毕业。这样，我的分数水平停留在分子分母上就进农中学代数了。我很发愁，一天去二爷爷家，叔叔问："愿不愿学我的农中课本？"我急忙回答，"愿！"从这天夜里开始，我自学最大公约数、最小公倍数、分数加减乘除、百分数和排列组合，夜夜鼻孔黑乎乎才吹灭煤油灯。日复一日，月复一月，我终于啃完了全书。白天到农中上学，中午回家吃饭喂猪，下午上学迟到是我的常态。有天下午遇大雨，一进教室立刻听到哄堂大笑，我知道一定是我的落汤鸡模样太滑稽。我顾不上理会，马上投入学习。先看懂周老师留在黑板上的例题，抓紧写作业，天天下课前都按时交作业。后来学习同学带午饭，下午不再迟到。那猪怎么办？早上喂一大桶猪食外加满满一箩筐新鲜猪草，拴好圈门防猪饿拱门出来。猪草是天天下午放学后弟弟和我采集准备好的。我的数学没掉队，可语文就差了，一次李老师在班上批评我："两篇作文写成一个样！"我茫然，我着急！

妈妈的工作安排了，是丽江五中校医兼初二班主任，妈妈接走了我和弟弟。在五中初二，我爱上了哲学的辩证思维，迷上了古文的"之乎者也"；26个字母我念不全，赵老师一个字母一个字母地耐心帮我补上；在班里赵老师常说："读书破万卷，下笔如有神。"同学都喜欢阅读，我排队看报纸发表的小说，假期天天学习。此外，五中师生最受村庄欢迎，重视劳动闻名丽江，农忙时我们是响当当的支农主力军！中考来了，我们班为学校赢得了荣誉，夺取全县一、二、三名！我很幸福，第二名。

高中，我转到大理二中。这所新中学高高立于大理东边山上，老师来自四面八方，我们是第一批新生。白天课间，同学挤满走廊欣赏洱海蓝天；夜晚自习后，大家俯瞰城市灯火。那望不到尽头的蓝蓝的洱海、蓝天和白云，那星星点点、闪闪烁烁的灯火海洋，今天想来依然美丽眼前，暖流心间。

在二中，我真幸运！与大理中考第一名曲辉同班。"山外青山楼外楼"，来不及回味，来不及沉醉就马不停蹄进入高中学习。这时，按照爸爸的指导，预习是我学习的新常态，每天做到带着疑问听课；每天睡前，我梳理一遍当天所学的知识点后才能安心闭眼；同学互帮互助，常聚一起讨论，有时夜晚还到老师家里去；老师认真负责，晚自习到班里答疑解惑。紧张学习之余，上午课一结束，我们呼啦啦冲上讲台，每人占领黑板一角，干啥？——练字！曲辉常下去观赏我们的杰作，一次她擦去我写的一点，重新点上。呀，这字顿时大放光彩！我享受着汉字的结构美。一点之师，幸甚！那时邓小平主持中央工作，王老师在课堂里常讲："大学并不神秘，大学并不可怕！"我们都想上大学，盼高考！个个摩拳擦掌，学习热火朝天！

"广阔天地，大有作为。知识青年到农村去，接受贫下中农再教育。"我没放松学习，除努力学习课程外，我还从《十万个为什么》里自学了珠算除法、浮力等知识，不停加码自己的知识库，做着当知青的知识准备。高中一毕业，在父母支持下，毫不犹豫立刻奔赴农村。

"你们来到农村，我们接受你们，都是响应毛主席的号召！"苏队长迎接我们时大声说道。知青两年多，我一路奔跑，一路长高，我感恩：社员、生产队领导、大队公社领导和带队干部质朴真诚地呵护；我脚踏实地，积极向上；大学梦的皮鞭时时抽打我。

一天，苏队长让我和一女知青插秧，每人三分田。插到下午，那位女知青走了。没有丁点儿动摇，近黄昏时我插完了三分田，保质保量完成任务。

每天下地干活，我留心学习社员的语言，遇到精彩之语记入笔记。语言大师在民间。一次生产队开大会，有一位社员进我们房间看到了，大步冲出房门惊喊："小和把我们说的话记在本子里了！"

每逢回大理，向妈妈学珠算加法，向表哥学珠算乘法。从早到晚"噼噼啪啪"珠算作业，珠算的加减乘法就这样"噼噼啪啪"补全了。

一块抹布、一支毛笔、一本临字本、满满一漱口杯水，还有知青人手一个的小木凳，这些就是我练毛笔字的全部家当。小木凳洗得干干净净放在床上，夜夜在凳面上写毛笔字，直至杯水空空如也，我才心服口服、善罢甘休。生产队写标语，我是技痒不忍，一马当先。

在学校代课，班级轮流到校田劳动。我管的初二有的学生年龄比我还大，心中哆哆嗦嗦：劳动课我能叫得动他们吗？怎么办？我去县城买来《简谱》，自学速成。抄好大幅歌谱歌词后，初二班劳动课那天，我成竹在胸：告诉学生，下午上劳动课后上唱歌课。劳动时，我准备好字谜让学生猜，学生也让我猜农具谜，有的我真猜不出！教歌开始了，我走向讲台。呀，齐刷刷坐满了学生！我们放声高歌，"登山攀高峰，行船争上游……"歌声冲破校园天空！

我们村分为两个生产队，每队有一户知青，两户知青加上回乡知青共建宣传队。一拨人演花鼓戏《送货路上》，为了编排表演动作，他们费尽了心思：买回《送货路上》的小人书，一页一页模仿剧照，一个动作一个动作敲定，最后演出成功。我被分在对口词组，找不到现成的作品表演，演出却又十分燃眉。拿出初生之犊的劲头，在热情似火中我改写了对口词，写进了我看到的农村和希望。我们商量着编排出表演动作，希望成功演出。那时一写完稿就急忙排练，真想不起先请顶头上司审审，感谢带队干部字师傅对我的大度，也感叹自己太年轻不懂事，只知赶任务而不知天高地厚。此外，我们所属的农机系统送来一批书籍，内容涉及方方面面。字师傅说："好好看书，论论历史上男人女人谁利害？国家有难怎么办？"一把火点燃了我们的斗嘴之欲，户长高俊雄还为斗嘴起了个响亮的名字"练嘴劲"，马上赢得全户"好！""妙！"的回答。我们勤翻书学习，晚饭后的"练嘴劲"成了连续剧，天天上演，乐此不疲。知青学习日，字师傅和我们一起学习结束后，口琴、吉他、手风琴声响起，字师傅也吹笛加入。音乐此起彼伏，真是开心！放松！热闹！不过，大队只有一台手风琴，我们难得到手一次。

队里派我们两个女知青去大队的三七场劳动。我们背上行李与字师傅和公社主管知青的周老师一同前往。一路山高坡陡，没有一丁半点停歇，不知爬了多少坡，翻了多少山，真累！爬着爬着，又一陡坡立在眼前，只听字师傅说道："还远着呢！"我回头看到年近退休的周老师一脸淡然，这是无声的鼓励！我继续爬坡，没想到这陡坡刚踩脚下，就见到三七场的片片房屋！我一下明白：目的地出现在气尽力竭之后，坚持最后几步！

知青倍受社员关爱。一次我生重病，预感到一躺下怕是几天难下床了。强撑着拎回一桶冷水，洗头、洗脸脚后睡下。昏昏沉沉中听到队里领导开会商量，王队长说："小和病重成这样，队里马车拉回她父母那儿，别误了病情。"正好有辆货车路过来看望同村另一户知青，经接洽我搭车回了大理。妈妈一看就说："出麻疹了！"记得小时一听到有孩子出麻疹，妈妈就领我去传染，但总是传染不上！妈妈说，

"一般出麻疹都在儿童和少年前期，年纪越大出麻疹越危险。近 20 岁了，病中还洗冷水头！知道后果吗?!"妈妈很着急，全力以赴为我治疗，几周后我才病愈回农村。

办夜校，当卫生员，当伴娘……大学梦的路上，知青生活丰富、充实、教育了我。我感恩知青岁月，铭记一生，温暖一生，激励一生。

恢复高考了！

大家奔走相告，妈妈心花怒放！我热血沸腾！

钱师傅和师姐全力支持我，满足我调夜班的请求。白天除复习功课外，抓紧自学课本还未教的课程，找王老师要时事资料，夜晚上班。父母在生活上尽心竭力……

在紧紧张张、热热切切中，高考到来了。1977 年 12 月 10 日上午，我走进了大理一中的高考考场——神圣庄严的高考考场！

这一天终于来了，等了几乎 20 年！

大学梦时时督促、激励自己天天向上！

收到大学录取通知书那天，看到我被录取到长春光学精密机械学院精密仪器制造工艺及设备专业时，我们全家欢天喜地，如同过节一般。好梦终于成真！

大学梦，这块沉甸甸的压石，终于搬离我的心头。我浑身上下轻松万分！万分轻松！

那一夜，我睡得很香甜、很安稳、很满足……

四稿于 2017 年 5 月 16 日·昆明

**1978 年 2 月摄于大理**

和一星，云南丽江人，1958 年出生。1974 年高中毕业后在大理巍山当知青；1977 年在大理农机厂当工人，当年参加高考，1978 年进入长春光机学院上大学。

# 未来的机会

李安泰

蓝啸风在班级转发了一份征集 1977 年高考前后回忆的邀请，并倡议和希望我们 7703 班的同学们能够积极参与。读完之后，在心里有了一丝丝的触动，记忆的闸门慢慢地被打开了，已经逝去的淡淡的遥远的记忆，在脑海中慢慢地重新浮现了，过往的生活画面又历历在目。心间的触动变到了电脑键盘和手机屏幕上的指尖跳动，把寄存在心间的感情和曾经的生活变成了下面的回忆。

## 一 高中毕业之后

1975 年元月某日（高中毕业证的毕业日期是一九七五年元月廿一日），我骑着破旧的生产牌自行车（这辆旧生产牌自行车自我小学时期学习骑自行车开始，一直陪伴着我）、带着住校的行李铺盖离开了我就读了四年的龙居中学往家里骑去。

从初一开始到高中毕业，从我们长江府村到龙居中学的八里地距离十几分钟能骑完，可是今天两腿发软，蹬不动的自行车、骑不完的路，边骑自行车，边思考今后怎么办。想起了从上小学开始母亲经常给我念叨的话，好好念书，将来考上大学到大城市找个好工作，并且举例，咱们村某某考了大学，现在兰州工作当大夫，亲戚中某某大学毕业后在西安工作。而且，这些外出工作的人回乡探亲时的穿戴和带回来的各种礼品与食品是很让人羡慕的，也是很有吸引力的，给懵懂之中的小孩子，注入了学习的动力。可是，现在考大学的机会消失了，机会没有了，希望也就没有了。心往何处去？身往何处安？似乎没有答案了。

不知道骑了多长时间，总算回到了家，有气无力地卸下了自行车上的行李铺盖等东西。

几天之后，妈妈和我商量，想让我去公社医院（我们公社的名字当时叫西张耿公社，以前叫龙居公社，因为毛主席曾经为西张耿村的夜校报道作过批示，我们就用了因此而闻名的村名作公社的名字），跟着武显烈大夫学习中医，而我因内心抵触，表示不想当医生，不愿意去学中医。武显烈大夫在当地是较有名气的中医大夫，中药用药和针灸的疗效是得到群众认可的，母亲生二妹妹时得病，就是住在公社医院，由武显烈大夫治好的。妈妈劝我，她身体不好，家里还有一大家人，如果当大夫，首先对家人有好处，其次也可以给邻里们带来好处（我们生产队里就有一位自学成才的中西医老人李效白，我们小时候的病几乎都是由他诊治，妈妈很尊重他）。最终，我接受了妈妈的意见，答应去跟着武显烈大夫学习中医。

在公社医院，武显烈大夫带了和我同龄的四五个男女徒弟，每天的工作流程是上班后开始巡视病房，对每一位住院的病人询问、诊断和治疗后，到门诊室开始接待当天挂号的病人。门诊时，武大夫对患者诊病、治疗，我们在旁边观摩、记录诊疗日志、做其他辅助性的工作。晚上，背中药汤头歌诀、九畏十八反（配伍禁忌），练习针灸手法等。

在开始学医不久，突然有一天刚起床还未到上班时间，接到了出诊急救的通知，武大夫领着我们几个徒弟，带着急救的药箱和用品，来到了我的母校龙居中学的传达室。一位中学生因煤气中毒昏迷不醒。仔细看，我认得，是初中生，美玉村的（龙居中学西边约一里地），询问得知是替门卫大爷（他们村的）值夜班时，煤炉封火时烟筒没有放好而引起煤气中毒。经过约半小时的抢救，武大夫判定已死亡。带着恐惧与失望的心情，我们返回了医院。这次的急救出诊和每天的巡视病房，又动摇了我学医的选择，加上本来就有抵触学医的情结，现在更加坚定了放弃学医的决心。

有一天，父亲来到了医院，我以为他是来看我的或者是看病、买药的，没想到父亲带来的消息让我喜出望外，他告诉我大队决定让我回到村里的小学教书，而且是必须回去。我妈妈是不同意我回去的，大队干部说你们家是超支户（欠生产队钱的农户），孩子必须回来教书挣工分还债。无奈，父母只好把我叫回来。虽然大队的这个决定违背了父母的心愿，但是符合我放弃学医的想法。父亲给武大夫说明了情况，并向医院领导也进行了说明、解释，取得了他们的谅解。之后，我收拾好东西，和父亲一起回到了村里。结束了我的学医生涯，憧憬着未来教师工作的美好愿望，这个春节我过得很愉快、充实。

过完春节，开学后，才知道一起新进学校教书的不只我一个，还有我们一起高中毕业的其他4位同学——李彩民、李伟社、李红玉（女）、颜秀兰（女），我们从小学到高中，一直是同学或校友（我们村这批同学一起高中毕业的共9人）。并且，也知道了是校长王恩科（我们的初中老师）挑选了我们5个，并向大队提出了必须让我们进学校教书的意见。分配我代的课程有：初一数学、体育，三、四、五年级的体育、音乐。李伟社代初一物理、化学；其他三人分别代小学各年级的语文、算术等课程。

学校组建了宣传队，由李英来副校长负责，我配合他负责乐队学生的训练，我小学学会的吹笛子，中学学会的弹风琴、拉二胡等特长都得到了发挥。我组建了学校体育队，由三、四、五年级和初一学生中身体素质比较好，短跑、中长跑有发展潜力的同学组成，每天早上六点钟开始，带领他们到校外地间的道路上练习跑步。

学校生活过得很愉快，繁重的教学任务促使我不断学习，备课、讲课、批改作业，同时对表现不好的学生、学习差的学生还要做思想工作和个别辅导。虽然忙，但快乐。宣传队经常出去演出，许多节目受到群众的欢迎，我二弟李晨稳（四年级）的笛子独奏是压轴的节目，每次都能获得一次又一次的掌声。体育队也渐渐露出了头角，在公社教育组举办的运动会上（全公社各村的学校都参加），短跑、中长跑比赛项目中我们学校体育队的运动员每次都能拿到名次，为学校争光并捧回奖状，我也获得了成就感。

快乐的教学生活在1976年6月结束了，大队和驻村工作队（县法院李副院长任工作队长）决定由我担任我们第三生产队的政治队长，我的部分工作（初一数学和体育队）由同学李立法进校接任，其他工作由别的老师接任。回到队里没几天，初一的部分学生（约有半班同学，全班 30 多名学生）来到家里看望我，令我很感动。

担任政治队长期间，除了配合驻村工作队做好群众的学习与宣传工作，主要还是从事农业生产劳动，带领大家送肥（人拉小平车或肩挑）、犁地、种地、浇地、收割。冬天浇冬小麦，由于井水水量较小，浇一町需要好几个小时，所以，安排夜间值班的社员继续浇地。为了防止值夜班的人员在窝棚睡觉和浇麦地的水流到麦地以外，干部们夜里要进行巡视，我经常通宵在地里巡视或陪着夜班人员一起浇地、聊天。

驻村工作队进行了替换，新驻村的工作队队长是公社武装部部长徐华锋，他是复转军人，和我家对门的李有栓是战友，应该是以前在海南岛海军当兵。徐部长，个头较高，皮肤黝黑，身体强壮，讲话声音洪亮，工作作风比较强势。

徐部长组建了我们村的民兵连，我也有幸成为其中一员，劳动空闲时经常进行各种训练，比如，拼刺刀、射击、投掷手榴弹、炸药包爆破等。沾了近水楼台先得月的光吧，我们最盼望的是用真正的半自动步枪进行训练（从公社武装部把枪借回来）。在西张耿村举行的全公社民兵比武赛中，我们村民兵连的射击、爆破都取得了好名次；我除了参加射击比赛，还参加了爆破比赛，亲手点燃了炸坦克（用土堆起来的土坦克）的炸药包，而且是一次爆破成功（点炸药包时，火柴杆与导火索并列，火柴头与导火索的头平齐，一只手的拇指、食指和中指紧紧地把它们捏在一起，另一只手用火柴盒摩擦火柴头，点燃导火索）。

## 二 准备高考

在收割谷子的季节，1977 年 9 月的某一天（9 月 20 日前后），李伟法（从小学到高一，我俩一直一个班，高二时他转学到运城康杰中学）从安邑陶瓷厂回村，找到我后问我是否愿意去复习功课，他告诉我据说当年大学入学要考试。他从高中毕业后，一直在安邑陶瓷厂打工，制作陶瓷餐具的毛坯，然后烧制（我曾经和他一起去过他工作的场所）。他每次从安邑回来，我们两个几乎都要聊一个通宵。从小学到高中我们两个的关系一直比较要好，记得上小学时（三或四年级时）去他家里玩，他父亲坐在院子里休息、抽着旱烟袋，看见我们后他父亲对我说，安泰你和伟法是同学也是兄弟，以后要互相帮助、照顾。听见他父亲对我这样说，也不太理解，只是点了点头，以后的交往证明了他父亲说的是对的。

不知道大学是否要恢复考试招生，看到李伟法要停止打工准备复习功课，也许他在外面打工接触到的消息比我多，可能有这方面的传言了。另外，李伟法舍得放弃工资去复习，我为啥就不能放弃工分呢？也许这就是"未来的机会"来了，不抓住这个"未来的机会"，会令人遗憾终身的！于是，我决定办理请假手续，和李伟法一起开始复习功课。

他还邀请了我们高中的其他几位同学，由于各种原因，最后只有我们俩人带着课本、行李到运城他的一位姑姑家里借住，开始了我们的复习。首先，我俩拜访了他在康杰中学读书时的班主任谢克昌（数学教员，后历任康杰中学校长、晋中学院院长、山西大学师范学院院长）。谢老师思考后，告诉我们今年是否高考、怎样高考还不知道，但是，说我们这几届学生在校时没有学到太多的知识，估计高考时知识面不会太宽，应该不会太难，所以，也不要乱找复习资料了，就把初中、高中课本找齐了，各门功课从头认真复习一遍就差不多了。

告别了谢老师，我们按照他的指点开始复习，每天早起晚睡，啃着自带的干粮和咸菜，他的姑姑经常给我们烧稀饭喝。我把数学、化学的习题全做了一遍，物理习题没做完。积攒了一些问题后，数学方面我们去请教谢克昌老师，化学方面请教他上康中时的化学教员王登霄老师，语文方面请教我们高中时的班主任侯化南老师（我的姨夫）。

1977 年 10 月 21 日，全国各大报纸、电台播报了当年恢复高考的消息，并透露高考将于一个月后在全国范围内进行，当时提出的口号是："一颗红心，两种准备，站出来让祖国挑选！"

听到这个消息，令我们激动万分！今年真的要高考了，"未来的机会"真的来啦!

计算时间后,感觉复习的时间不够用了,需要加快复习进度和调整我们的复习方式。这时候,运城中学、康杰中学等学校开始办复习班了,由于要听课的人员太多,无法在教室授课,各校都在操场上课,安上扩音器和高音喇叭,授课老师在台上讲,台下几百人在听课,我们去了几次,效果实在太差,而且进度比我们滞后,所以,我们决定不再去听课了,按照自己的复习计划抓紧进行。

开始了高考前的报名等工作,这时,我对各门功课的复习也基本结束,主要精力放在办理报名手续和政治课程的准备,搜集各种政治复习题和时事政治信息。在参加县教育局组织的考前对考生参加考试要求的培训与辅导会议时,见到了许多同学、校友及朋友,大家相互交流备考的情况和搜集到的信息,会议在操场上举行,大家席地而坐,主持人通过高音喇叭进行讲解。

1977 年高考分文科、理科,考试分大专考试和中专考试两次进行,我报的是大专理科,考试的科目是语文、数学、理化(物理、化学合为一门课考试)和政治。拿到准考证,实实在在地感觉到自己正在走向大学的校门,可是,能否跨入校门,就在于几天之后的考试结果如何,所以要静下心来认真准备。

1977 年 12 月 5 日,我在运城红旗路学校走进了高考考场,感觉到紧张和压力,但是,心里提醒自己要冷静下来认真考试,今年考不上也能取得经验和教训,然后明年再准备高考。第一门考试是数学,当拿到监考老师发给的考卷时,自己反而平静下来了。听完监考老师讲解的考试注意事项后,考生们开始答题,前面的考题都答得比较顺利,最后一道试题比较复杂,这道题花费了我剩下的所有答题时间,好像也没有得出结果。

语文、理化、政治三门考试都比较平静、顺利地答完了试卷。

1977 年 12 月 6 日 16:30,我的高考结束于运城红旗路学校。

高考结束的几天之后,要进行中专考试,这时准备参加中专考试的几个儿时玩伴和高中时的同学,提出要我和他们去运城,帮助他们应对中专考试。对于这个有可能影响他们终身的邀请,我毫不犹豫、毫无推辞地答应了。随他们到运城，一起住在县政府第二招待所（之后又在人民旅社住宿），帮助他们复习课程，回答他们的各种咨询。当他们参加考试时，我就留在旅社看下一门即将考试的课程，并分析有可能的考试重点和基本知识。在分析即将考试的化学课程时，我告诉他们液体浓度配比计算问题应该是考试的重点，并告诉他们把化学课本中的液体浓度配比计算例题好好看一看，掌握计算方法。无巧不成书，参加完化学考试后，他们个个都兴高采烈地告诉我，化学试卷将化学课本上的液体浓度配比计算例题原封不动地搬上了考试的试卷，他们都很顺利地把这道题答完了。大家的应对考试热情更被激发了，后面的考试课程都更加认真地准备，积极应考。

高考结果出来了，被初选上的考生接到通知到公社教育组填报志愿，李伟法和我都被初选上了。我们到公社教育组看到院子里挤满了人，所有的墙壁上都贴满了黄色水帘纸（标语纸），上面写着各个院校的招生信息；树木之间也拉起绳子，挂着写满了招生信息的黄色水帘纸。

主管老师讲完要求后让大家去选择和填写高考志愿，这时他点名我、赵百选、杨鼎（赵百选是我初中同班同学，高中同级不同班；杨鼎是我高中同班同学，初中不同校）到他的办公室去。我们三人跟着他来到了他的办公室，他告诉我们说你们三个人可以报省外的重点大学，把志愿填的高一点。听到这个消息心里高兴但也是一片茫然，因为对大学一点不了解，更不知道哪些大学是重点大学，对大学的专业除高中时学的数理化以外别的都弄不清楚，所以，走出老师办公室后，我在看各院校的招生信息时还是侧重于数理化，最后我填报的三个志愿是：中南矿业大学地球物理勘探专业、山西大学数学专业、太原工学院数学师资班；在是否服从专业调剂一栏内填写了"服从"。

填完志愿后，回到村里，在学校和李英来（已担任校长）聊天，他询问我填报志愿的情况。听了我的介绍后，他对我说：你去把志愿改一下，报西安交通大学吧！这是个好学校，教育组的老师你都熟悉，现在去还来得及，他们应该还没有上报县教育局。因为不知道怎样选专业，而且还是比较喜欢数学，假如第一志愿不能录取，应该还能满足我的第二或第三志愿，我告诉他不想改了，所以就没有去。

春节之前，突然有一天邮递员送来了一封挂号信，是山西省招生办公室寄来的，打开信，看到了长春光学精密机械学院的录取通知书、新生报到须知和专业介绍，我被录取到该校精密仪器制造工艺及设备专业，专业后面标明的密级是"机密"，全家都非常高兴！消息传开了，陆续有村里人来道贺和看录取通知书。

其他人的录取通知书也在陆续到来，我们被各个院校录取的考生，在十里八乡成了大家谈论和羡慕的对象。赵百选被北京林学院录取了，杨鼎录取到了哈尔滨船舶工程学院，李伟社被录取到西安一所中专学校。

按照长春光学精密机械学院新生报到须知的要求，我开始办理户口转移、粮油关系及学校要求的各种证明等手续，并且和老师、同学进行报到之前的告别。

## 三 入学之后

自收到入学通知书，我一直在忙着办理各种手续，家里人一直在忙着给我准备入学需要带的东西（衣服、被褥等生活用品），到春节之前基本上完成了入学所需的各种东西和手续的准备。

新生报到须知规定的报到时间是 1978 年 2 月 25 日至 27 日，逾期报道取消入学资格。学校在长春车站设有接待站。

1978 年 2 月 22 日，是离开家乡准备去学校报到的日子，这几天左邻右舍的乡亲们陆续到家里来为我送行告别，他们大多送来煮好的鸡蛋、麻花等礼物，有的帮我打包行李（奶奶专门到村外的黄土崖取土场挖取了一块干净的黄土放在专门缝制的红布口袋中，嘱咐我到了学校后每次喝开水时放一点，以防由于水土不服引起身体上的不适或毛病）。为我送行的人有家人（父亲、两个弟弟和两个妹妹）、同学、儿时的玩伴、高考复习时新结识的朋友等。在运城站，晚上 9 点多我乘坐 136 次列车离开了家乡，前往北京转车去长春报到入学。

在列车上，回想家人、同学、朋友依依不舍的告别之情，想象未来的学习与工作，心情久久不能平静，思绪万千，产生了创作冲动，写了《嘱托》和《浪》两首诗词，到了长春后写信寄给高中班主任侯化南老师请他修改。侯老师把《嘱托》改为了《入学路上》，现录于此作为纪念。

### 入学路上①

我带着长春光学精密机械学院的录取通知书，

坐在飞奔疾驰的 136 次列车②上，

车轮滚滚呼啸直前，

我的热血沸腾情思激荡。

老师们的教导语重心长，

学友们的鼓励给我力量，

乡亲们的嘱托牢记在心，

父母弟妹送行的不舍化作热泪盈眶！

车窗外向我扑来的是山水、林路、工厂、田庄……

它们都在向我张开了宽阔的臂膀，

它们是在迎接未来的建设者，

我已感觉到自己肩上担子的分量。

火车笛声长鸣划过长空，

它正在把时代的赞歌唱响，

高唱青年们逢上了一个新时代，

高唱祖国将会更加繁荣富强。

注：①这首诗写于前去长春入学报到的列车上，前几天（2017 年 2 月 5—7 日）回运城时，顺便看望高中班主任侯化南老师，他将修改后的诗重抄后送给我，落款的修改日期是 2016 年 5 月 26 日。他告诉我当年接到我的来信后由于工作忙未给予修改，也就压在箱底了，去年整理时又发现了，退休在家有时间了，就着手进行了修改，现送给我，令我很感动。我寄给他的诗词名称是《嘱托》，侯老师改为了《入学路上》，今录于此作为纪念。②136 次列车是当年西安开往北京的特别快车，途经运城（我们的县城）。

2月23日下午5点多，136次列车进入了北京站，播音员在轻松欢快的音乐声中提醒各位乘客带好行李下车，我带着随身背包，跟随着下车后的人流朝着出站口涌去。

出站口的工作人员验票后，我走出了北京站，随着人流向前移动，同时辨别方向寻找换乘中转签字的地方。眼前站前广场上黑压压挤满人的场面让我感到城市与农村的差别，同时感到有点心虚、胆怯。正在我不知道往哪个方向走时，有一个男子来到我面前，主动朝我打招呼，看着我左上衣口袋拎着的钢笔，对我说借你的钢笔用一用，我把钢笔递给他，他没有写字，扭身带着我向广场外面走去。在一个商店门口停了下来，问我从哪里来？边说话的同时，他掏出一把小刀在我的钢笔上开始刻字，听到我说来自山西运城时，他告诉我咱们还是半个老乡呢！他说他在临猗县插过队，是北京知青。本来对他强行在我的钢笔上刻字有点生气，但听到他的自我介绍后心里反而平静了，一是他的套近乎抹去了我的愤怒和恐惧；二是他说回城后没有工作，无事可做，只好给钢笔刻字挣点小钱，让我对他有点同情。说话之间他已刻好了一句诗词（内容记不得了），问了我的名字之后刻上了"李安泰北京留念"，并刻上了日期。看到他娴熟地刻在钢笔上的字，我还是感觉比较满意的，向他支付了五毛钱，问了他中转签字的地方和去天安门的路，"交易"完成后，相互告别，我就去办理换乘中转签字手续去了。

中转签字的换乘列车是北京至长春的159次列车，在长长的队伍后面排队，偶尔才向前移动一步，不知道排了几个小时的队（当时没有关注时间的概念），终于办完了中转签字手续。

吃了点自带的干粮，就前去看天安门。看到了真实的天安门，以前在纪念章、报纸杂志和小学的课本上看到的天安门真实地出现在我的面前了，心里还是有点激动，耳边回响起《我爱北京天安门》这首歌曲，想起了毛主席在天安门城楼上的身影。现在真的到了皇城门口，天子脚下，有一种一步登"天"的感觉。

2月24日下午1点多，乘坐北京至长春159次列车，经过17个小时多的煎熬，2月25日早晨6点多终于到达了长春车站。

　　走出长春火车站，眼前的景色让我想起中学时期读过的长篇小说《林海雪原》。看不见地面和路面，全被雪和冰覆盖了，向前方看去，树上堆满了积雪，透过密密麻麻的树木看到的楼房与房屋也被厚厚的积雪覆盖着，人们和车辆都小心翼翼地在雪或冰上面慢慢地行走。眼前看到的除人、车辆、树干和房屋的墙壁以外，几乎全是雪，感觉人和车辆就像在雪海中穿行一样。我见到我们村在长春当兵的李保善（接到入学通知书后，已写信和他联系过），他专程到车站来接我，他告诉我去年冬天长春下了多年未见的大雪。他带我一起找到了长春光学精密机械学院的新生报到接待站（站前广场旁边，一张桌子后面站着几个人员，他们身后挂着"长春光学精密机械学院新生报到接待站"的红色横幅），工作人员接待了我们，并告诉我们先去提取行李，然后过来乘学校的接送车回学校。我和李保善一起去行李房提取我的行李（被、褥、衣服等生活用品），返回接待处时接送车还未到，我和李保善聊了聊村里和他家里的一些情况。接送车来了，新报道的学生都提着行李背着背包上了车，我和李保善也暂时道别了，因他还要赶在上班之前回到部队。

　　接送车启动了，车子在冰面上慢慢爬行，随行接待人员给我们解释着看到的街景，并告诉我们车辆行走的大街叫斯大林大街（现已改为人民大街），大街两旁的树木很高大，上面也堆满了雪，汽车仿佛穿行在雪洞之中，听着这个街道的名字，看到眼前林海雪原似的城市景色，感觉自己似在异国他乡！有一种莫名的兴奋与好奇，向汽车的窗外和前方看去，感觉神秘而且无尽头。

　　接送车驶入学校，看见了竖挂在楼前门洞右侧边的白底黑字校牌"长春光学精密机械学院"（入学之后才知道是郭沫若题写的校名），这才实实在在地感觉到自己真的跨入了大学的校门！转了几个弯，接送车在宿舍楼前停了下来，被接回来的新生又提着自己的背包和行李下了车，提交了新生入学报到通知书，分别被领到各自的班级宿舍。我们班的宿舍楼是三栋宿舍楼的中间一栋，西面一栋宿舍楼是女生宿舍，东面一栋宿舍楼是其他系的学生宿舍（都是三层楼房）。我被安排住进了一层右拐右手第四间宿舍（也可能是第五间宿舍），在我前面已有报到的同学，记得是张学明（安徽）、王卫平（江西）、李靖（河南）、葛明先（福建）；之后有王建华（陕西）和王守印（吉林）入住，上下床。我们7人同住，我们这个宿舍的几位同学是我们班报到比较早的学生。29名男生报到完毕后居住在各个宿舍中，有阳面房间，也有阴面房间，我们住的是阳面房间。我们班的11位女同学在女生宿舍居住。我们班的代号是7703班，全班40名同学，来自"五湖四海"（我们班除广西、西藏、贵州、青海、新疆、内蒙古、天津、上海和浙江以外，其他各省市都有同学），操着各自的方言，相互交流多多少少存在着一些障碍，带着这个障碍和刚刚认识的陌生感开始了大学生活的摸索与适应。我们这一级学生，学校在山西录取了11人，我们班两人，我和张献平（五台）；一名女生是刘月爱（临猗），被录取在02专业；其他同学分别是01专业冯纪录（临汾）、04专业王建英（太原），07专业王孝（浑源）、王建平（忻州）、陈立潮（万荣）、范晓东（原平）、解康国（万荣）、樊智宏（静乐）。

开学后的第一次劳动是铲除校园内道路上的积雪。道路上的积雪已经没有了雪的模样了，由于人踩、车压等原因积雪已经变成厚厚的冰层了，冰层的厚度大约有三四寸，用铁镐砸下去只是一个个小白点，同学们都干得很卖力，但是，进度不明显。力气大的男同学轮流抢镐头刨冰，女同学和其他男同学用铁锹清理已刨开的冰块。经过几个小时战斗（不记得具体是几个小时干完的），各班级完成了各自分到的清理积雪的任务。校园的道路呈现在我们的面前，入学许多天之后，第一次看到了校园道路的分布状况与模样，在上面走起来终于有了"脚踏实地的感觉"。

开学不久，学校组织了一次全校越野长跑比赛。比赛路径是从学校门口的起点出发，沿卫星路向东再左转向北到卫星广场后，绕卫星广场再返回卫星路到学校门口的终点结束。我们班也有同学报名参加比赛，其中我也报了名。在这次全校越野长跑比赛中，我取得了男子组全校第四名的成绩（我们7703班总成绩是全校第一名）。

全校越野长跑比赛结束后，突然有一天体育老师（我们班主任张玉兰老师的爱人）通知我去体育教研室，我去了之后已经有许多男女同学在那里了，大部分都不认识。每人领到一身运动服，告诉我们要每天下午参加训练，准备参加长春大学生运动会。领回运动服后，心里七上八下，很不安宁，很不舒服，认为每天训练势必要占用时间，影响学习，高中毕业已经耽误了 3 年，要学习的东西很多，特别是英语从初中、高中到大学每次都从 ABC 开始学，让人感到很着急，因此，就想推掉这件事。经过思考后，找到体育老师，软磨硬泡找理由说明不能参加训练与比赛，最后，体育老师同意，我把运动服退回去了。现在，回想起来这件事感觉自己当时真是不可理喻，幸亏体育老师宽宏大量不予计较，虽然当时省了时间用于学习了，可是失去了接受老师体育训练的技能，锻炼身体和参加长春大学生运动会的机会、荣誉与经历，也可能是有一定的损失吧，只是自己当时昏昏然不知而已。

紧张的学习生活开始后，同学们也慢慢熟悉了，逐渐适应了大学的学习与生活，努力的目标是入学后的专业学科和培养方向介绍时的一句话：培养院校、科研院所和企业所需要的本专业的高级技术人才和高级管理人才。

"未来的机会"最终还是到来了，这要感谢我们国家高考政策的及时调整与改革为我们这批人提供了高考"机会"；感谢在我准备高考的过程中给予我各种帮助的老师、同学、朋友和家人；在这些条件的共同作用下，成全我抓住了及时到来的"未来的机会"，帮助我最终走进了大学的校门。

2017 年 3 月 18 日于太原

1978 年摄于长春

　　李安泰，1957 年出生于山西运城。1977年恢复高考时被长春光学精密机械学院录取到一系 03 专业就读。1982 年毕业后分配到山西省太原市国营大众机械厂工作至今，高级工程师，申报并获得授权职务实用新型专利 5 项；发表多篇学术论文。

# 无悔

李淑荣

　　要写一篇纪念高考40周年的短文，既令我心潮澎湃又不知所措。时间已经过去了40年，虽然那场震撼全国的高考，已深深地刻在了我的心底，但毕竟被尘封了40年，时间风蚀了多少记忆？留下的怕也是残缺不全了。但那些刻骨铭心被沉积在心灵深处的40年前的那场高考或与高考有关的往事，却随着慢慢开启的记忆闸门，静静地从我心里流过。

　　1977年7月，结束了12年的中小学教育，我高中毕业了。当时，大多数毕业生都只能选择下乡接受贫下中农再教育。政策规定，我可以留城。但留在城里也没有工作安排，到街道糊纸盒都没有资格，只能赋闲在家。这是我不情愿过的生活，整日郁郁寡欢。后来经人帮助，我准备去大兴安岭加格达旗当森林警察。我是父母最小的女儿，又是千里迢迢去林海雪原，母亲坚决不同意。为了逃避与母亲的冷战，我去了长春的哥哥家。哥哥家住在大学校园里，每天看着工农兵学员上课，内心羡慕不已，可大学的门槛对我来讲，是一道不可逾越的高墙，望尘莫及。在长春的日子，我内心的苦闷与日俱增。

　　这样大概过了一个多月。一天，哥哥下班拿回父亲的一封来信，信中班主任老师叫我回去，参加高考补习班，准备参加全国统一高考。"什么？参加高考？"这简直是春雷一声震天响！刹那间的激动和兴奋却转瞬即逝，随之而来的是陷入一片茫然。"我拿什么去参加高考？！"内心在问自己。跟哥哥那样的高中生比，自己的数理化水平跟文盲相差无几。况且，几个月的复习，怎么来得及啊！我从小看着哥哥们学习，他们看过了堆积如山的课外书籍，堪比当下的奥林匹克。

可我呢？12 年的书本叠加在一起也不足一尺厚，怎么敢参加高考啊！可又不想放弃这久旱逢甘霖的机会，努力试试吧！临走时哥哥对我说："考不上没关系，去见识见识考试，明年来我这复习再考。"

三个月的补习，重点补习数语政，理化一带而过。每天填鸭式 8 节课，晚上 6 点放学。当时的学校，教室里没有照明设备，看不见黑板时就点上煤油灯。回到家里继续学习，母亲给我规定的时间是最晚到 10 点，必须熄灯吹蜡，我严格遵守，不敢不听母亲的话。每天惜时如金，争分夺秒，大脑的潜能被激发到极致，像高速运转的机器。

10 年岁月蹉跎，积压了太多待考的人，基础知识参差不齐。无奈，黑龙江实行两轮考试，初考数语政，筛选通过后再参加正式高考。

初考的那天，天还没亮就起床了，记得母亲给我煮了一盘冻饺子，热气腾腾的饺子端上来，我却如同嚼蜡，前一晚更是没有睡好。11 月的黑龙江已是天寒地冻，考场离家有些远，那天还下着鹅毛大雪，路上是厚厚的积雪。一路上脑子乱哄哄的，万分不安地走进考场。找到自己的座位，我的座位紧挨着火炉，炉火烧的很旺。现在只记得第一轮考完，老师询问我的答题情况后，就叫我立即准备正式考试。不出所料，我第一轮考试通过了。这时，离正式考试不足一个月的时间，还要增考理化两门课程。在校时，学的那点可怜的理化知识，既支离破碎又囫囵吞枣。何谈去高考？！更焦心的是，第二轮的复习学校不再上课，只发一点复习资料。时间短，要学的东西多，即便像读小说一样也来不及把想看的书看完！逼人发疯的节奏！就在我烦躁不安、孤立无助几乎快崩溃的关键时刻，哥哥寄来一封邮件，拆开一看，真是雪中送炭！竟然是复习范围、提纲要领，难能可贵的还有一封信，信中给我鼓励和告诫：复习来不及面面俱到，要有所取舍，理化复习看看《自学物理的钥匙》和《自学化学的钥匙》，考试时不要紧张，会的争取不丢分，考不上没关系，明年到我这复习再考。真是醍醐灌顶！我镇定了下来，恨不能让时间停止、光阴倒转，何止是一个紧张能形容的日子？20 多天弹指即逝。

几个月来的企盼和紧张，终于要进考场了。手里的准考证，那是我改变命运的天梯，是梦寐以求实现理想的入场证！

正式考试那天也是一个飘雪天，早餐是母亲新包的饺子，已记不清是什么味道。所有的紧张和焦虑都已定格在了 1977 年那个特殊的冬天。两天的考试终于落下帷幕，几个月来寝食难安的日子终告结束。

等待发榜的日子如此漫长，内心的惴惴不安随着时间的推移愈加强烈。几乎每个下午，都慵懒地躺在床上，无论是冬日暖阳，还是寒风飞雪，都任凭老天安排，我只顾想自己的心事，时而无心地翻翻床边桌上的书籍，度日如年。

纷乱的思绪陪伴我百无聊赖的日子。一上小学，就停课。学制要缩短。那时，给我们上课的老师很多是高年级的学生。小学三年级的班主任，是哈师大的老师。他教我们拼音查字典。学习自愿，愿意学的提前到校上课。高考时有一道拼音的考题，我以满分报答老师。

1973 年我走进了中学校门。浑浑噩噩的转眼快高中毕业了。社会上传着一些小道消息，学校也开始抓教学了，教育的列车开始驶向正轨，可我们却快到站了。不曾想，老天没有抛弃我们这一代人，有幸赶上了恢复高考后的首班车，能否上车就看这一搏了。

学校放寒假了。一天邻家同学约我去数学老师家，一进门，老师就说有我一封挂号信在校长办。不记得我是怎样飞奔去学校的。机缘巧合的是，那天刚好俞副校长也在校。看到我后，校长拿出信件，没等递给我，他就迫不及待地打开信封，可能是过于急切，以至于把信封都撕坏了。"录取通知书"几个字赫然跳入我的眼帘，盼望已久梦寐以求的大学梦终于变成现实了！可谓蹉跎岁月一梦别！

我怕母亲过于激动精神受到刺激，小心翼翼地把大学录取的消息告诉父母。在填报志愿的时候，我又一次伤了母亲的心，我没有按母亲的意愿报浙江大学，那是母亲的哥哥所在的大学，对我来讲既遥远又陌生，我心里渴望的是上北京广播学院。但这只是吃天鹅肉想想而已，不敢对任何人吐露。我太想上大学了，随便什么学校，只要能上就行。我把报黑龙江农业大学的想法跟老师说了，被老师一口否掉了。我犹豫了。又是哥哥来信指点迷津，报长春光学精密机械学院，国家重点学科。我如愿以偿了，可这不是母亲所愿。

简单地整理行装，一周后就要去报到了。生活用品简而又简，不知为何割舍不下的是哥哥用过的数理化自学课外书籍，我把它们都带到了学校。后来，它们跟着我从北国到江南。直至到2006年，住房拆迁，寄存的书籍被盗，它们才永远地离开了我。现在每每想起，仍然是我心中的痛。

离开家去报到的那天，1978年2月26日，母亲破天荒地把我送到大门口。后来的记忆里，无论放假开学，还是几千里外回家探亲，哪怕是带着她的外孙女，母亲再也没有送过我。那是母亲唯一一次送我。直到母亲离世，我都没有探明母亲送我的真正想法。后来，多次听母亲对我说：你上了大学比我上好。我猜想，当时母亲是把她未实现的希望寄托给了我，也是彻底了却了埋在母亲心中一辈子的憾。

四年的大学生活，是我最快乐最阳光灿烂的日子。徜徉在知识的海洋里，如饥似渴地发奋学习，决心做社会主义建设的栋梁之材。的确，大学四年，我不仅收获了知识，奠定了职业基础，也丰富了我的人生，更宝贵的是结下了"同窗秉烛度四载"的同学情谊，是我一生最大的财富。

四年的大学生活珍贵而又短暂。毕业前夕，同学们通宵达旦，依依不舍。是啊，"青春快乐为什么这里最多？""送君行，结业北国城……寥寥数笔多少事，不尽悲欢人自明，赠言勉君行。"这是我珍藏的毕业相册上首页的题诗。还有"……让我偷偷采片忆念的绿叶，珍藏在我心灵的深处，愿它伴随着我啊，去走那人生漫漫的旅途"。这隽秀的小诗，是写在相册的最后一页上的，我至今一字不忘，它们刻在了我的心上。

抱着"明天我们再合一曲更美的歌"的憧憬，我们奔赴祖国的四面八方，在各行各业贡献着我们的青春年华。

苔花虽小也学牡丹开。毕业后，我同千千万万的毕业生一样，尽己所能地报效着祖国。无论是搞军工还是到地方，在自己的工作岗位上，怀揣满满的使命感和责任感兢兢业业地工作。先后获得地方上的科技进步三等奖和科技腾飞奖等奖项。然而 1994 年，令人意想不到的是，我顺风顺水的职业生涯戛然而止，原本要为之奋斗一生的技术工作又以行业结构调整而终止了，我成了一名下岗人员。基于生活所迫，不得已我应聘了一家跟专业技术工作毫无关系的企业，应聘条件只要大专以上学历。这完全是为了养家糊口！命运再次被捉弄，人生再次跌入低谷，内心充满着惆怅。

1998 年 9 月，学校举行校庆。参加校庆的同班同学，都有所成就，而我已经下岗 4 年。同学的欢聚令我难堪，我极力掩饰着内心的不安和失业的痛苦。但就是这次校庆，在同学的鼓励和信任中，我走出了人生的低谷，找到了再就业的激情。接下来，连创销售佳绩，2001 年，我走上了销售工作的领导岗位。至今，已经从事销售工作 23 个年头，从一开始的无奈，到如今的热爱，都要归功于 40 年前的那场高考。

如今我已过了退休年龄，但还在销售工作岗位上继续工作。如同学所说，我们仍处壮年！工作带给我快乐，同时也不能免俗，这也是为了给我退休后微薄的退休金以补充。

回首四十载，光阴染白了黑发，脸上的皱纹，又何不是内心的沧海桑田。无论时光怎样荏苒，岁月怎样无情，我们的人生经历怎样艰辛，沉淀在我们心底四十年前的那场高考情愫，如同日月永恒不会改变。当年的高考作文题："每当我唱起东方红"、文言文翻译愚公移山，这何不是我一生都在作答的考题。

40 年前的那场高考，不仅改变了我的人生，也教会了我毅力、坚韧和感恩。如今用平和的心态审视这 40 年走过的人生历程，无论是成功还是失败，是坦途还是坎坷，是欢笑还是泪水，都将是过眼云烟。笑看花开花落、淡视云卷云舒。但我不能更改的是一颗感恩的心：我感恩 40 年前的高考；感恩我的老师、我的兄长，还有同窗四载的 7703 班的同学；更要感恩给了我第二次就业机会并信任我的恩威总裁！我更加怀念和感恩给我生命的父母！也感恩我自己，虽然走过的 40 年，跌跌宕宕起起伏伏，但伴随着曲折而伟大的时代变迁，我无愧无悔！

回想 40 年前的那场高考，我依然感慨万千！

难忘 40 年前的高考！难忘的 1977！

我们有一个共同的名字：七七级！

我们有一个共同的昵称：7703 班！

2017 年 3 月 16 日于无锡

**1981 年 12 月摄于长春**

李淑荣，黑龙江人，1959 年出生，1977 年高中毕业。同年参加高考，进入长春光学精密机械学院光学精密仪器制造工艺及设备专业学习，毕业后进入兵器工业部 672 厂，从事兵器制造设计工作，两年后调入无锡通信录音研究所，从事产品设计。现从事销售工作。

# 我的高考之路

蓝啸风

1977 年的高考，不仅是许多人命运的转折点，而且也是一个国家与时代的拐点。该年 8 月科教工作座谈会上一些专家提出恢复高考的建议，党中央高瞻远瞩，力挽狂澜，决断恢复高考。后来我有幸就读的长春光学精密机械学院的首任院长、中国著名光学专家、两院院士、两弹一星功勋——王大珩就是这次座谈会的代表之一。1977 年的高考是中国历史上最特别、最壮观的一次高考，也是空前的。恢复高考意义重大而深远，中国的现代化征程，中国教育的复苏，当代中国的崛起，几乎都以恢复高考为出发的原点，由此中国社会历史掀开了崭新的一页。

我是 1977 年的考生，是这一历史事件的经历者和见证者，是从知青这个群体走入大学的一员。

1974 年我高中毕业于黑龙江省克东县工农兵中学。克东县是黑龙江省齐齐哈尔市（当时隶属于嫩江地区）的一个小县城，有一座山叫二克山，特产克东腐乳。现在主要以乳业、大豆、苏打水为支柱产业。

1974 年 6 月，县里在文化宫隆重召开应届毕业生到农村去的欢送大会。我代表全县应届毕业生在大会上发言（此前的 3 月，我就率先在全县公安局的大墙上张贴了倡议书——"到农村去、到祖国最需要的地方去，走与贫下中农相结合的道路"）。会后，县里出动了十多辆解放卡车、拖拉机，把这些学生送到了本县的各个青年点。我当时是下到农机系统青年点（当时我伯父在农机系统工作），但由于青年点的房子还没有盖起来，就先与克东镇的青年一起住到他们的点——城西门外的郭八矬子村——一个距县城两公里左右的地方，因而我就没坐车而是步行去报到了。当时，我县的毕业生都是到本县的农村下乡，有返乡的，有投亲的，再就是到父母所在系统所建的青年点。克东县另有三个上海青年点，一个齐齐哈尔青年点。

秋天，由于房子还没有盖好，我们又分别被安排到农机系统在城里的农机修造厂、红旗机械厂实习。这期间我学会了钣金技术，业余时间跟车间的李师傅学会了吹唢呐，跟厂里的拖拉机沙师傅学会了驾驶机动车，最先学会的是长春产的东方红28型拖拉机（不由得想起了《老司机》那首歌的一句歌词：想当年我十八就学会了开汽车呀……那年我整好是十八岁）。

1975年年初我又转到父亲所在的二轻系统的知青点——东升公社永利大队。在青年点的一年多时间里，我对自己严格要求，虚心接受贫下中农再教育，处处与农民打成一片，包括衣着打扮都尽量与农民靠近。那时，夏天就是短裤（当时还不时兴短裤，我是自己将一条劳动布的裤子剪掉裤腿，将剪下来的布补到已经磨破了的后屁股位置上）、背心、草帽、胶鞋；冬天则是狗皮帽子靰鞡鞋（靰鞡是东北特有的一种鞋，源于满语乌拉一词——皮靴之意），腰扎麻绳小棉袄。农活我都干过，而且冬天农闲时，我也不回家，参加排练节目。整个春节期间，秧歌队都要到各个大队演出、拜年，我吹喇叭（唢呐），这是当地的风俗习惯。我一年能挣2000多工分，比一般的农民挣的要多。

在农村也有几次机会是可以离开的，但在征求了我二舅的意见后，都放弃了。第一次是可以到县良种场去，他们相中了我在文艺方面的特长，到那可以挣工资，工作可以任我挑选（如汽车驾驶）；第二次是参军入伍，一些同学都通过改户口等方式将岁数提升。我二舅是一个公社的社长，共产党员，他是"活学活用"积极分子，在我眼里他是能把马列主义、毛泽东思想与实际结合得很好的人。他说你是代表全县的毕业生发言到农村去的，如果通过这些渠道逃离农村那是不光荣的。改户口参军，那是违法的，一旦查出你终生都别想抬起头来。

1976年四五月份，由于我在青年点的各方面表现突出，被公社包队干部李和看中，非要把我调到公社去，我是十分不情愿去，那时朴实的想法就是在农村好好干，干好了推荐上大学。可又不能不识抬举，于是我到公社报了到，到种子站工作。你想一个下乡青年对种子能有什么了解，真是赶鸭子上架。后来，全国开展了学习小靳庄活动，各公社都成立文化站，组织农村的业余文化生活，考虑到我文艺方面还比较擅长，就把我调到了文化站，年底组织参加了县里的文艺会演、文化站调研等活动。其后的一段时间我就跟着文化站下属的电影放映队到各个大队巡回放电影，一天一个大队，晚上放完电影就住下，早晨再送到下一个放映点。也挺好，几个单身的小伙子，白天可有时间锻炼——打打篮球。也正是在这期间，恢复高考的消息相继传来。

1977年10月21日，中央关于恢复高考的消息通过报纸和电台正式向社会发布。记得当时我是站在我家的东房山（房屋东墙外），可以听到县里立在十字街的大喇叭传来的声音。克东县城不大，从南门到北门、西门到东门都是三里三，我家的地势比较高，所以能很清楚地听到广播。当时用热血沸腾来形容一点不为过，我是既激动又紧张，激动的是这下好了，总算有机会上大学了，紧张的是心里知道这是要真才实学的，没有真本事，是考不上的。两手握空拳，手里是一把汗。

别人都纷纷报名了，可我还是拿不定主意，中学时的班主任安承才老师和他爱人刘春艳老师帮我分析：今年是头一年恢复考试，相对题不会出得太深，以后会一年比一年难，有好多同学在学校时基础不如你的都已报名。他们的分析使我坚定了信心。同时，我所在公社的同事，都认为我基础好，应该报考。民政助理宋发干脆给我报了名，两元钱报名费都是他替我交的。同时，公社的主管领导陈希全也捎信说给我假了，抓紧复习。

我借了公社电工室的办公室，为了强迫自己，我把办公室的窗户都用棉被钉上了，已经没有白天黑天的概念了，有电就点灯，没电就点蜡。

黑龙江省考生多，所以当年安排了初考和统考，初考安排在 11 月 19、20 日，复习时间也只有二十几天的时间，好在考试的科目只有语文、数学、政治。因为语文的底子相对好一些，也没什么参考书籍，基本上没有看什么。当时我主要是找来几本数学书看了看。当时有一本《政治一百题》的小册子，由于年轻，记忆力好，没用几天就可倒背如流了。初考是在我们公社的建设大队的子弟校进行的，当时县里的领导都下来监考。语文作文题目是"当我填写报考志愿的时候"，这个题目对我来说不难，本身语文底子有一些，再结合形势有感而发。数学题也不是很难。政治题都没有超出那本小册子。

初考成绩公布，我的成绩全县排名第二名。第一名是我中学时的物理老师吴志民———一位老高三的学生（之前废除高考制度就应该是在他高三毕业的那一年），他就是为了等这一天，一直没有成家，十一年来始终从事高中的物理、化学的教学工作。

统考临近，还是二十几天的复习时间，这时我犯了愁，初考是凭着一股拼劲拼出来了，可统考要分文、理科了（当年我记得只是文科、理科之分，没有理工科之说），又要增加试卷。文科除数学、政治、语文以外要考地理、历史（这两科为一张卷）；理科则需考物理、化学（这两科为一张卷）。地理、历史课也没怎么学，物理、化学的基础也不好。无论是报考文科还是理科都让我头疼，原因是中学的几年我根本就没怎么上课，我有诸多的特长与业余爱好，所以当老师让我帮忙刻钢板（那时的资料都需要用蜡纸刻钢板然后油印）、出板报、排演文艺节目、打排球、打乒乓球的时候（客观地讲，我那时的乒乓球打过全校的冠军，排球是县中学生排球队的主力二传，代表克东县参加地区比赛获得过亚军。在宣传队我是乐队的扬琴手），一有活动就乐得够呛，心想太好了，不用上课了。以至于我们同学都认可的我校最好的物理老师黄明宝（毕业于中国科技大学）的物理课，都没有印象上过。下乡后，也一心指望着推荐上大学，从来没有摸过书本，真是悔之晚矣！

后来听广播说，当年文科录取数占招生总数的 10%，而理科的录取数占 90%，所以我就选择了报理科。

　　临时抱佛脚，得找一位老师辅导理化。我就找到了吴志民老师，他一口答应，说你就到我这来，咱俩各看各的书，你不会就问我。当时他是在克东一中任教，就在一中收发室间隔出的半间屋里复习，说白了就是一个过道一铺炕，他把炕沿当书架，在地上放一把椅子贴着炕沿看书。我现到东升公社的采石场跟韩场长借了一套被褥（我家人口多，姊妹九个我是老大，就靠我父亲一人收入维持生活，当时生活比较窘迫，实在是拿不出一套像样的被褥）。由于地上再也放不下一个椅子了，于是吴老师坐着椅子看书，我就躺在炕上看。可想而知，那个舒服劲真难抵得住，经常是看着看着就睡着了。

　　期间，1977 年 12 月 10 日，我所在的东升公社机关党支部讨论通过了我的入党申请，我成为一名中国共产党的预备党员（党的十一大于 1977 年 8 月 12 日至 18 日在北京举行，新党章规定恢复预备期），实现了我多年的理想。

　　好在时间不长，统考的时间是 12 月 17、18 日，考场就是克东一中。当时我是带着一种兴奋和些许紧张的心情，同时怀有一种神圣的感觉步入考场的。那时的考试没有打小抄的，我就是在"不轻易放弃"的精神支撑下，认真对待每一道考题，坚持答到最后一分钟。

　　语文试卷的作文题目是"每当我唱起《东方红》"，对于这类作文题，我也没有太大的压力，以前在读中学时，就听到那些老师议论过，说"文化大革命"前有一年的高考作文题目是"当《国际歌》响起的时候"，所以对这类题材心里有谱。加之我们这一代人心中对党、对毛主席的朴素的阶级感情，对万恶的旧社会的憎恨、对新社会的热爱都深深地扎根于脑海里、溶化于血液中，所以语文卷答的还可以。政治还是基本在《政治一百题》的范围，数学也还凑合，毁就毁在了理化这张卷上，基础实在是太差了，就在我复习一段时间临近统考时，我就发现我先前做过的一些题都不知道是怎么做出来的，考的是一塌糊涂。

　　我当时对分数也有一个基本估计，平均分能达到 60 分出头，虽然成绩不够理想，心里没有底的同时又对被录取充满着渴望，因为之前我曾听说，"文化大革命"前的高考如果平均分能够及格（60 分）

就能被录取。事后成绩出来时，跟我的估分基本相当，只是语文的成绩与政治的成绩对调了一下。那年我的总成绩是 264 分，这个分数今天说来是羞于启齿的，但在当年已属不易了（资料显示，黑龙江省当年的理科录取线是 230 分）。

在县医院进行体检时，我在李军（他父亲是商业局长）的手里看到一本残缺不全的学校简介，在一页最靠下的位置有一所学校的名字引起了我的注意：长春光学精密机械学院———一长串加黑的字体，看到这么长的校名感觉新奇，加上后面的介绍对考生的政治标准要求高，保密性强，对视力要求高等，我结合自身的条件把它作为我志愿的首选。那时填写志愿都没有可参考的资料。以至于后来我的老师吴志民告诉我，他若干年后知道当年一个被清华录取的克山县考生的总成绩比他低 60 多分，而吴老师当时就只报了哈尔滨船舶工程学院并被录取（他的理化卷和数学卷都是满分）。

填报完志愿，发给我一大张牛皮纸，仔细一看，是一个没有裁切的信封的展开图，落款是长春光学精密机械学院。我庄重地填上了我的通讯地址"黑龙江省克东县东升公社文化站"，在心里默默地念叨：什么时候这张纸如果再转回到我的手中啊，那将是我最幸福的时刻！

考试结束后，我就回到了公社，正赶上征兵，公社安排我配合征兵部队的工作人员，帮助他们做了一些工作。

1978 年春节是 2 月 7 日，所有考生都在期盼着通知书的到来，2月 3 日（农历是腊月廿六）星期五，我们都已经放假在家就等着过年了，下午，有人捎信来让我到我爸爸的单位去等一个电话（没有手机是真不方便呀，还得约等电话），我爸爸单位离我家有两里多，电话接通后，知道是公社的副社长李树良打来的：有你一封挂号信。哪来的？长春。啊！那一定是我的录取通知书到了，我说马上到公社去取，他说不用了，他晚上回县城会捎给我。我迫不及待地到汽车站去等他，汽车到站的时候，他把那封挂号信交给我，正是我之前填写的那个信封，打开一看，是我的录取通知书！我高兴极了！在县里我接到通知书是比较早的，而且是在春节之前接到的。

那一年我们家过了一个非常愉快的春节！也是我父母最高兴的一

个春节：1978年春节我家三喜临门：一是我考上了大学；二是我二弟结婚；三是我三弟应征入伍。之前我们三人都是东升公社的下乡知青。

　　1978年3月，我离开了家乡，踏入了长春光学精密机械学院的大门，开启了我的大学生活，与同是7703班的同学们融为一体，以近乎"自虐"的学习方式开始了只争朝夕的学习生活。

2017年3月22日于长春

　　蓝啸风，黑龙江克东人，1956年出生，1974年高中毕业后下乡插队。1977年调入公社文化站。1977年参加高考，考入长春光学精密机械学院光学精密仪器制造和工艺专业。1982年毕业留校，从事行政、党务工作，直至退休。

**大学期间于长春留影**

# 我的高考岁月

毛道华

光阴似箭、日月如梭！六十春秋弹指间。忆往昔，岁月多峥嵘，展未来、夕阳更火红！人生旅途，重要时段可能有多个，但关键时段可能不多。我的人生旅途最关键的时段莫过于高考前后的甘苦酸甜。此段光阴最值得珍惜、最值得珍藏、最值得珍贵、最值得回放。那就从我高中毕业后的生活谈起吧！

我的高中阶段，正处于"文化大革命"后期。当时城里的中学生、大学生都要到广阔天地——农村锻炼，接受贫下中农再教育。这是毛主席的号召，党中央的决定。在全国上下掀起的热潮一浪高过一浪。作为农家子弟，我高中毕业后，自然而然是回家务农，至于上大学、被招工那是奢望，尽管企盼能上大学，但只能把企盼存于心底。那时大家都这样，所以心里倒也没什么想法，安安心心务农、挣工分、养活自己与家人就是了。

我天生就爱学习，白天出工，晚上或下雨天无法下地干农活时，就拿出中学的书（语文、数学、物理、化学等课本）看，琢磨。大队书记等村干部到我们村时总能看到我在学习。当时农村的情形是，白天到地里干活，晚上组织大家学习，学政治、学文化。由于我是仅有的两名高中毕业生之一，学习成绩也算较好，队里就选我当了政治学习辅导员，其实就是队里晚上组织大家开会学习时念念报纸，传达一下大队、公社政治学习精神与学习要求等。后来大队组织毛泽东思想文艺宣传队时，让我当上了宣传队长。平时我主要是在生产队劳动挣工分，当大队有宣传任务时，就抽到大队组织宣传队搞宣传活动。我们宣传队里有会打湖北大鼓的，有会吹口风琴的，有会吹笛子的，有会说相声的，有会跳舞的……但水平都不高。我们一般是自编自演，我承担并负责编一些快板书、三句半什么的。我们大队有一位公社派来驻村工作队队长，他20多岁，是一位复员军人，擅长文艺，会拉二胡，也会吹笛子，会识简谱唱歌。我们就跟他学习，他也乐于指导我们。我们之间的关系很融洽。我们晚上时不时地到各生产队轮流演出，适逢节假日，就在大队部搭台让全大队人来看我们的演出。这就是当时农村人的文化生活。当时没有现在这样多的丰富多彩的文化生活，乡亲们能看到这样的演出也是非常高兴的了。

1977年8月，我们县办了一所共产主义劳动大学。当时称之为大学，其实总共才只有两个班：一个卫生班、一个农技班。我被大队选派送去读卫生专业，学成后要回大队当乡村医生。这可是一个难得的好机会，我爸爸妈妈等家人都非常高兴，我更是高兴。学校离我家有一百多里路，坐火车要经过十多个小站，坐落在我们县的最北边的一个荒山上，只有两排简易的石棉瓦房屋，部分供学员住，部分作为教室；还有两排简易的砖瓦房屋，供学校领导及员工住。整座山有荒地大约有五百多亩吧！我们就在那里半工半读，即半天开荒种地，半天读书学专业。生活过的还算充实。

1977年10月中旬的一天，突然听到校广播：我们国家今年12月份要恢复高考。高考对于我们意味着什么？意味着我们有希望跳出农门，有希望成为大学生，有希望……听到这个消息，有的学员随即去校办找来最近几天的报纸，果然看到了今年要恢复高考的消息。好消息呀，特大好消息！于是我们奔走相告！我们迫不及待地回家查找中学的教科书，还好我的教科书都找到了，都还在！我也只有这些书了，别无其他资料。我抱着书看呀，想呀！很快进入梦里……这书就是我的大学之基，就是我大学殿堂的金砖玉瓦！我用绳子一捆，就拿到了"共大"来，快到校门口时，碰到了两位老师，问"准备高考呀？""嗯！这就是大专！"我指着我的一捆书高兴地笑着回答。开始几天，还是正常劳动和上课，晚上和业余时间才能看中学的书。过了几天，广播里说：高考的时间是12月10—11日，哎呀！马上就要考试呀！？当时离考试满打满算也只有二十来天了！于是学校领导决定让我们准备考试的学员回家复习。我回家后，马不停蹄地找到几位高中同学讨论商量复习方案：其一，大家组织在一起复习。其好处是可以集思广益，遇到难题大家一起攻克！但这样要耽误许多路途时间，因为各村之间少的也有一两里路的距离。其二，到原来的中学找老师指导。能得到老师的指导或指教，更直接些，效率高些。但路途更远，耽误的时间会更多。我当时曾花了一天时间去中学找老师，但效果并不像想象的好：一是路途较远来回需要较多的时间。二是中午吃饭也是问题，当时外面连个餐馆都没有，纵然有餐馆，也没钱在餐馆吃饭呀！三是找老师的学生太多，老师根本顾不过来，很难得到老师的辅导和指教。其三，自己复习。有不会的先放下，有时间的话再想办法。我最后决定自己就在家复习。首先复习的是数学，初中的数学用了半天的时间大概看了一遍，基本都会。看高中的数学就不一样了，大约看了两天时间，还没完全看完，更没全弄懂，大题、难题有点犯难，我有点急得团团转，但突然想到了草稿纸。我读书做作业爱打草稿，且记得把草稿纸用针线订起来了，马上寻找，幸好，我读初中、高中时数学草稿纸都还在！我打开草稿纸一看，高兴坏了，哇！数学草稿纸上标明了页码、题号，解题过程步骤写得很完整，尽管较乱，但每一个题都圈起来了，慢慢看，完全能看清楚。我真的为我当时读书时的认真和善于保存原始资料的主动而兴奋不已。于是我就对照着课本一个题一个题解了下来。效果比另两种方法好多了，也快多了（我的原始草稿使我的复习提高了质量，也加快了进度！我真的要好好敬奉我的草稿纸！我工作后，我也一直保持着完好保存原始资料的习惯，尽管它们要占用一些地方和空间。大学期间我们班上的有些活动资料我都保存在孝感老家里，尽管多次搬家也没舍得丢弃，一直珍藏着）。三四天时间基本上就复习了一遍。这样我心里就有谱了，决定报考大学（当时是中专、大专一起报名，但只能选其一）。很快就到了考试的日期了。我9日吃过午饭后就去了祝站区政府所在地的中学考场（距离我家约8公里，当时走路去需要1.5小时）。先看了考场，熟悉了一下考场环境。吃饭在区政府食堂。当时全祝站区的考生都在这里参加考试，估计有三千人吧。那时没有旅馆，也就没有安歇的地方，有亲戚的找亲戚家住，有朋友的到朋友家歇息，家在附近的就回家了，而我离家较远，晚上不可能回家住。因为第二天（10日）早上就要考试了。这样，晚饭后我和我表弟（他也参加高考）就一起闲逛，走到镇上看到放电影，我们就停下来看电影，赶上看电影我们真的很高兴。电影名说是湖南花鼓戏《打铜锣补锅》，是李谷一的成名作。看完电影也是晚上九点多了，我们也没地方歇息，我们俩就又到处转悠，哪有心思转悠呀，是没有安歇的地方，只能如此。总不能一直转悠下去吧，转悠累了怎么办？我忽然想到了可以去附近生产队的稻场（农村打稻谷、堆放稻草的地方）休息一下，当时已经是十二月份了，天气（尤其是晚上）还是比较寒冷的。我们冻得全身都冰冰凉，不时还打个寒战，我们就钻进稻草堆里，和衣而睡。一边躺下休息，一边谈论着明天考试的事。就这样迷迷糊糊睡到了凌晨四点多（我们都没有手表），起来看看天，觉得天快亮了，我们觉得再不能在这儿待了，害怕天亮后生产队的人来稻场发现我们，不分青红皂白地把我们当坏人（当成小偷）打一顿怎么办？人受伤了就要耽误考试，所以我们决定赶紧离开稻场。但再去哪里呢？我又决定去火车站票房，那里有凳子可坐，晚上人少还可以躺一会，于是我们就到火车站票房里待到了天亮。爬起来后在一个池塘边洗把脸，到食堂吃了碗稀饭、两个馒头，就匆匆忙忙赶到了考场参加考试了。接到试卷后，按考场老师讲的要求，及时填写完个人信息后，就抓紧时间答题。我决定先浏览一遍，把会做的题赶紧做完，后再做较难的，这样就不会丢自己会做题的分。这样四门课程（语文、数学、理化、政治）考的都还算顺利，考后大概估计了一下：会做的约有一半吧！拿不准的也按自己的思考做了些，心想及格差不多吧?！其中数学试卷上有两道导数题，我现在还清晰地记得：一道是求正弦函数的导数，另一道是求一个函数式的导数。当时没学过导数，只要是学过导数部分内容的，肯定会做出来。这是上大学后学了高数后的觉悟。高考的两天我们都是这样度过的：晚上钻到稻草堆睡觉，半夜后到火车站票房躺下，白天匆匆忙忙吃口饭，赶紧赴考。这就是我的高考生活。尽管很苦、很累，但当时也没怎么觉得，我们不怕吃苦、受累，农家孩子嘛！

11 日下午交完最后一门考卷后就及时回家了，晚饭还喝上了爸妈为我煨好的鸡汤，这时还引来了邻居家孩子们的羡慕呢！高考后就是企盼，就是翘首以待！怀抱梦想，带着企盼又去了"共大"劳动和学习。我上"共大"的最大心愿就是：一定好好学习，回家当好医生，尽快医好我妈妈的病。同时，也为大家——父老乡亲们服务好，一定要做个出色的乡村医生！有了决心，又有高中时的化学知识的基础，所以我的学习较好，每次理论考试总能获得较好的成绩，在县医院实习时，实习医生也较喜欢我，我也学到了许多临床知识。有一次我们卫生班组织同学们上山采中药，我基本能辨认近百种中草药。我本来就读卫生专业，高考填志愿时，有朋友就建议我报医学类学校，但我高中时学习过一些农机知识，觉得工程技术厉害，能将一堆死铁设计制造成能动、能跑、能做许多事的机器，真是了不起，很有意思，而当医生责任重大！所以我填报志愿时就选报了北京邮电学院、武汉大学、孝感师范学院等理工科。我这样填报志愿是有我自己的想法的。当时的想法很幼稚，太天真了。其实当医生也是很好的！

高考后的某一天，我爸爸突然来到了学校，说收到区里通知，叫我这两天到县城医院体检。我和大家一听就知道这是高考后上大学前的体检，就是说上大学有希望了。我们回家后，我妈为了让我上县里体面些，还特地借了我表哥的一套外衣，我穿着表哥的外衣感觉精神了许多，就赶紧赶去体检了。在县医院体检时遇到了很多高考学子，他们大多是武汉上山下乡的知青。像我这样的回乡知青还真的不多。体检还算顺利，之后我又去了"共大"。春节后我们卫生班学员分别到各个区卫生院实习。实习中的一天中午，我爸爸突然又来到了我实习的区卫生院，说邮递员送来了一封信，当时这个邮递员对我爸爸说，这可不是一般的信，是大学录取通知书和相关上学报到的要求及要带的各种证明材料等，可不能丢失了！据我爸爸说，当时全村的许多人闻讯都来我家看这封信，都很高兴，前来祝贺我考上了大学（我被录取到长春光学精密机械学院精密仪器制造工艺与设备专业）。那一年，我们那个不足百人的小村一下子出了三个青年：一个光荣入伍，一个考上中专，我考上了大学。这下我这个多少年来名不见经传的小村一下子出名了，连县城的很多人都传说着祝站区的小毛家湾有小孩子考上了大学。不是吗？当我赶到县城教育局办手续时，很多领导都问我你是小毛家湾的毛道华呀？"是"我好高兴地回答！他们连连称赞地说：不错不错！难得难得！在交谈中不知不觉手续就给办完了。我记得，当时还去乡镇办理了农村贫困家庭情况证明等材料带往了学校。

接着就是想办法筹凑上学的路费。从我家到长春当时的火车票价要 30 多元钱，这可不是一笔小数目，那时喂一年的猪也只能卖到 50 元钱。当时还是亲戚、朋友、村里乡亲们帮助，才勉强凑够了路费。当时我记得到长春学校后，身上只有 5 元钱了。好在开学后学校给了我 19.5 元的生活补助费，我心里才安定了些（读大学四年，我没向父母亲要一分钱，我二叔给我寄过 5 元钱，我向表哥借过 20 元钱）。准备好路费，我就准备启程了。头天晚饭，村里好友还特别邀请我去他家吃了一顿饭，还喝了点酒，讲了许多祝贺和叮嘱的话，算是给我饯行吧！第二天爹妈为我收拾好行李，其实就是一口木箱装满衣物、铺盖等物品，用扁担挑着就出发了。村里好多乡亲都前来送我，那场景是我一生中较少有过的。父老乡亲的恩情令我终生难忘！我的好友为我挑着行李，送了一程又一程，还是依依依不舍，足足送了三里多路，我再三谢谢好友的送行，他才放下担子返回了，返回时还不时地向我挥手喊话：道华，保重！好好学习！……你这次是真的到了天边了！

我爸一路护送我到武汉叔叔家，那天我叔叔家可是双喜临门：我上大学是一喜，我大表哥与他对象第一次会面又是一喜。一大家子人，好不热闹！学校通知书上说，长春很冷，要多带些衣物，于是我爸就带我去百货店买卫生衣（较厚的绒布衣）。我记得当时要布票，布票是定量的，每年每人一丈五寸，我买卫生衣时还差三寸布票，按规定买不成了，我身上的衣服在湖北还可以御寒，到了长春肯定不行。我们说的话，被另一位营业员听见了，就上前来问我：你是去长春上大学呀？嗯！好学生，来，阿姨帮你垫上布票，你把卫生衣买走吧！当时我真的好感动，连忙谢谢，那位阿姨的模样我至今还记得：穿着一身蓝色外套，身体富态，慈祥、和蔼可亲，真是全心全意为人民服务好榜样！真的好值得我好好学习和称赞！买好卫生衣就要去火车站买车票了，幸好我叔伯弟弟的一句话，让我节省了一半的路费：凭大学录取通知书，可以买半票的。果然买票时同时递上了大学录取通知书，结果真的只要半价了！这让我们好高兴！我真的要好好谢谢我的叔伯弟弟，他生长在武汉，见识就是比我们多，他脑筋灵活，社会知识懂得多，但读书不太好，没考上大学，他后来自行创业，当了大老板。

上大学是我第一次出远门，从汉口上车，大约 18 个小时后，就快到北京了，列车上的广播开始广播了：旅客同志们，朋友们，列车很快就要到达北京站了！北京是我们伟大祖国的首都，是我国政治、经济、文化中心，那里曾是我们伟大领袖毛主席工作、生活过的地方。那里有世界著名的建筑群，有雄伟壮丽的天安门，有巍峨挺拔的人民大会堂，有让人肃然起敬的毛主席纪念堂……我听着听着，心情好生激动，简直就是热血沸腾，心潮澎湃。为自己能生活在这样的国家、这样的时代，为自己已是一名光荣的人民大学生而感到由衷的骄傲和自豪！心里憧憬着美好的未来……

在北京站待了一夜，多想看看那美丽神圣、魂牵梦萦的北京啊！但哪里也没去：一是一担行李没处存放，二是环境不熟不敢贸然行动，三是出门总得要花钱，身上没钱，更不敢……第二天换乘××次列车于 1978 年 2 月 26 日中午时分到达长春站。啊！长春，啊！长春光学精密机械学院，我来啦！下车走出车站，看到很多显眼的大学新生接待站。我找了一会就看到了长春光学精密机械学院的新生报到接待站，"啊！找到啦"。我上前说明情况后，热情的老师和学长们帮我拿行李、搬箱子，并把我的两个背包搬上了学院的接待车，等我把所带东西归整后，发现接待车不在了，这下我心慌了，忙问接待人员，一个女老师告诉我：不要紧的，车一会儿会回来的。大约半小时后车真的回来了，我忙上车看看，我的两个背包还在车上。随之而来的就是接待人员带领我们五六名新生到了车站右边——东边的一个旅馆里休息、等候，大约半小时后，我们又随接待人员上车到了梦寐以求的大学——长春光学精密机械学院。先拿出入学通知书，然后被领到了我们班——7703 班的宿舍——中间宿舍楼的一层东半边的几间宿舍里。进入宿舍前，我已看到先来的部分同学们已经安顿好住下了，我到时好像有三间宿舍还没人，我随便搬进了一间，清理了一下铺好床就休息了，实在是太困太累了，因为几天的车马劳顿，随便洗了洗就躺下了。躺下后人就觉得在云里雾里一样，就是觉得耳朵里不停地在轰隆轰隆地响，大概是第一次出远门又是长时间坐车的缘故吧！这种感觉一直持续了两天多吧。安定下来后，同学们也陆续到齐了，第一任班长是蓝啸风，他组织大家开了个班会，算是大家第一次见面会吧，相互进行了一些问候，算是认识了。这之后，我们就投入紧张的学习生活中了。我们这级大学生，一般都是经过上山下乡，或回乡务农的锻炼，都觉得耽误了较多的学习时间，现在又能回到学校，而且是上了大学，更是想把所有耽误的时间抢回来（或叫补回来），所以更是如饥似渴地学习。大家的学习劲头特别足，白天就不必说，晚上宿舍熄灯了，有的同学还在路灯下看书学习，那种学习干劲和学习精神真是到了忘我的程度。这种学习情景是我在中学从未看到的，也是从未感受过的。感觉大学真的和中学大不一样。开始给我印象较深的好像是刘学农吧，他总在学习，那学习干劲大的我都没法形容。我想，在中学我就算是够勤奋的了，但与他们相比，真的就是小巫见大巫。一下子就觉得或感觉到了学习的压力，中学的那种学优（学习优秀者）的优越感怕是很难再有了。这种感觉真的被后来四年的大学学习生活所印证了。这是后话。中学时的优越感荡然无存了，感觉有些失落！真的感到人上有人，天外有天。但不管怎样，到了大学，艰苦奋斗，努力向上是必需的。所以我始终保持着农村孩子特有的勤奋吃苦、朴实无华、努力奋斗的作风伴随着我大学四年的学习生活，自觉默默努力着，用功着！还总是想着赶上并超过他们，夺取象中学时的学优成绩，找回中学时的学优感觉和自信。但由于（也可能是）天分不足，始终未能如愿。入学后不久，学校进行了一次考试，刚开始一听说要考试，有些学生担心考不好，怕被退回去，所以非常紧张，甚至是害怕，但后来老师说这次考试是摸底考试，目的是掌握大家的成绩状况。听老师这么一说，我们这才放心了！随后我们就在长春光学精密机械学院 7703 班进入了正常的学习生活，在成长为"高等学院、科研院所和企业所需的本专业的高级技术人才和高级管理人才"的大道上奋力迈进着！

最后我还想说的是：我们 7703 班，在坚强的党小组、班委会的统领下，形成了一个团结、友爱、勤奋、努力、好学、上进的班集体；是一个充满活力，充满凝聚力，充满战斗力、奋发力的班级；是一个受人仰慕的班级。大学四年里，我们班全体学生齐心努力、共同奋斗，共夺得各种奖牌 20 多块、锦旗 10 多面。想当年，校运会上，场上健儿奋力拼搏、勇于夺冠，场下的同学热情洋溢、全程服务，助威呐喊；功课上，人人勤奋刻苦、争先创优、比学赶帮；日常生活中，个个勤俭节约、克勤克俭、关心、帮扶、情同手足……看今朝，我们当中有的担任省部级领导、肩负着重大的社会责任；有的成为党和国家的智囊团成员，为中国的改革发展献计献策；有的成为大学教授、学术带头人，教书育人，桃李满天下；有的成为国家科研骨干，创造出一个又一个奇迹；有的从事金融、企业高管，推动着中国经济社会的发展、进步……我们 7703 班是一个永远不会离散的班级！是我们永远爱着的班级！无论是当年还是现在，无论是在天涯还是在海角，我们都铭记着我们是 7703 班的一员，我们也一定都有同样的感受：为当年能在 7703 班学习而感到高兴和幸福，为今生能生活在7703 班的氛围中而感到骄傲和自豪！

传承昨日荣誉，再谱明天华章！

我衷心地祝愿大家继续保持朝气蓬勃，奋发向上的精神，在各自的教学、科研、管理岗位上努力做最好的自己，让我们的夕阳更红火、晚霞更灿烂、人生更辉煌、7703 班更朝阳！

2017 年 3 月 26 日于长沙

大学时代

毛道华，湖北孝感人。1957 年出生。1975 年中学毕业后回家务农。1977 年参加高考，进入长春光学精密机械学院学习。1982 年进入国营第 5137 厂工作。1995 年调入孝感朋兴乡政府工作。2007 年受湖南机电职业技术学院聘请成为该校专业教师直至退休。

# 20世纪70年代的记忆

宋光伟

    2016年，办理退休手续的时候，办事员看完我厚厚的档案对我说："你的经历是我见到的最全的，下过乡、当过工人、考过大学，除了没有当兵，全经历了。"是啊！其实还有打工！想起来除了当兵、经商没做过，都经历过了。但是我们这代人、我们这代读过书的人都是这样的呀，我们班里大多数都是这样的经历（当然不算小郭——郭武奎）。

    我的家是在吉林省磐石县（现磐石市）红旗岭镇的一个生产镍的矿山里，距离县城45公里。1960年我家从石咀子铜矿搬到了这个因矿才有的镇上。五年级的时候"文化大革命"开始，1968年我该上中学，因为没有中学可上，只有继续上小学七年级，到1969年2月才上中学，改成春季入学了。1971年要毕业时学制又改成了4年，所以小学加中学我一共读了11年（一共21个学期）。1973年2月，我们磐石镍矿七一届中学四年300多名毕业生（按当时的说法是一个面向、我的上届——咱的大哥徐兆丰的七零届是四个面向），全体下乡了。我下到了吉林省磐石县官马公社粗榆大队第四生产队，一个叫大泉眼屯（当然还有中泉眼和小泉眼）的地方，成了广大知识青年群体中的一员。我们集体户一共有13人（9男4女），第一年（1973年）除了留口粮我赚到了来到这个世界的第一笔工钱34.83元；1974年这一年卖掉口粮（招工要卖掉口粮来办理粮食关系），赚了135元。1975年1月，矿里招工回到了矿山（那时叫887厂），分配到运输队做了一个倒煤的装卸工（下雪时当然就是倒雪煤了）（除了倒煤还要卸成袋的货物：每袋纤维素20公斤、化肥30公斤、水泥50公斤、纯碱 80 公斤）。由此，开始了我造镍的生涯。1977 年矿里的铁路专线开通了，汽车运输队解散。1977 年年初我被调到氧气厂做了带级学徒的维修钳工（二级工每月工资 39 元）。

1977 年 10 月下旬，消息传来可以考试上大学了。这个消息牵动了我压在心中的欲望，中学毕业后五年来一直向往去读书上大学！毕业后有一个读书没读够的心念一直围绕着我，想继续读书。

但是，对于我们这些新三届，谈何容易，学基础课的时候什么都没学到；中学毕业马上就五年了（下乡两年、工作三年）。虽然在下乡的雨休时、在上班后倒煤休班时都会拿出中学的课本演算数学题，但大多数都是学过的那点东西。而要考试的五门功课中的其他四门（物理、化学、语文、政治）都很差。距离考试时间就两个月多一点，只能在下班后才有时间复习。尽管 11 月中旬后，矿里每天晚上在学校组织了各科的复习班，但是越复习越觉得差距越大，就越没底，心就越焦急，以至于进入 12 月份距离考试还有两周的时间时就再也看不进书了。考试开始的时候是带着焦虑和忐忑的心参加了 1977 年的高考。

开考的那天是头顶大雪，和 300 多名县里各矿山系统的考生一起走进了设在矿中的考场，四场考试过后感觉除数学还可以外其他考得很不理想，比如数学试卷里一个什么是点的轨迹，我答得是"点的轨迹就是圆"，因为好像在哪看过圆是一个什么点的轨迹，语文考卷连分析句子成分也只找到了主语（咱中文的语法是大学学英语时学到的），考完后就去中学班主任老师家说考的不理想可能没戏了，开始准备继续复习再考。

1978 年元旦过后，矿里的大喇叭广播了进入体检线（181 分以上）的考生名单，我名列第三，有消息打探出第一名的是 248 分、第四名 225 分，我因为没有门路并不知道具体考了多少分（入学后知道了高考成绩：语文 42 分；政治 47 分；理化 61 分；数学 85 分；总分 235 分）。体检过后录取开始了，陆续有考生接到通知书，排名第四的在二月中旬接到了录取通知书，26 日报到，而我却一直没有一点点消息，这段时间是在漫长的、焦虑和多疑中艰难度过的。我的家人和我的老师们都替我感到惋惜。记得是 3 月 7 日 8 点多（那时是 7 点半上班），我们下面汽修车间（矿山里厂房都是建在山坡上的）负责两个车间（汽车修理车间和我所在的制氧车间）的报刊员在去镇上的邮电所取报纸信件回来后就在下面喊："氧气是不是有个叫宋光伟的？你考大学的通知到了，去矿上收发室去取。"走到跟前，老师傅又说："你的是长春地质学院的，还有一个 607（镇上的另一个单位——勘探队）是长春光机学院的。"这时候，我知道长春光机学院的通知书一定是我的了（我没报长春地质学院，而长春光机学院因为消息灵通人士讲录取很少，所以矿里就我一个报这所学校的。因为是挂号信所以他没权力给我带过来）。这时，车间其他师傅都过来说小宋快去吧，我的师傅又给了我一张招待女职工过三八妇女节的电影票，让我取了通知书就去看电影。一路小跑（我们车间距离矿机关大概有两公里）到了矿机关的收发室（矿里负责收发的是一个转业老军人，所有人都叫他老八路），我说师傅我是来取通知书的，他说没有什么大学的录取通知书啊，你叫什么名字（其实从二月初开始，每天我的父亲都到收发室来问有没有大学的录取通知书，在镇上工作的姐姐都去邮电所问。可是谁也不知道录取通知书就是一封挂号信，没写是录取通知书的）。我告诉了他我的名字，他在递给我一封黄色信封的信件时说："正在犯愁，这封挂号信怎么发出去呢？咱们矿一共五千多人，去哪翻这个宋光伟啊！"我拿过来一看这封挂号信只写了"磐石县红旗岭镇磐石镍矿，宋光伟收，长春光学精密机械学院"（那时候宋光伟还不是名人，知道宋光伟的最多也就二三百人，所以咱们的老八路在犯愁）。拿到信后，没有打开就直接跑到二楼我父亲的办公室（矿里的生产计划科），喊到"爸！我的通知书到了，是长春光机学院"。爸爸接过挂号信快步走出去告诉原来在矿中当教师的郭殿臣老师（郭老师是后来调到矿机关工作的），郭老师接过挂号信看了下信封，就拆开取出了录取通知书（奇怪的是档案里没有录取通知书），才知道录取我的是长春光学精密机械学院，被录取到光学精密机械系精密仪器制造工艺及设备专业（报考时，长春光机学院在学校介绍时没有专业目录，是加粗的黑体字后面注明的是专业保密），报道时间是 3 月

12—14 日。接下来没有看成电影（那年矿里出了一个新规定不让男人去看招待女职工的电影，其实也没心思去看），就忙着去我中学班主任李云才老师、我的堂哥宋占青老师、我的堂嫂李恭贤老师报喜去了。

　　12 日晚上爸爸领着我这 23 岁的儿子赶到有火车的县里，准备坐 13 日早晨的火车到吉林市转车去长春上学（只有早上 5 点多的一班车），这是 23 年第一次离开磐石县的长途旅行。爸爸送我上车后就回去了（我父亲在回家后为了他的儿子能读书毅然地戒掉了抽了 40 多年的烟，每月可以省出 3 元钱给儿子当作生活费），11 点到达吉林市，下午 1 点多坐火车去长春（中午在吉林市的站前饭店吃四两粮票一角钱的饭和一角钱一勺的菜。吃饭时看到了一个奇怪的事，就是大城市和我们乡下不一样，白菜蕾苔了都要开花了他们还在卖，还在吃，我们乡下都不吃的哦）。当天下午就到学校了，进校门的时候看到了气派的三栋大楼，可是转过大楼后就都是平房了（后来知道那些平房是校办工厂、校机关、幼儿园和食堂）。在教学楼一楼办理了入学报到手续，我们精密仪器制造工艺及设备专业是 7703 班，自那日起 7703 就印在我的心里了。

　　宿舍却是楼房，我分配在一楼，记得王健伟、郭武奎、余燕军和一个长春的徐兆丰（人没在、行李到了）已经先报到了，还有谁不记得了，一共 8 个人。交流后，知道长春最热闹的是五商店，还有大马路和火车站前的长江路，光机工厂商店那有一路公共汽车 25 路到工农广场，然后坐 6 路可以到五商店。

　　第一个周日想去五商店买些学习用品，就去光机工厂商店坐 25路。一早起来，我来到光机工厂商店，可是里里外外都没有找到卖票的地方，感到非常不解。同学都说有车的啊！怎么没有客运站，没卖票的地方呢？买不到票怎么坐车啊？没办法了，只好走着去了（心想最多也就十几里路，从我下乡的屯到公社还 20 多里路呢），就沿着卫星路转斯大林大街（那时候，工农广场南面的路不叫斯大林大街，叫什么记不得了）前行。一身工人叔叔的打扮，身着工作服（矿里发的，上学时带了三套），大踏步开始了往五商店的征程，一路上看到了三机床、吉林省机械工业学校、航校，看到了磐石路，看到了南湖，看到了光机所、工大、有色招待所、电力大厦，可是怎么看都没有同学说的五商店呀，再往前看也没有像有商店样子的地方。3个小时过去了，也不止10里路了啊，这省城也太大了吧。想起刚走过的一个街道看过去人很多，就去那吧，五商店还是以后再说吧。转身回头，走到刚才看到的地方是桂林路，去桂林路商店买了瓶红色的钢笔水和几个本子，然后沿着同志街绕着南湖回到了学校，才知道长春真的大啊！第二个周日，在郑济宁的带领下再次启程前去长春的几个繁华地方——五商店、大马路、长江路。这才知道，城里公交车是在车上卖票的，不像我们县里镇上的客车是要在客运站买票后检票上车的。哈哈哈哈，我也知道怎么坐公交车了！还有在开学以后，有一天食堂菜牌上有个菜叫菜花炒肉，没吃过，打回饭一看就是那个在吉林市站前饭店看到的那个窜苔的白菜——原来是叫菜花啊！不好意思是山沟沟里的人见识太少了。

入学后并没有马上开课，在这个空闲的时间里就都去教室（五楼最东边北面的教室）自习。后来，班长蓝啸风组织了一些同学给全班讲解了一些大多数人没学过的高中课程，我记得好像是薛澜讲的是排列与组合，王卫平、张学明都当过我的老师，还有现在记不得了的其他课程。经过接触，慢慢地结识了我的同学：东北人的后代——来自广东潮州的王健伟，到我们宿舍找切片的陕北黄陵的房春虎（春虎儿子说他爸爸是一口醋溜普通话），在家里天天吃大米饭没见过窝头叫它"尖尖的、黄黄的、下面带个大窟窿的"湖南沅江的彭兵勇，带着貂子皮棉帽子有漂亮胡子的黑龙江克东的第一任班长蓝啸风，到什么时候说什么话（名言啊）的大哥长春徐兆丰，高阳酒徒老干部张康庭，河北获鹿的小妹妹我的同桌高老师（忘记名字了，过了好一会才想起来她叫高慧琴），警察——我们来自甘肃天水的小弟弟郭武奎，大冬天不穿棉鞋不戴帽子的九台的帅哥乔长青乔老爷，是你就唱你的武汉的陈雪娟，大冬天不盖棉被只用美国鬼子睡袋的、从我的邻县桦甸考的郑济宁，说话舌头捋不直的北京人吴颐和麻顺利，不明白小舅子是谁的王晓华，和我一起穿一身工作服让长影保卫科抓过的沈阳模具钳工刘学农，高声要证明自己是叫卯叨发的湖北的毛道华……

还记得我们班的座位和其他班不同，不是随便坐的，是我们的班干部们（看档案才记得刘学农、葛明先是给我写鉴定的啊）按基础好的和差的来搭配安排的，按现在的说法就是"一带一路"，高老师就是班委们分配给我的（我年龄大基础太差），一路带了我四年。更记得毕业时我们每两个人就可以分到一张奖状（四年一共获得了 20 多张奖状应该是罕见的）。

四年的时光飞一样地过去了，我们 7703 班是学校里最好的班，我们宿舍是班里最欢快、最守纪律的按时熄灯的宿舍——因为警察——郭武奎管着我们。非常遗憾的是毕业分离时，我只在 6 路车上送了两站和一星同学一个人。其他人都没有去送成，遗憾啊（在大家都离开的那天我在办理行李托运）！！！

1982 年 1 月拿着派遣证的我又回到了离别 7 年的官马公社，来到了离我下乡的粗榆四队（大泉眼）18 里地的国营 324 厂，1983 年 12 月调到了吉林市，1996 年 12 月外出打工离开了吉林市碾转来到了深圳。

从 1977 年参加高考 40 年过去了，我也从一个风华正茂的小青年变成了行将就木的老朽了。感恩我的爸爸妈妈姐姐弟弟妹妹能在艰苦的生活里供我上大学！感恩我的小学班主任徐淑英老师、中学班主任李云才老师，感恩我的堂哥宋占青老师、堂嫂李恭贤老师支持鼓励我继续读书上学！感恩 7703 班同学们在校期间对我的帮助！

现在回想起来，感觉参加高考跑出来上大学其实是很自私的，只考虑自己，不顾家里有多困苦，心中有愧啊！

2017 年 4 月 13 日于深圳

高考后、录取通知书接到前（我是 **3 月 7 日**接到通知书），背景就是
磐石镍矿制氧车间。后排右三是本人。

宋光伟，吉林磐石人，1956 年出生。1972 年中学四年毕业后下
乡，1974 年在磐石镍矿运输队装卸工，1976 年年底调入制氧车间。
1977 年参加高考，进入长春光学精密机械学院本科学习。毕业后分配
到国营 324 厂，1984 年调入吉林市光学机械厂，1996 年起在广东从
事机械设计与技术管理工作。

# 通往学校的路

王卫平

在江西景德镇南山脚下南河旁，有一条一百多米长以前是通往子弟学校的小路，路的东边是代表中国青花瓷历史的景德镇湖田村，路的西边是代表中国航空工业的中国直升机设计研究所（602 所）的招待所。历经 40 多年的四季往复，改建变迁，虽然已是人非物也非，但总体的格局并没有改变。每当我走过这条依然破旧的小路，站在已经是 602 所南河小区的子弟学校旧址前，回望那更加郁郁葱葱的南山，40 年前那恢复高考前后的一幕幕场景，总会清晰再现眼前，使人难以忘怀（那一年参加高考的 570 万考生，无论考上没考上，每个人都会终生难忘）。

## 历史与现代遥相呼应

湖田村是中国宋明两代规模最大、延续烧造时间最长、生产瓷器最精美的古代窑场。在 20 世纪 90 年代初湖田建起了古窑博物馆，在它周围环绕着 13 处重点保护区和 26 万平方米面积的尚待挖掘的古陶瓷遗存，完整地保存着古陶瓷历史的原貌。

1969 年 12 月，"三线"战略大后方建设规划中的景德镇"三厂一所"直升机生产基地，其中"一所"的"中国人民解放军第六研究院第六〇二研究设计所"（也就是今天的中国直升机设计研究所）定点在了景德镇湖田，而所家属区和生活区（是典型三线规划要求，最多时子弟学校、幼儿园、卫生院、食堂、招待所、粮油店、煤店、开水房、洗澡堂、小卖部、蔬菜副食品店等一应俱全）就建在湖田这片古陶瓷碎片之上。从那时起，成千上万名中国直升机事业的缔造者们，从祖国的四面八方聚集到景德镇新厂（昌河飞机制造厂选址）和南山脚下的湖田村，开启了中国直升机事业的漫漫征程。如今，高耸的设计大楼，巨大的生产试验厂房以及试验试飞设备，与千年的古窑保护区遥相呼应，而景德镇上空原来那厚厚的灰黑烟尘和蒙蒙的雾霾，已经被蓝天白云下那一架架悠悠盘旋动感鲜艳的直升机代替。

### 南方北方景德镇之缘

我的父母是新中国的第一代航空人。跟随父母亲的航空事业之旅，我出生于中国重工业城市沈阳，在中国航空城西安阎良长大。1975 年年初，为了"三线"建设的需要，我又随父母来到瓷都景德镇，父母亲也回到他们阔别已久的南方故土。这一年我 18 岁，已经开始有自己的思考和感悟。

景德镇给我的第一印象是湿冷和下不完的雨。千百年烧瓷产生的灰黑烟气与白色的雨雾交织，天天在三面环山一面傍水（鄱阳湖）的景德镇上空盘旋，常常给我这个西北关中平原长大的孩子的心头带来压抑感。其实，真正的压力来自即将步入社会，要面对上山下乡，面对陌生的南方农村以及难听懂的景德镇"老表"话。前面的路有太多未知，而一起长大的同学伙伴却又相距千里，不能相伴同行。

也许是冥冥之中一种命运的安排，在没有孩时亲密伙伴的新环境里，在可以选择留城的新政策下，在间断的临时工作和等待招工的过程中，我感到那时最不缺少的就是时间。新环境中使我唯一感到满足的是，在 602 所工会图书馆我可以借到各种文学和社会学方面的书籍（大多是马恩列斯的著作、《毛泽东选集》，以及《红旗谱》和《艳阳天》之类的书）；而 602 所科技图书馆的叔叔阿姨们，也常常为我们这些喜欢看书学习的所子弟网开一面，允许我们到图书馆内随意翻书借阅。后来在高考复习时，许多数理化方面的书籍（虽然都是"文化大革命"前的大中专教材，我也只有前面一点基础的部分可以勉强看懂）我都是从这里借到的。也许就是 602 所的图书馆决定了我的命运。

刚刚从书籍中找到一点慰藉，1976 年的几件国家大事，毛主席和周总理的去世、唐山大地震，再加上 602 所年底招工没招上，心情又一次掉到谷底。好在我的临时工变成了季节工，总算在所物资科有了稳定工作，从原来挖土修路、装卸砖瓦砂石和粮食煤球，变成了物资科的待验工（602 所计划采购的科研物资，从车站运送到所里后，进行检验核对，正确无误后方可入库）。不过，当看到我们一届曾经一起干苦力的同伴在研究室试验室上班，看到他们每天在所教育科教室上课培训，心理总会形成巨大的落差。

**重走学校之路**

在所物资科工作最大的好处是每天可以看到各类最新的报纸。我是在报纸上看到"科技座谈会"讨论恢复高考的消息，第一次感觉到自己可以把握自己的命运了（我们这一代人是只有集体，很少能找到自己）。物资科虽然也可以挤时间看书复习，但在上班工作环境，看报闲聊可以，高考复习却名不正言不顺，更何况我还是临时工。

刚调到 602 所时，由于住房紧张，我家在 602 所招待所暂住了半年多，而招待所的后面就是子弟学校的二层教学楼。当时，虽然还有半年高中毕业，但转学昌河子弟中学后，就到昌河飞机制造厂的机修车间学工劳动，天天和机床打交道，一身油气满脸疲倦。每当听到学校传来的琅琅书声，常常使我思念起学生时代的美好时光和以前朝夕相伴的同学。

经过短暂的徘徊和思考，我找到了当时的子弟学校工宣队队长兼学校校长詹腊生，自我推荐当老师。很快我就重新回到了学校，每天往返于通往子弟学校的那条小路，但已经不是学生，而是变成一名临时代课的老师。每天备课、上课、批改作业，同时抓紧一切时间捡起已经丢了很久而且没学多少的中学课程，虽然身体有些疲倦，但精神却始终处于亢奋状态。没有想到的是，按惯例高考是秋季招生，而在 1977 年那一年却改成了春季招生。当那年十月下旬突然刊登恢复高考的通知时，已经距离高考的时间只有短短的四五十天了。这可是史上最短的高考备考，对于当年有资格参加考试的每个年轻人来说，人人跃跃欲试，而等待时间最长的已超过十年（同我一个考场考试的，我妈一个组的飞机总装工艺员，是"文化大革命"前中专毕业生；还有我们子弟学校的高中语文老师，是老三届高中毕业生），不能再错过机会了！

当年每个人都有自己的备考经历，而我的备考是既没有系统的复习资料（我们初高中数理化课本，堆起来没有一扎高），也没有可参考的复习题（我大弟弟同学，1978 年高中毕业，是子弟学校唯一推荐提前参加高考的，他复旦数学系毕业的父亲给他出的复习题，我很多都没见过，已含有大学微积分的题）。参加高考我对自己语文和政治还是有点数，当年教我高中语文的寇养厚老师，不但有一手让我们每一个学生都终生难忘的潇洒而有气势的粉笔板书（每一次上课对我都是一种语言和视觉的享受），而且他那深厚古文和优美白话，让我受益并效法（就连笔体都一并效法），也是我这个后来学工科的学生一生都无法企及的（寇老师后来听说调到山东某大学当老师）。另外，高中时我们班主任张秀薇老师是四川大学化学系毕业的，化学感觉无机部分还是系统学到点东西的（化学元素周期表就背得很熟）；而我的高中物理张大钟老师是清华物理系毕业生，虽然是"文化大革命"前最后一届，但当时上课时的气场至今记忆犹新（我对电子技术的厚爱，除了受几个一起玩半导体的同学影响，物理张老师影响最大）。最让我心里没数的是数学，而当时所里为了支持所子弟高考，专门请所里的专业技术人员办了数学晚上短训班，对我来说那真是雪中送炭。

为了真正投入高考复习，我只有请假找老师代课，回到家中全身心自己闭关修炼。从没有真切地感到时间紧迫，每当学得身心疲惫时，总后悔为什么在那黄金学习阶段没有跟老师多学点，开悟太晚（我们大部分人往往事后开悟）！为了提升复习效率，喜爱体育锻炼的我，那时还坚持晨跑早练，使自己保持良好的身体状态。知识是需要不断学习积累的，身体更需要常年锻炼保持，身心健康简单说就是自己养成良好生活习惯，而一生都坚持不懈最难，这也是从那时起慢慢悟到的。

终于等到自己第一次高考时刻的到来。所里参加高考的除了历届应届高中生，还有很多所里在职职工，总数百余人。考试前看考场，满满两辆大巴车载着一个个信心满满的 602 所高考人，让景德镇一中校门前的其他考生个个投来羡慕的眼神。考试过程中，有的政治不到一小时就做完（前已提到的老中专），有的数学过了半小时就交卷，不但景德镇本地"老表"（昌河和 602 所职工、家属由于都说普通话，被称为"北方佬"）议论纷纷，"嘎厉害，听说报考的是中国科大"，而且，我也感到这些武林高手太厉害了。我的政治考得是懵懵懂懂，答题的空白处都填满了，但离开考场就忘了是怎么答的了；数学更惨，前面 20 分的填空题还算顺利，后面所有大题都是解到一半就解不下去了；物理化学本来就有侧重，许多都没复习到（其实是中学没学过），不会理所当然；唯独语文因为只是一篇作文，感觉写得还可以，但细想可能还有点跑题。真是凄凄惨惨戚戚，只好暗下决心来年再战。

本来就是"一颗红心，两种准备"站出来接受祖国挑选的。考试一结束我就回到子弟学校继续当老师，并没有抱太多期望。高考录取的小道消息不时搅动着小小的 602 所。1977 年很快过去了，改革高考招生制度让青年人第一次看到了更美好的前程，让许多人找到了奋斗的目标，全社会都在欢欣鼓舞中迎接 1978 年的到来。元旦过后没几天，初试录取的名单就到了所里，包括我在内我所一共录取 6 人，其中在职 3 人，而所子弟中我是历届的，另外两个，一个是应届生张方（景德镇一中毕业，录取北航），一个是在校生朱晨（子弟学校唯一推荐提前参加高考，录取成都地院）。接下来就是体检，等待录取通知书（江西是高考前报志愿）。检查完身体后，心思已经无法专注于子弟学校了，詹校长还是期望我代课到学期结束。时间紧张又重新感到压力，数理化基础那么差，真上大学能跟上吗？英语本来学的就很少一点点，还必须花时间捡起来，还有政治、文学、历史、钢笔字……

元月快结束的一天，突然所里有消息在传，我被东北某高校录取。所里的职工在景德镇市一百货商店巧遇录取新生的老师，他是在江西录取完新生专程到景市看他姐姐，并约我见面。见面后得知，我被长春光学精密机械学院录取，江西共录取 6 人，我年龄最大，所以录到机械专业。我是报了长春光学精密机械学院，是我父亲计量中心的一位中国科技大学毕业的同事推荐的，说是科学院两所大学之一，专业非常好，一般都分配到科学院的研究所（上学以后才知道，科学院受冲击很大，学校已归五机部管，四年后毕业我被分配到真正的大三线山沟里）。但当时报志愿时并没有专业，如果有专业让我选择，我肯定会选光学电子专业（当时的07专业，后来我从丰宜兵器206厂调回602所，所从事的就是航空电子技术和光学武器系统以及计算机仿真试验等方面的工作）。我是所里第一个正式知道被高校录取的，这也许是我回报给父母亲最值得回忆的无形资产，同时也是给大弟最直接的激励（1978年高考，他追随同学朱晨也考到成都地院，走上自己那放射性地质勘探之路）。长春光机学院在向我招手，"亲爱的祖国，我来了！"追随着心中的梦想，坐着需要走三天三夜的火车（大部分时间是坐在自己带的行李上，而且还要中间转车三次），我向着心中那神圣美好大学一路前行！

### 后记：未走完的学校之路

当年匆匆离开景德镇时，没有想到会回来，更没有想到会接父母亲航空事业的接力棒（其实我的第一志愿报的是西工大）。40年后，在中航工业已经工作近35年的我，今年也将退休了。想起当年在大学时的口号"为祖国工作五十年"，现在理解应该是健康生活的概念，我们健康的身体和健康的心理就是对祖国最大的贡献（知识分子对预期寿命的贡献是偏低的）！40年前到现在，我们一直是随着中国改革开放的滚滚洪流前行，在社会这所大学里拜师修行。如今退休了，真正的修行之路才刚刚开始（生老病死，我们还有后面三个），我还想重走自己心中那条通往神圣美好大学的路，老同学们让我们一路相伴不要掉队，不是"再过二十年我们来相会"，而是"难忘第二个四十年"。当面对千年湖田古窑，40年的时间长吗？

景德镇湖田正在兴建新的古窑遗址公园，而附近名气越来越大的陶溪川、三宝国际瓷谷等景德镇陶瓷文化产业园，正继续书写着景德镇陶瓷这一古老文明的新篇章！

2017年3月19日于景德镇湖田

**1977 年参加高考时准考证照片**

　　王卫平，祖籍广西兴安，1957 年出生于辽宁沈阳。1974 年毕业于江西景德镇昌河中学。高中毕业后在景德镇中航工业第 602 研究所当临时工。1977 年参加高考，进入长春光学精密机械学院光学精密仪器制造和工艺专业学习。毕业后分配江西丰宜兵器 206 厂工作，1983 年调到景德镇中航工业第 602 研究所。

# 镌刻在记忆中的 1977

王健伟

1977 年，我 20 岁，高中毕业两年多，因我姐已下乡，我被安排了工作，月工资 17 元。

那时，国家穷，老百姓也穷。我家住房面积很小，居委会为了照顾我们，提议我和另外一个也有困难的邻居晚上在居委会睡，顺便帮居委会值班。那段时间，我刚进电子元件厂工作，苦于电子方面的知识贫乏，想增加这方面的知识，以方便工作。我啃晶体管电路方面的书，晚上若没事情，就会早早到居委会看书。而我的这位邻居正在活动办理移居香港的手续，空时得跑跑关系、送送礼，活动多，晚上回来晚。小青年在一起话就是多，回来时他总会说一些办理赴港手续的进展情况、一些小道消息，也常憧憬着到了香港后的美丽人生。那时，消息的流通渠道较少，不要说手机、上网，连有收音机的家庭都很少。除了广播、报纸报道正规报道的消息，就是人们私下传播的小道消息，但大多消息难分真假。有一晚，在交谈中，他说要恢复高考了，关于恢复高考也传了有些日子了，我有点将信将疑，赶紧跑到居委会办公室，找来报纸一看，千真万确。我高兴地无法表达，只连续地说"太好了！太好了！"那一晚，我翻来覆去想了许多：学业荒了几年了，不知道是否能考上，等等。真是又喜又愁，百感交集，辗转反侧。而身旁这位，却轻轻地打着鼾声。我不敢叫醒他，怕他正做着美梦。天终于亮了，我突然叫了这位邻居的名字对他说："我们真的是同床异梦啊！"说完，不知是因高兴还是为了幽默，我笑了起来。

好事是好事，问题也接踵而至。通知高考时已 10 月底，到考试的时间只有两个来月，时间紧，事情多，我不知该怎么做，复习该怎样进行，心里没谱，一团糟。这种心态，并非我一个人所具有，可能许多考生都如此。但好在整个社会都高速运转起来，一致支持这次高考。特别是中学老师，动作更快，没几天就编辑出了一套复习资料。付印时，印刷厂可能因赶时间和物资缺乏，一时找不到足够的白纸，应急用一种厚厚的带点黄色的纸来印刷复习资料。尽管这复习资料很薄，且有点土，但在考生心中犹如及时雨。那时，除了课本，没有什么资料可供复习用。而课本，对于那些毕业时间长的人，还得跟人家借，故这复习资料考生们都视如至宝。有的学校为考生开办补习公开课，不收费，不论什么人都可参加。我刚进厂不到一年，不敢请假复习，怕影响工作，只能用工余或倒班的时间复习。适逢一个星期天，我起了个大早，赶到几里外的学校参加复习，找到一个教室，进去一看，已经座无虚席，教室后面还有许多人站着，我往里挤了挤，勉强能站着听讲，但做不了笔记。可能是站的人多，在最后的看不到板书，有些人竟然在靠墙的课桌上放了椅子，坐在上面听课，真是"有条件要上，没条件的创造条件也要上"的写照。为了能听到讲课，艰苦一点也不在乎，有这样的环境，都觉得很满足了，没有半点怨言。此时，人们心里揣着的希望有如火般的热烈，仿佛能融化一切，克服这点困难算不了什么。这场面很壮观，很动人，令参与者终生难忘。这堂课是化学，授课的老师是好老师，讲得通俗易懂。以往自己复习时，很长时间才弄懂的问题，他几句话就说通了。课后，我觉得光靠自己看书复习效果不好，听老师讲效率较高，我只能硬着头皮请假复习了。工厂也很支持，批了一周的时间。这宝贵的一周，我每天都尽早地赶去学校，想去占座，这样听课时可做笔记。可惜从没有占到过座位，还是这样站着听了一周的课。我不知道，那些有座位的同学，每天得多早就去了。原来教我们高中语文的老师，也利用周末为我们开了复习课，辅导语文需掌握的知识、作文的写作、应考方法等。老师们的辛勤付出，让我们这些考生们受益匪浅。

接下来就看我们自己的了。不像现在，普通家庭里有一大堆家用电器，从电风扇到空调，从电饭锅到电热水器等，真的是难以数清。那时，小城镇老百姓的家里除了一盏15瓦的电灯，再也想不起来还有什么是家用电器。但因电源奇缺，这盏15瓦的电灯也因无电可供，常常成了摆设。居民夜晚照明基本都靠点小煤油灯，那灯芯点小时不太亮，灯芯弄大时又会冒黑烟。在此昏暗的灯下面看书，很费神。想用大的灯，煤油又得凭票供应，不是说有钱就能买到。工厂供电也好不到哪去，也经常性地停电，甚者有的手工操作还点蜡烛照明生产。白天上班很多时间是在等待电的供应，有电时也说不定突然断电或电压低不能正常生产。下半夜班供电好一点，但也时常遭遇拉闸。尽管上班时间空闲多，可有诸多原因，不敢在工厂复习，只能在家里复习。好在居委会的煤油比较充裕，煤油灯的灯芯是那种一圈的，很亮，在那时算是奢侈品了，我有幸沾了这点儿光。为多争取点时间，晚上会一直复习到半夜，增分夺秒，不敢有半点怠慢，"人生能有几回搏"就是此时的写照。问题是不管怎么抓紧，时间还是不多，该复习的东西却不少，不可能系统地、有条不紊地学习，只能将会的巩固一下，不会的、比较难的只好放一放。很快，一个多月过去，要考试了，但复习还没完呢，心里不免暗暗叫苦。

真的是好事多磨，考试的第一天，不知是感冒了还是累的，我起床时头就觉得很疼。我有点沮丧，觉得彩头不太好。考场离家得走半个小时，没办法，只好硬着头皮早早地了出门。在街上，我忍不住到药店买止痛片，服务员很好，按我的情况，给我配了两三种药。我拿了药，又在附近的餐馆跟服务员要碗开水，锅里的水正开着，服务员打了碗水给我，那水很烫，我怕误了时间，不停地吹着碗里的水，想让水尽快地凉下来。服务员看我很着急的样子，又拿来一个碗，让我倒腾着水，水很快凉了下来，我赶紧吃了药，道了谢，匆忙赴考。一早碰到的都是好人，心感到暖暖的，心情好了许多。不知是药的作用还是紧张，考试时没觉得什么不妥，进行得较顺利。接着以后几科考得也算是可以，没碰上什么大麻烦，我终于长长地输了一口气。试考完了，但以后等待录取的日子就难熬了，寝食难安。当时考生有句响亮的口号是"一颗红心，两种准备"，我将其改为"一颗红心，一种准备"写在复习的资料上。在这一段时间里，我都不敢放松复习，因为自己没有十分的把握，害怕这次考不上，还得为下一次考虑。心总是没落下，做什么都是心不在焉，常常打听别人是否有接到通知。等待总是那么漫长，一直到了隔年的二月底，才接到学校的录取通知。那天下班，回到家里，家人拿个大信封给我，我猜一定是录取通知书，我屏住气，小心翼翼地打开信封，是录取通知书，我被长春光学精密机械学院录取了，专业为精密仪器制造工艺及设备，我差一点要跳了起来。说不出是一种怎样的心情，只觉得心一下子放了下来，但人却像要飞起。我到教育局办理手续时，知道和我同学校的还有一位农村的考生，我们相约一起同行。

接到通知时，学校已经要开学了。那几天，赶着办手续、与亲友辞别、准备行装，等等，忙得不可开交，心里却是乐滋滋的。我们一家也忙活起来，父亲帮我打行李包，母亲在帮收拾衣物，她怕我到北方寒冷，将她平常所穿的棉衣让我父亲给打在包里。这件棉衣尽管有些小、有些薄，可也为我挡了四年的北国风寒。

要去搭车了，外婆年纪大，没跟我们一起到车站，临出门时，她按家乡的风俗，塞给我一个小"红包"让我带着，里面包着她从井里淘出的泥土，叮咛我到学校后将泥土撒在学园里，这样才不会"水土不服"。我珍重地将包着她老人家之心意的"红包"揣在贴心的衣袋里，到校后虔诚地将泥土撒在校园里，以祈平安。如外婆的心愿，四年平平安安地走了过来。而他乡有了家乡的泥土，也成了我的第二故乡。

车轮滚滚，将载我远赴北国。我在车上向送行的亲友、向家乡挥手告别。三月的南国，春光正好，草长莺飞，我的情绪像放飞的鸽子，早就飞向了北方，且心中都被喜悦和希望所充满，已没有空间安放离别的愁绪。这一作别四年，直到毕业时，我才重踏故土。

转眼之间，40 年过去了，那年高考也成了一个时代的标记。我们这些幸运儿，得感谢那个时代，是整个社会对恢复高考的重视和支持，才让我们那么有幸地圆了大学梦。此时，我们也老之将至矣，坐在电脑前，回忆远去的青春，不，是重拾起青春，驰念之情油然而生。我不知道怎么突然会想起那位"同床异梦"的邻居，寻思着他现在生活得可好，是否常回家乡看看。

这 40 年，改革开放，给我们国家带来了谁也无法预见的变化与发展。我们这一代人，有幸见证了我们国家的巨大变化，更有幸为国家的发展挥洒了青春、汗水和热血。可以说，我们个人的命运与国家的命运连接在一起，同荣辱，共兴衰。今天，"中国梦"成了我们这个新时代的追求，在这前进的洪流中也应有我们的脚步，愿大家且行且珍惜。

2017 年 3 月 18 日于潮州

高考入学途经天安门前留念

王健伟，广东潮州人，1957 年出生。1974 年高中毕业后进入本地元件一厂做"厂外工"，1976 年年底转为学徒工。1977 年考入长春光学精密机械学院精密仪器制造工艺与设备专业。1982 年毕业分配到原五机部 5628 厂工作。1985 年调入元件一厂（现为潮州三环集团）工作至今。

# 我人生中两次不同的高考

徐兆丰

几天前，山西同学李安泰给我来电话，问我看到蓝啸风的倡议没有，我说看到了，我会抽时间回忆一下当年的情景。

是呀，转眼 40 年过去了。1977 年的高考让多少人改变了命运，也使我们国家从此走向新的发展阶段。然而经历了两次不同高考的我，在回忆这段往事时想到的更多。

1977 年的高考在我人生中是第二次，而我难忘的人生第一次高考却是在 1973 年。

由于众所周知的原因，高考在 1966 年就停止了。1973 年，在复出后不久的邓小平主持下，国务院批转了《关于高等学校 1973 年招生工作的意见》，对两年前开始实行的采取推荐和选拔工农兵上大学的规定进行了修订，增加了文化考试的内容，试图恢复用知识选拔人才的制度。除了要有两年实践经验（上山下乡、当兵或工人），原来"自愿报名、群众推荐、组织审查"的原则没变，增加了文化考核内容，对申报人要进行语文、数学、理化考试。

我当时在工厂当工人，听说市重工业局给了我们厂一个清华大学的名额，非常高兴。当我跃跃欲试准备报名的时候，传来了这个名额只能由光学车间的青年报名的消息，据说这是厂党委决定的。其他各个车间的青年议论纷纷。我心有不平，带着初生牛犊不怕虎的劲头敲开了厂党委书记办公室的门，代表光学车间以外的其他车间青年直接表达了对这个决定的不同意见。党委书记说，党委考虑到这个名额给的是光学仪器专业，从专业对口的角度考虑光学车间更直接一些。我陈述的理由很简单，那就是光学仪器是由光学和机械部分所组成，再说报名是每个适龄青年的权利。党委目前这个决定等于变相剥夺了其他车间青年报名的权利，我代表各车间想报名的青年要求党委重新做出决定。我至今深深感谢党委书记的胸襟，他耐心地认真听完我的陈述，表示会把我的意见向党委其他成员再作沟通。我感谢他的倾听，礼貌地离开了他的办公室。隔了两天，传来了各个车间的青年都可以报名的消息，每个车间最终推荐出一名人员参加竞争，竞争的方式是全厂工会小组长票决。这个改变明显比原来合理，赢得了全厂广大青年的欢迎。票决的结果我是票数的最高者，我既感到高兴也感到很意外。接下来就传出市局又给了我厂一个名额，所以最后是我和光学车间那个人（票决时第二名）去参加了考试。考试成绩还没出来，张铁生的一封信在《人民日报》发表了，全国各大报纸纷纷转载这封信。一时间批判以文化考核分数为高考入学门槛的文章和评论甚嚣尘上，考试成绩也没有人敢公布了。

1976年10月，党中央果断决定结束"文化大革命"。邓小平再次复出，支持了恢复高考的呼吁，国务院批文正式恢复高考。当时，我已经调到重工业局工作，属于组织上培养的青年干部。恢复高考的消息在社会上引起强烈反响，在我的心中掀起了更大的波澜。这次恢复高考，就是分数面前人人平等，公平上大学的路是通了，不管自己能否考上，我都要试一试，检验一下自己的实际水平。我领取了高考志愿填报表，一口气填报了吉林大学法律系、经济系、历史系（当年每个考生只能报考三所大学）。当我把志愿表送到人事部门负责该项工作人员手里时，她说，你拿回去跟家里人商量商量，最好学理工科。当时年轻，没有主意。回家后家人也主张学工科，加上原来在光学仪器厂工作的影响，我就把志愿改成了长春光学精密机械学院。高考志愿填报表交了上去，我就利用业余时间复习。一是因为第四季度工作忙，不好请假回家复习。二是怕请假复习又没考上，没有面子。总之，当时自己的想法是尽力去考，考上就念，考不上明年再考，反正不能错过历史给自己的机会。思路明确了，就进入了紧张的复习阶段。两个多月的时间很快就过去了，踏着初冬的小雪我们走进了考场。经过四个半天的考试，我们的语文、数学、理化、政治课程的水平受到了实际检验。随着元旦钟声的敲响，我们进入了 1978 年。记不得元旦上班后多久，人事部门通知我被长春光学精密机械学院录取了。周围的同事和领导给我以祝贺，家人和亲友感到高兴，我自己感到欣慰。

经历了两次高考，我的感觉不同。1973 年申报过程是艰难的，甚至要斗争才可能拥有一份权利，1977 年申报则是简单顺畅的。1973年的录取标准是实践经验和两手老茧，其实录取标准模糊不清，1977年是以文化考核分数论高低，标准清晰，衡量精确。最大的不同是1977 年体现了文化水平是高等学校的第一衡量标准，它符合社会进步的要求，体现了分数面前人人平等的社会公平，能够促进青年人通过自己的不断努力求得更多的知识和才能，鼓励人们走正道。

历史是螺旋式上升的，身在其中人们难免受到冲击，幸运的是我们赶上了变革的时代，成为恢复高考后的第一批高等学校的大学生。

由衷感谢变革中的祖国！

2017 年 2 月 14 日于红海之滨红加达

徐兆丰，1954 年出生，长春市人，1970 年在长春市第四光学仪器厂当工人，1975 年在长春市重工业局工作。1977 年考入长春光学精密机械学院。1982 年回长春市重工业局工作，1985年在吉林省人民政府工作，1990 年在中共深圳市委工作，1995 年调往银行工作直至退休。

**1981 年摄于长春市**

# 三所大学，一代传奇

薛 澜

恢复高考的前三届大学生（七七级、七八级、七九级）在中国现代高等教育史上构成了一道独特的风景。人们希望，这个既有丰富的中国生活经验，又经历过知识饥渴的"新三届"，能够为我们贡献大政治家、大文学家、大思想家，能够引领社会的进步与发展。毕业30年之余，编者提出一个命题，让大家在同窗聚首畅叙友情的同时，把珍贵的回忆和深邃的思考用文字留下来，实在是再合适不过了。

中国近代历史风云变幻、跌宕起伏，从五四运动的知识青年，到抗战时期的救亡学生，再到工农兵学员，每一代大学生都有卓然不凡令人难忘的经历，"新三届"为何能够在众多的大学生中受到关注？细想起来，答案也许就在于"新三届"大学生处于"文化大革命"浩劫和改革开放这两个重大历史事件之间，空前的历史机遇，使得这一代人在成长过程中无意间上了"三所大学"——社会大学、校园大学和国际大学，从而成长为国家发展与民族振兴的骨干栋梁，构成了中国近代发展史上的一段传奇。

社会大学指的是这一代人上大学之前的社会经历，包括上山下乡当农民，到工厂当工人，到部队当兵等。校园大学就是他们成为第一代大学生的就学经历。而国际大学则是随着中国改革开放的大潮，在大学毕业之后，他们通过各种方式到国外留学、进修或工作的经历。中国20世纪50、60、80年代的大学生是在中学毕业之后直接考试的，很少有在社会上独立生活工作的体验，而且改革开放后也只有极少的一部分人有机会出国学习。因此，正是中国"文化大革命"和改革开放的特定历史背景，造就了"新三届"这样不可复制的一代，也为中国高等教育留下了一个值得回味的主题。

### 社会大学里认识中国起点

小时候曾经看过高尔基写的《我的大学》。年轻的高尔基到伏尔加河畔的喀山求学，残酷的生活现实告诉他，上大学的梦想难以实现，他必须直面人生，在喀山的贫民窟和码头拼搏。社会这所没有围墙的大学使高尔基得以接触社会各个阶层，锻炼了意志，找到了自己的生活道路。由于特殊的历史环境，"新三届"的大学生，大都有着与高尔基相似的经历——在社会大学经受磨炼。他们在进入大学之前，有着在社会上的各种经历，包括上山下乡接受再教育，屯垦戍边支援边疆，参军当兵守卫国防，更多的人在其他各行各业中辛勤工作着。与受到系统应试教育的师弟师妹们相比，他们的文化知识学习是不完整的，甚至是残缺不全的。但这一代人充满磨难的经历确是其他年代的大学生所很难比拟的。在"新三届"很多班级，学生之间年龄差距 20 岁是常见的。不少人受到歧视和不公待遇，但仍然坚持学习马列原著，希望找到对中国问题的解答；还有人插队多年，身处逆境，仍然勤奋自学数学外语，期待有一天国家会需要掌握这些技能的人才。当这些人聚集在一起，他们的经历、见识、智慧之间的碰撞所产生的巨大能量是无可比拟的。

我的社会大学经历比较短。1976 年，我插队下乡来到了河北遵化曹家堡公社沙坡峪大队。这个山村位于长城脚下，越过长城就进入河北省承德地区了。一起下乡的有八个小伙子，住在一个北方农宅中。沙坡峪靠山，农田不多，主要靠水果（包括面酸梨、山楂等）和山货（主要是京东板栗）作为收入来源。除了北方的一般农活，冬天最艰苦的是刮树皮，要到北风呼啸的山上爬树把酸梨树的外表老皮刮掉，据说这样可以使面酸梨皮薄肉细。而秋天最好干的农活就是捡板栗，在山上找个地方烧堆火，架上一个小锅烧栗子吃。最累的农活就是夏天的麦收，这是一年最忙的时候，在抢收的同时还要把第二季赶快种下去，往往需要挑灯夜战。后来由于师资缺乏，我被安排到公社中学担任数学老师，又真正体会到了中国农村教师的清苦。

社会给我们最大的收获不仅是体力上的增强，更是对中国社会最基层的认识，对个人意志的磨炼和对人生的感悟。在这样的生活与劳动中，我们亲身体验了社会最本源的冷暖人生与情理世故，打上了深深的中国烙印。记得下乡不久公社组织我们去遵化县一个著名的知青点参观。这时对农村生活的各种不切实际的幻想已经破灭，思想的动荡正在谷底，而公社的教育又鼓励我们扎根农村干一辈子，当时的消极和低沉可想而知。但在日常生活中，看到老乡们在艰苦的生活环境下，仍然勤奋努力，保持着通达与乐观的精神，又让人感到中国社会的博大与宽厚。最近看到一位老知青熊蕾对下乡经历的评论，感觉非常贴切："那样一个大潮，一下子把我们卷到了社会的最基层，赤裸裸地把中国的现实摆在我们的面前。我们除了学习基本的生活技能，也学会了脚踏实地，实事求是，不再用那种漂浮的心态看待人生和世界。"

### 校园大学里接受现代化洗礼

校园生活最深刻的记忆就是大家如何努力学习。学生在路灯下看书或烛光前学习是常见的。十年"文化大革命"的灾难和社会生活，压抑了他们对知识的渴求。"科学的春天"正成为全社会对科技和知识渴求的象征，陈景润、杨振宁、李政道、蒋筑英这些名字就像今天的歌星和球星那样闪亮。人们相信，只要足够努力，就能够把"文化大革命"失去的十年补回来。大家有机会进入校园学习，对这样的学习机会格外珍惜，所释放出的能量是空前的。

我的大学校园生活是在长春光学精密机械学院（今长春理工大学）度过的，专业是精密仪器制造。

在第一阶段的基础课学习中大家都非常努力，记得是吴颐同学搞到了一本《吉米多维奇数学习题集》，大家就找上面的难题来做，做不出来就交流争论，那种纯真的求知态度令人难忘。当时的英语课是由朱慧芬老师教的。朱老师不但人好英语好，而且教学也非常有办法，我们很感谢朱老师给我们打下了一个比较好的英语基础。在这个阶段还发生了一件有意思的事情，就是 CUSPEA（China – U. S. Physics Examination and Application，中美联合培养物理类研究生计划）在中国招生。当时范围比较广泛，我们工科学校也可以参与。经过学校初试、复试等环节，应用物理专业的崔红亮脱颖而出，成为当时全国为数不多的入选学生，在学校产生了轰动，也让我们第一次感觉到去国外学习不是那么遥不可及。

当时也正是科学学、科学社会学、软科学等学科被引进中国的启蒙时期。这些新的概念、新的思想对我产生了巨大的吸引力。我感觉这些东西比我学的专业课更有意思。我第一次意识到自己对社会科学的兴趣比对工程技术的兴趣更大，而老师则特别强调对专业忠诚的思想，这让我感觉比较矛盾。这种心理一直延续到我留校任教。

1982 年，我们几个青年教师被派往中国科学院上海光机所参加一个激光核聚变的国家重大研究计划。在上海光机所期间跟很多科研人员的交流让我坚定了改换专业的信心，我觉得当时国家最缺的不是具体工程技术的人才，而是科技管理的人才。幸运的是，长春光机学院的校领导很有远见，成立了全国为数不多的科学学研究机构。完成项目后，我就向学校申请从精密仪器制造专业调动到科学学研究室。真正开始从事这方面的研究时才发现，国内这个学科的基础还比较薄弱，不招相关专业的研究生，而此时出国留学已经悄然兴起。于是，我和其他青年老师走上了学英语、考托福、申请国外高校的这条路。当时我只申请了三所学校，第一所就是杨振宁先生所在的纽约州立大学石溪分校（SUNY，Stony Brook）。幸运的是，TOEFL 考了 627 分，在没有 GRE 成绩的情况下申请到了资助。这样，从 1985 年开始，我就迈出了国门，开始了我的国际大学。

四年的校园大学给了我一个进入工业化社会的身份，从一个下乡知青成为具有城市户口的工业化社会的建设者。这个身份在 30 年之后的今天仍然是决定一个年轻人未来发展最重要的凭据之一。更重要的是，大学教育给了我一个现代化社会公民所应当具有的广博知识、理性思维、独立价值观和公共行为准则。在信息技术极其发达的今天，很多专业知识的传授都已经完全可以通过其他方式进行了，但是校园大学培养公民基本素质的功能是其他社会机构无法替代的。

### 国际大学里感受世界认识中国

1985 年乘坐泛美航空公司班机来到了美国。刚到 Stony Brook，第一堂课是 Sheldon Raven 教授上的，我对他那慢悠软绵的南方口音毫无感觉，一堂课下来什么都没听懂。第一次使用计算机写作业非常激动，可惜半夜写完后存盘操作失误，前功尽弃，只能彻夜无眠，从头再来。第一次进入美国超市看到货架上琳琅满目的食品，为美国社会物质的极大丰富感到震撼。到美国的前半年就是在一次次的惊奇、意外和试错中度过，真正体会到了文化冲击（Culture Shock）的含义。幸运的是，我很快适应了环境并开始享受研究生的学习。

1987—1991 年，我来到卡内基梅隆大学攻读工程与公共政策（Engineering and Public Policy，EPP）博士学位。这个学科专门研究以工程技术为核心的公共政策问题，只招有理工科背景但有志于从事公共政策研究的博士生。在这里的几年学习非常辛苦，但也真正积累了一个学者所必须具备的研究工具和分析能力。这个系的博士资格考试很有特色，分成两个部分。一部分在某一个领域作一项研究，独立完成一篇能够发表的学术论文，并正式公开答辩。另一部分是一个政策分析的开卷考试。题目一般是模拟一个政策分析咨询公司接到政府部门的邀请，对当前某个重大的政策问题进行分析。给你几尺高、一大堆有用无用的各种参考材料。三天之后准时把分析报告交上来。这个部分，不少美国人第一次也都考不过。我那年的项目与环境保护的内容相关。虽然对相关的工程技术领域丝毫不熟悉，但也要硬着头皮去阅读材料，建立模型，分析各种选择的利弊。整整三天不分白天黑夜，困了躺下，起来接着做，终于按时提交分析报告，并幸运地一次通过。

在卡内基梅隆大学读书时的老师给我留下了深刻的印象。Robert Ayres 是我的第一个导师，正好在国际应用系统分析研究所（IIASA）主持一个计算机集成制造（Computer – Integrated Manufacturing）的重大项目，探讨新技术的发展对经济社会及就业可能产生的影响。Ayres 教授是学物理出身，具有很好的科学家的直觉和远见，是工业生态学等若干重要领域的开创人，但他对细节往往不特别关注。而另外一位导师 Wesley Cohen 是经济学出身，擅长运用计量经济学工具分析技术创新问题。Cohen 教授与 Ayres 教授恰恰相反，对数据来源、数据处理等细节非常在意。另外一位给我留下深刻印象的教授就是诺贝尔奖获得者赫伯特·西蒙教授。他对中国特别友好，入学不久我们就请他介绍如何适应美国的研究生学习，他讲了很多有意思的观点，如科学研究是从问题出发而不是从学科出发的；还提到如何面对信息爆炸，他建议不要浪费时间看报纸，报纸上的新闻绝大部分其实是旧闻，每个星期翻一次就可以了。后来慕名去选了他的一门认知心理学的课。好几次上课，他都带上一些演示道具，给我们做一些智力游戏，分析破解智力游戏背后的思维过程。他自己有时玩着玩着就入迷了，把课堂甩在一边。到现在，那门课具体学的知识已经忘得差不多了，但是对西蒙教授在课堂上玩智力游戏痴迷的情景却记忆犹新。

说到卡内基梅隆大学的工程与公共政策研究，就不能不提到我们的系主任 Granger Morgan 教授和副系主任 India Nair 教授。Granger 教授从 20 世纪 70 年代建系不久后就到系里任教并很快担任系主任，目前已经将近 40 年，这在中国的学术界几乎是天方夜谭，在美国学术界也不多见。他在此期间克服了校内外各种困难和多方的怀疑，与麻省理工学院、斯坦福大学等学校的同行共同努力，巩固了科技、工程与公共政策这个交叉领域的国际学术地位，创立了不确定性分析的研究方向，当选为美国科学院院士，中间也遭受过病痛的打击，但他积极乐观，勤奋工作，乐此不疲。Nair 教授也是在系里工作多年，并在退休前到学校担任过一段负责学生事务的副教务长。Nair 教授虽然有自己的教学和研究兴趣，但她为了 EPP 的发展付出了巨大的牺牲，把更多的时间用来管理教学事务，给学生以学业和生活上的指导，对于在 EPP 的外国学生来说，Nair 教授就像是慈祥的母亲。正是她和 Granger 这种孜孜不倦、坚定执着的精神，撑起了一片学术天地，培育了一代代的 EPP 人，活跃在国际科技政策领域，也潜移默化地影响了我们这些海外学子。

与美国社会的接触与认识也是我学习的重要部分。1985 年到纽约州立大学石溪分校不久，国际学生办公室帮我安排了一个美国的寄宿家庭（Host Family）。这是一个典型的美国中产阶级家庭，丈夫 Gregory 是一位律师，太太 Barbara 是一位家庭主妇，家里有两个小孩。Gregory 虽然收入不错，但负担也不轻，除了养家，还要还房贷和读律师的学费贷款。周末 Gregory 的很多时间都在修理他们的老房子中度过。另外一个美国朋友是 Bill Shaffer，我在匹兹堡的房东。Bill 是一位退休老人，曾经担任美国犹太人协会匹兹堡地区的执行会长，对美国社会有很透彻的认识。Bill 主要依靠退休金和房租为生，平时喜欢和匹兹堡的朋友们聚会打桥牌。Bill 对中国饭菜非常喜欢，有时我多做一点儿饭菜，也请他一起边吃边讨论美国时政。Bill 的梦想之一就是找到一位中国太太。后来他的梦想没有实现，而是"外嫁"给住在加州旧金山附近的帕西菲卡市（Pacifica）的一位很富有的老太太。我到加州开会还特地到帕西菲卡市去看望他。虽然住着面向太平洋的豪宅，但我感觉离开了熟悉的匹兹堡，他过得并不幸福。

1991—1996 年，我应聘在乔治·华盛顿大学工程管理系和国际关系学院任助理教授，对美国社会有了更进一步的体会，也对美国政治体系的运作有了更深刻的认识。乔治·华盛顿大学是美国国会 1821年根据华盛顿的遗愿立法成立的，位于华盛顿市中心，离白宫和美国国务院都非常近，其管理、法律、国际关系等学科在美国都名列前茅。在乔治·华盛顿大学教管理，面对的学生大都是美国联邦政府官员或华盛顿周围大公司的雇员。给这些人上课一个很大的挑战就是要对美国经济社会及历史有比较全面的了解，搞得不好就要露怯。在华盛顿的另外一个很大的收获就是对美国思想库的认识。离乔治·华盛顿大学不远的地方就是著名的 K 街，美国一些著名的思想库和游说公司就在这里。在工作之余，我也参加了很多由这些思想库组织的各种活动，亲眼看到了这些思想库和游说公司是如何影响美国公共政策制定的。国际大学的经历，让我从里到外体会到了中国之外的世界，也从外到里重新认识了中国。这期间，我对国内发生的一切都是那么的关注，为中国取得的一切进步感到自豪，为中国遇到的挫折感到痛心，也为中国发展所失去的机会感到惋惜。正是内心深处这种不可割舍的中国情怀使我和很多海外学人最终下决心回到国内，希望能够为国家的发展与进步贡献自己绵薄的力量。

从 1996 年回国到今天已经过去 16 年了。回头看过来，感到自己非常幸运，正好赶上了中国改革开放的关键时期、中华民族腾飞的历史机遇，也赶上了公共管理在中国发展的黄金时代，使自己能够把在社会大学、校园大学和国际大学所积累的知识和能力运用在改善中国公共管理教育和实践中，传道、授业、解惑，勤勉尽责，无怨无悔。有趣但又无奈的是，由于自己在高校工作，又有多年的海外留学背景，在回国工作后的很多场合常常自动地被归类为不懂国情或崇洋之列。殊不知，不管走到哪里，社会大学给我们这一代人打下的中国印记都是无法磨灭的。而且与这种偏见相反，恰恰是在国外生活时间比较长的海外归国学人更能够看到西方国家繁荣光鲜外表背后的体制缺陷和深层无奈，更能够用比较平和与理性的角度来看待中国发展的进步与挫折，更能够从多元的历史比较中看到中国与外部世界矛盾和冲突背后的光明与希望。

作为一代人，"新三届"基本都已经进入知天命之年。这一代人经历了个人、家庭以及社会的巨变，社会大学、校园大学及国际大学让我们的知识结构及思想观念有了很大的改变。但不变的是这批人对中国社会深深的人文关怀，对各自工作的兢兢业业，和对国家发展民族振兴不变的理想。正如许纪霖所说，"'新三届'感受过'文革'的理想主义气氛，在自己的思想中留有那个时代的所有底色，但又不曾付诸狂热的实践。……既有超越性的人文关怀，同时对世俗也保持着一份理解；对社会丧失了普遍的道德精神纽带深感忧虑，也分外警惕绝对的、独断的理想原教旨主义"。正是这些特点使"新三届"在今天纷繁复杂的社会中，仍然保持他们的稳重与坚毅，成为推动中国社会各个领域进步的建设性力量。

写到这里，还必须提到的是未能进入校园大学的"新三届"的一代同龄人。他们当中的许多人与"新三届"一样具有满腔热血与万丈豪情。但由于种种偶然因素，他们与校园大学失之交臂。他们当中的一些人通过艰苦的努力，在过去中国 30 多年的发展中崭露头角，做出了杰出的贡献。但是更多的人却是勤勤恳恳地在国家发展的各条战线上工作着，其中不少人已经过早地下岗退休。而正是他们默默无闻所做出的巨大牺牲，反衬出"新三届"的罕有与辉煌。在今天纪念"新三届"毕业30年之际，他们是我们不能忘记的同辈。

大学时代

薛澜，1976年高中毕业下乡，1977年考入长春光学精密机械学院。1991年获美国卡内基梅隆大学工程与公共政策博士学位。曾任教于美国乔治·华盛顿大学。现为清华大学公共管理学院教授兼院长、工程科技战略研究院副院长，兼任国务院应急管理专家组成员、国务院公共管理学科评议组召集人、美国布鲁金斯学会非常任高级研究员、美国卡内基梅隆大学兼职教授、联合国可持续发展行动网络联合会主席。

# 曾经的岁月

杨东林

人们常说大浪淘沙，但你可留意过这小小的沙粒，虽历经狂风暴雨，却在潮起潮落中守护着自己的真情，用一生衬托着大海的美丽。当我们匆匆地走过六十载人生，再回首曾经为之忘我的岁月。有欢乐，有收获，有艰辛，有苦痛，也有遗憾，但终究是无怨无悔。因为我们的脚步没有停留，我们一直在努力前行。

而今，当人生的波涛终趋于沉寂之时，应安泰、啸风之约，乘7703 次列车去追忆失去的年华，仿佛又回到了大学时光，又见到了你们每个人的音容。是快乐，是欣慰，是激动？更是期待着我们再次相逢。

## 忆少年

我从小生活在一个小县城——吉林省德惠县（现德惠市），半天时间，可以逛遍整个县城。离省城长春虽然仅有 100 多公里的路程，可对当时的我，这是一个不曾知道的梦。依稀记得是小学四年级，"文化大革命"开始了，从此校园不再宁静。

1970 年，我进入了本县一所"五七"中学读书。这所学校给我留下了深刻的记忆，开始了我对人生理想的追求。学校不大，每个年级 4 个班。由于前身是一所工读学校，老师水平不高，但却不失当地人的善良与淳朴。老师很敬业，课讲得很认真。倒是我们这些学生顽皮得让老师很无奈。

当时学校实行"开门办学"，学生学工、学农、学军。每年春季要去乡下插秧（种水稻）两周，秋季去校办工厂劳动一个月，三年下来，我成了铁匠师傅最好的徒弟。在课程要精简的原则下，课本内容是最基础的知识，而且面向实践的教学比较多。始终让我难以忘怀的是我的物理老师王海晨，一个教学严谨、知识渊博的人民教师。是他给了我学习的动力，启迪了我追求知识的梦想。课堂上王老师讲无线电、二极管、三极管电路，课下带我们装收音机。课堂上给我们讲电路，课下带我们实践，为全校教室安上了电灯，从此学生可以上晚自习了。他带领我们十几个学生创办了物理科技小组，当时学校大多数物理课教具（现在叫教学仪器），都是我们自己做的。而且还代表德惠县参加过吉林省中学生自制教具比赛。没想到，这些实践活动，后来在广阔天地派上了用场。

## 广阔天地

1974 年春，我们即将毕业，这一年没有四个面向。由于我在中学时是班上的团支部书记、学校团委干部，又是学校"三好学生"、活学活用积极分子，学校希望我带个头。于是，我贴出了第一张倡议书，到农村去、到祖国最需要的地方去。刚好那一年吉林省试点在中学生中发展党员，我很幸运，成为德惠县中学生中的第一个（也是唯一的一个，后来再没发展过）中国共产党党员。在学校的安排下，我和几个志同道合的同学，相约在一起，书豪情寄壮志，要去闯那广阔的天地。

1974 年 6 月，在德惠县电影院召开了全县上山下乡知识青年誓师大会。记得领导讲话后，我代表全县知识青年做了大会发言。领导为我们上山下乡知识青年代表戴上了大红花，在锣鼓声中我们登上了奔赴农村的解放牌大卡车。车上的我们，完全沉浸在放飞梦想的激动中，那是挣脱羽翼呵护的呐喊，我们长大了！却完全没有留意跟在车后的父母们那满眼泪花和依依不舍之情，以致多年后再想起来，还是深深的愧疚。

汽车沿着蜿蜒的乡村土路向前行驶，六月的风有些温柔的凉爽，似乎吹去了对家乡的眷恋之情。望着路旁一片片农田和车后卷起的阵阵尘土，一切都是那么新鲜。车子开到达家沟公社院内停了下来，换上了前来接我们的马车。没有父母送行，是班主任张玉珠老师把我们送到生产队。好在我们十几个人多数都是一个班的同学，几个外班同学大家平时也很熟，并没有感到寂寞。来接我们的是生产队队长司连清，高高的个子，略显得有些魁梧。棱角分明的脸颊，略带威严的眼神，显现出与农民不同的精明。然而，对我们集体户知青倒是一直很关照。

马车在崎岖不平的乡道上颠簸了近一个小时，翻过一道岗，到了我们落户的地方——德惠县达家沟公社天合七队，当地农民习惯叫它小榆树林。至今这里仍然是一望无际的大田，主要农作物是玉米、高粱、谷子、大豆，种一点小麦和黄米是留给农民自己吃的。最累的季节是春、秋两季。春季最累的活是刨茬子，用一种像镐头一样使用的铁锹将秋天留在田里的玉米茬子连根刨出来。秋天最难干的活是割黄豆，累的直不起腰，豆秆还特别扎手。累归累，每年的收成还不错，如果出满勤，扣掉口粮钱，还能分上一二百块钱。

下乡的第一天，男生被分到生产队住，除了生产队开会，这里就是我们知青的家，生产队的大锅我们用来做饭。女生则被分到了老乡家里。到了夏季（大概是 8 月份），公社派来了工程队，在生产队对面盖起了六间砖瓦房，东边一间做厨房，西边一间做仓库，中间四间分别为男生宿舍和女生宿舍。房子盖得很快，9 月份我们就住了进去。乡亲们很热情，帮我们圈起了院墙，盖起了猪圈。从此这里成了全村最热闹的小院，老乡们都叫它集体户。

没过多久，我们体验到了生活的艰辛。刚来时，还有生产队和老乡的关照。住进集体户后，就要自己过日子了，养猪、养鸡、种菜、洗衣、做饭都要自己干，每天还要出工。下乡第二年春，队里派民工修水利，轮到集体户，我是集体户长，自然要先去。每天要挑十几立方的土，扁担放在肩上就像针扎的一样，累得早晨爬不起来。大家对我倒是很照顾，早晨把饭帮我打回来，每顿饭是一斤小米煮的一盆饭和一盆黄豆汤。有时还帮我挑上几方土。可你不能总让别人照顾，年轻气盛，一咬牙挺过来了。十几天后，我和他们一样奔跑在工地上，不一样的是乡亲们看你的眼神变了，和农民的感情深了。

慢慢地，我们也成了农民，学会了种地、铲地、割地、打场。也闹过很多笑话，比如谷子和草分不开，割黄豆时常被豆秆扎破了手。学会了和乡亲们一起说笑、打闹，一起在地头拱豆（秋天，把黄豆给割下来，在地头用火点着，当豆秆烧完后，豆子也熟了，大家趴在地上，从土里找豆子吃）。时间一长，在农民眼里，集体户就成了本村一户人家，村里有个大事小情还会叫上集体户的人。因为本身就来自小县城，和农民相处得倒也和谐。

我下乡的地方没有电灯，农民点的是煤油灯和豆油灯。年底队长告诉我们，大队要安电灯了，希望大家给生产队出点力。因为中学时学到的电工知识和曾经的实践基础，我成了大队电工中的一员，从踏查电路、竖电线杆、架电线、穿进户线到住户电灯，所有的活我都干过了。有几次，差点从电线杆子上掉下来。当全大队 12 个小队电灯都亮起来，大队书记高兴地说"这帮知青还真行"。

"上山下乡"的确是一种艰苦的磨炼。正是这种磨炼使我们迅速地长大了，让我们真正认识到了中国的农村社会，感悟到人生的冷暖和真爱。有了这段磨炼，就能经得起人生的困苦，就能笑看世间沉浮。

"因为有着十年'上山下乡'那一碗粗饭垫底儿，对'人民'那一份儿深情厚谊非但没变，反而化作人性深处的'琥珀'。"

### 重拾梦想

1977 年 10 月，是中国教育史上永远铭刻的日子，中断了十年之久的高考制度终于得到恢复。我的生活轨迹也由此发生了改变。最早给我送来这一消息的是我的中学老师王海晨。那是 11 月的一天，我晚上下班回家，妈妈告诉我说王老师来了，说是可以考大学了，让我去报名。我听得有些莫名其妙，这么多年来，上大学都是靠推荐的，从没听过什么高考。而我在 1976 年 8 月，经大队推荐、公社审查，已经招工回城，被分配在德惠县医药公司工作。因为是共产党员，又是县里的优秀知青，很快就担任了医药公司团总支书记、商业局团委委员，列入了年轻干部培养名单。历经岁月的洗涤，似乎早已忘却了上大学的梦想，此事也就没有放在心上。

在小县城里，看报纸、听广播、关心新闻的人并不多。10 月 21 日，中国各大媒体公布恢复高考的消息，并没有引起多大的震动，包括我在内的很多人并不知道。没想到！第二天下班回家，王老师已经坐在我家里。他是专门来找我的。王老师告诉我，现在恢复了高考，今后上大学要评考试成绩，不用推荐了。还告诉我，为了迎接考试，县里还办了补习班，有数学、语文、物理、化学，已经开学好几天了，如果我想考大学，赶紧去听课。老师走后，我一晚都辗转难眠。上大学，当工程师，曾是儿时的梦想。现在机会来了，可面对荒废多年的学业，我犹豫了。

第二天，我到单位请了假，匆匆地赶到学校（辅导地点设在德惠四中），来听课的学生很多，没办法在教室上课，就在操场上搭起讲台，老师在台上讲，学生在台下听。在操场上我见到了几名同班和同届的同学，倒也增添了几分勇气。就这样，大概听了十几天的课，就算是系统地复习了一下中学课本。

考试的具体日子已经不记得了，考场就在我曾经读书的小学。第一天是考语文、政治，第二天考数学和理化。那天，大家都早早地来到了考场，谁也不知高考是什么样子。教室里非常肃静，偶尔听到几声翻纸的声音。对于我们，这是一个庄严的时刻、神圣的时刻，它承载着多少学子的梦。

大约过了一个月，高考结果出来了，被初选上的考生接到通知，到原来就读学校去填报志愿，到县医院参加体检。我的志愿还是王海晨老师帮我填的，记得只填了吉林大学和长春光学精密机械学院两个志愿。接下来就是漫长的等待。一直等到春节后的一天，我正在家里吃午饭，居民组组长送来了一封挂号信，是长春光学精密机械学院寄来的。打开信，看到了录取通知书，我被录取到该校精密仪器制造工艺及设备专业。再看，离最后报到日期没几天了。下午，匆匆赶到单位，向领导汇报。接下来是交接工作、办理组织关系和离职手续，再按照录取通知书的要求，办理户口、粮油关系及学校要求的各种证明。要带的生活用品倒是很简单，就是下乡时用过的行李（被褥和洗漱用品）、平时穿的衣服和鞋子。至此，一颗悬着的心终于放下来了，思绪却久久不能平静，心已飞向远方，那是神圣的殿堂，有我童年的梦想。

十余年后的第一次高考，是新中国历史上唯一的一次冬季高考，对于 570 万青年来说，那个冬日的阳光格外灿烂。十载考生齐聚考场，追逐曾经的梦想。虽然最后只录取了 27.8 万人，录取率仅为 4.9%，它却激励了成千上万的人重新拿起书本，拥抱知识的春天、科学的春天。

## 走进殿堂

2 月 27 日的早晨，我起得很早，匆匆地背上行李，从德惠乘火车来到了长春。学校在长春车站设有接待站，下车没等多久，就上了前来接站的大客车。车子沿着斯大林大街一直向南行驶，望着两旁高大的树木和宽敞的街道，有一种说不出的兴奋。当车子行近到斯大林广场时，我被苏联空军纪念碑吸引了，极力地对比着这个在笔记本封页中见到的画面，这个我记忆中的长春。

很快就到了学校门口，一座黄色的小楼，门洞右侧挂着"长春光学精密机械学院"（郭沫若题写的校名）牌匾。好像是蓝啸风和袁绍臣过来接的我，现在已经记不清了。因为报到的晚，我被分到了混合宿舍。有 7701 乔永凡、乌戈，7702 张景和、刘景武。直到后来调整宿舍，我才回到班里。全班 40 名同学，29 名男生，11 名女生。后来，张永恒转来我们班，41 名来自"五湖四海"的学子，操着各自的方言，开始了共同的学习生活。

再次走进教室，我已经没有了往日的自豪与优越。和班里那些同学相比，发现自己学习竟如此的差。面对一门门课程，才知基础如此的薄弱。英语要从字母学起，背单词耗费了大量时间，至今仍无长进。数学课要去补习很多中学知识，必须付出更多的努力，才能勉强跟得上学习进度。此时方知天外有天、山外有山。我只能是默默地努力前行。

在错过最佳学习年龄之后，也只能是以勤补拙。此刻我们深感机会难得、时间宝贵。每天的生活变成了三点一线，教室、食堂、宿舍。时间上总是早晨 6 点起床，晚上 10 点归舍。遇上停电，我们就点上蜡烛看书。很多人晚上学到深夜，为了学生的健康，辅导员老师不得不在晚上十点钟拉闸熄灯。周日，没人去逛街，没人去公园，更少有人花前月下。四年下来，几乎天天如此。这种近乎自虐的读书方式，既有饱经沧桑之后对知识的渴望，更有家庭和社会的重托。凭着这种坚定沉毅的性格、吃苦耐劳的精神，我们完成了学业。

我们的班级，是一个团结的集体、战斗的集体、年级里最活跃的集体。无论是运动会、文艺会演，还是集体劳动，处处显示出团结与智慧，以至于每次聚会，都能回忆起当年的场景，更能挖掘出新的话题。运动场上有我们矫健的身影，运动场下有我们激昂的喊声。文艺会演中的四重唱，至今还想听听当时的歌声。冬天扫雪、春天植树，从未影响过琅琅读书声。每年的新年晚会，让大家在欢乐中忘却了思乡。至今想起，仍不免还要感谢晚会组织者。一个一个的集体活动，将我们拧成了一股绳，以致毕业至今，我们依然如故。

我们的宿舍，更是一个充满祥和与欢乐的宿舍，也是我们班最热闹的宿舍。这里曾经住过宋光伟、乔长青、余燕军、徐兆丰、郭武奎、蓝啸风、刘学农、王建伟和我。这个寝室永远有讲不完的故事，熄灯后是最热闹的时刻，有兴趣可以让蓝啸风慢慢地讲给你们听。

我们的母校，校园不大，却云集了一大批优秀的教师。张先生、熊先生、秦先生，朱慧芬、董国番、马世声、谭云成、张树仁、陆博良等，还有我们的辅导员张玉兰老师，是他们为我们插上知识的翅膀，成就了我们这一代人的梦想。

我们的母校，学生不多，却是一所人才辈出的知识殿堂。在这里走出了一批批国之栋梁。恢复高考后的全国第一批留美研究生就有我校学生崔红亮。仅我们班就有五分之一的人出国深造。在这里培养出的学生中有省部级干部、知名专家、大企业领导，还有弃笔从戎的将军，更有一大批默默无闻、辛勤奉献的精英。我为母校曾经的辉煌而自豪。

### 心灵的记忆

如今 40 年过去了，再回首"同窗秉烛度四载"的往事，我们无怨无悔。几经岁月沧桑，早已两鬓斑白。再翻开当年的相册，首先映入的是我们班的合影，眼前浮现的还是当年的音容，耳畔响起的是你们留下的祝福与叮咛。"做牛莫做羊""风声雨声读书声声声入耳，家事国事天下事事事关心""山山皆向北，条条南流水""路漫漫其修远兮、将上下而求索"……我的同学们，可还记得这是分别之际你们留下的声音？看到此，蓦然觉得，当年采的那片"忆念的绿叶"，仍然"珍藏在心灵的深处"，那些"殷红和淡蓝的小花"，还在"守护着蹒跚走过得路"。

2017 年 3 月 30 日于长春

**1982 年 1 月摄于长春**

杨东林，1956 年出生于吉林德惠；1974 年中学毕业到德惠县插队；1976 年招工到德惠县医药公司工作。1977 年参加高考，1978 年进入长春光学精密机械学院读书；1982 年大学毕业留校，从事科研与科研管理工作。

# 1977 年高考回忆

袁绍臣

1977 年高考已经过去整整 40 年了。这次高考对我们这一代人来说意义非同一般。它从此改变了我们这一代人的命运，也改变了中国历史，同时也改变了我自己的一生。许多往事历历在目，记忆犹新。

我是 1973 年通过先推荐后考试才上了高中，1975 年 5 月高中毕业后返回了家乡，并且很快"荣幸"地当上了生产队"青年队长"。1976 年 10 月 26 日大队党支部上报近一年，我的入党志愿书审批下来，从此本人成了一名最后一批没有预备期的中共党员，不久就"升任"为大队"干部"——党支部委员、团支部书记。

1977 年年初，在教育界也流传着一些有可能恢复高考的小道消息，可那时我们并不知道会是什么时候。当时白天也没有时间复习，只好晚上点煤油灯看看书（当时老家农村还不通电），把初中、高中的课本我几乎反复看了两遍。10 月份我们得到了恢复高考的正式通知，说是自愿报名，统一考试，择优录取，无论是"老三届"，初中、高中毕业生以及应届高中生都可以报名考试，一时间大家都在议论如何准备。幸好经批准我们高中举办了四个高考辅导班，才有了那一个月左右集中复习的时间，那种学习劲头、吃苦精神是可想而知。

很快就到了高考的日子。1977 年 12 月 10 日是山东开考的日子。我们的考场是离家 20 里外的鄄城第六中学，我骑着自行车带了点行李前一天下午去了考点，考生住的是学生通板床，自带被褥和干粮。考场非常简陋，桌椅破旧不堪，门窗都关不上，一个考场 40 余人，一桌两人。考场里很静很静，一个作弊的都没有，别说交头接耳，就是同桌也没有偷看对方的。语文、数学、政治、理化，连考两天。当时作文题是"难忘的一天",大部分考生都写的是毛泽东逝世的那一天。考完后大部分同学都感觉考得不好,但也有"自我感觉良好"的考生。我记得当时考完后有个老师问我考得怎么样?我说不好,好多地方都错了,老师说你应该没问题,你要考不上我们学校这次就完啦(当年在校时都是年级通考前两名),其他人更不行了。还有一个事,考完后多数同学都说考得不好,但有一个同学很高兴,说自己考得不错没问题,后来听说他却名落孙山。

两天的考试很快就过去了,剩下的就是等待通知。我也回到了家里,重操旧业。春节也是在等待中度过的,在我快要没有希望的时候,农历正月初十吧,我出差回家路过我姐那里(我们公社所在地,离家五公里),她告诉我,听说我的录取通知书下来了,说是我们公社教育组长在县教育局看到后激动地骑车就直接送到家里去了。在姐姐家吃过晚饭后,我就快速往家里跑,刚到家就听到左邻右舍都在高兴地议论着。这次我们村一下考上两个大学生,另一个考的是山东医学院,这是历史上从来没有过的。

长春光学精密机械学院,当时是多么陌生的一个名字。我报的是本省的三所学校,第四志愿是"服从分配",看来我是被"分配"的。接到通知书的那一刻真是激动万分,我真想喊:"我终于上大学啦!"两天急急忙忙地准备,带了些简单的行李,先从我们县城坐汽车到济宁火车站坐上了北去的火车,我记得当时是托人找到车站派出所所长才买到的票,2月20日凌晨到达长春。按新生接待站的指引到了附近一个旅馆等待了几个小时,天刚亮就坐上了学校的接站车,跨进了长春光学精密机械学院的大门。从此,开始了四年的大学生活。

1977年全国共有570万考生参加了高考,录取了27.8万人,录取率4.9%。我们有幸成为"文化大革命"后第一批考上的27.8万大学生中的一员,成了一名七七级的大学生,成为这个具有特殊历史符号意义的一代人,这是一种自豪和骄傲!1977年高考对我们来说是一次人生的转折。这一历史时刻将永远留在我们的记忆之中!

2017年3月23日于济南

**1981 年 10 月摄于长春**

　　袁绍臣，山东菏泽人，1957 年出生。1975 年高中毕业，回乡务农。1977 年参加高考，进入长春光机学院学习。1982 年毕业后，一直从事企业经营管理工作。

# 共 同 的 记 忆

张康庭

　　人老了，常常陷入对往事的回忆之中，有着共同往事的回忆者们又有着心灵相通的共鸣，这不仅仅是他们有在一起共同生活的经历，更主要的是因为在相识之前就有相似的命运，使他们因这种命运激发出一致的感慨，所以他们便一见如故，相互理解，感受并分享着彼此的心情，这种理性的感知也就形成了这个群体一种潜在的和谐与默契、团结与上进。这种非常时期的荣誉感与自豪感将伴随他们的一生，回味着这段历史，他们从内心深处懂得了感恩时代、感恩社会和命运。

　　这些人就是参加了 1977 年高考的大学生们，他们每个人心中都有一段刻骨铭心的经历，每个人对这段历史都会有清晰的描述。毕业后的工作忙碌，对这些沉积在往事堆的记忆顾不上打理，顾不上翻晒，当静下心来思考一番，这段记忆具有相当的社会价值和历史意义。借此机会，写写能充分反映当时社会的这段经历也是这些人的共同愿望。

　　日记：1975 年 12 月 25 日（高中毕业离校的那一天）

　　今天彻底离开了布里中学，一生的全部学程完结了。

　　19 日全校各班的集体毕业照拍完之后，学生们预料到这几天就要离校，却又不见任何动静，近些天这四个毕业班都是在自由活动中等待。今天上午各班学生被集中到自己的教室，此时此刻，以往热闹的校园突然变得那么冷清、那么寂静，教室里也很安静，同学们都关注着班主任周老师的讲话，他没有对这两年做任何总结，也没有对同学们提出任何希望，只是对未了的事情做了说明：过几天再把毕业照片给同学们；把班里勤工俭学沥盐土熬卤的收入账目向同学们做了交代；用余款买了些纪念品发给了大家，我领到一个搪瓷茶缸和一个小笔记本。此时，听到别的班开始躁动，于是周老师没再多讲。几乎在同时，第 13—16 毕业班的学生们，满足地、欢快地、无任何留恋地叫着喊着，争先恐后地离开了他们自由生活了两年的布里中学。我看到他们是那样的兴奋与满足。

我那时不到 17 岁，也仅仅是记录了当年的现象，哪懂考虑什么前途与未来。尽管当时上大学或中专是推荐保送，却是万里挑一，几乎所有的同学都会意识到自己不会再与"毕业"这个词有关了。与旧的传统观念做彻底决裂，扎根农村一辈子已是我既定的人生，上大学仅仅是个不敢想象的奢望。

高中毕业前的一段时间，我自装了个便携式耳塞收音机，非常高兴，在装配试机和刚装好享受自己实践成果的那段兴奋时期，正是中国教育战线大辩论激烈之时，成天聚精会神地听我的广播，我那时想验证一下自己的写字速度，偶发兴趣去听写中央人民广播电台的记录新闻（如今人们不知道什么叫记录新闻），播的正是《教育革命的方向不容篡改》，其"说理深刻"的只言片语至今让我记忆犹新。

即使自认没有前途，没有未来，我仍然没有失去在初中时代就养成的对知识的探求习惯与兴趣。到这一年年终，中国的变化使人们渐渐感觉到了一种希望，尽管这种感觉还不是那么明朗，青年们却也因此对憧憬的未来有了信心。在不平凡的 1976 年的艰苦劳动实践和学习中我也渐渐成熟起来。说不清是当年的幼稚还是一种切合实际的可贵意识，居然自诩是个知识分子，把我的一切劳动实践都有意识地与所学的理论相结合起来，取得了极大的收获，并以此为基础在 1977 年继续努力，力学、几何、三角、电以及四种命题的逻辑判断，我都要在实际生活中应用，这种习惯也就成了一种兴趣。在劳动实践中的许多问题常使我在理论中去寻求答案。

1977 年 4 月，还不足 18 岁的我被民主选为生产小队领导成员之一，社员们的信任更给了我努力向上的动力，我没有把自己当作世俗意义上的农民，即便是农民也要做知识型的农民。又是一年的艰苦劳动实践和自觉学习，在思想、政治、能力、劳动技能方面都有了很大进步，这一年的社会正向着人们的希望发生着可喜的变化，应该说我的收获和成绩是在这种可喜变化的激励下取得的。我仍在不断总结和论述我的实践体会，期间写过《伟大的锻炼》（可笑这个夸张的题目）和《我的农村生活》等。对上大学虽有所向往，却仍是不敢多想的奢望，只想过一种有意义的上进生活就好。我对未来长期的农村生活已做好充分思想准备，单调的劳动也是认真的，甚至有意识地锻炼自己的体力与技能，这种主动的体验使我这个生于农村，在自小就不断劳动的基础上更有所"成就"。这确实是我的切身经历。可当年一个工（10 个工分称为一个工）价值两角钱，一天挣 8 个工分，即一天还挣不了两角钱，而却吃得香睡得甜。

这一年十届三中全会召开，决定恢复邓小平的职务；8 月份十一大召开，邓小平正式复出。从后来的媒体获知，在决议恢复邓小平职务的同时，他已投入"拨乱反正"的重大决策中，首先在全国产生巨大影响的改革高校招生制度，可以说是他在中国特色社会主义发展史上浓墨重彩的第一笔。在 1977 年 8 月初首次举行由邓小平主持的科技教育工作座谈会，并在这期间召开招生工作会议，这些紧锣密鼓的幕后决策故事无须在此赘述，但当时我们哪会得知这些。

日记：1977 年 8 月 26 日（第一次听说大学招生要考试）

今天收到北京姑姑的来信，除像往常问候爷、奶身体状况，还说到可能以后大学招生是要凭文化考试了，有机会就建议我们去试一试。这给了我一时的兴奋，我一直向往、渴望能上大学，却没真正努力，我是否有这种资格呢？虽说有初中较好的基础，但高中却没学到什么，而且也都忘得差不多了。但是还留有决心和毅力，只要纯粹以考试来招生，我还是有点希望的。

从这则日记的口吻回忆我当时的心理，既有自信，却又不怎么重视。事实上也真是如此，没有付诸一点儿行动，继续我的田间劳动，参与生产队的事务安排，起早贪黑地搞秋收、播小麦，到 10 月中旬田里的作物已收拾干净，打谷场上却还在忙碌。大队通知，县里要召开全县四级干部扩大会，除了对全县今年成绩突出的生产队进行总结表彰，还要听取县委对全县的远景规划。小队班子让我去参加会议，打好行囊，于 16 日下午与村里一行 20 多人乘村里的拖拉机，到相距 10 公里的县城报到，食宿地是高阳中学，打地铺多人睡炕席，再步行到电影院参加大会。连续五天的大会使我忙碌的身心得以暂时的休憩，开了不少眼界。我们小队受到表彰，听了县领导对水利、农林等一系列设想的规划（我还做了不少笔记），并招待参会人员看了电影《祖国啊，母亲》。这些新的见识与信息，让我那几天的心情一直兴奋着。同村去的还有我以前的同学，每天散会后与他逛县城闲聊，也听到他说上大学要考试了。我们的大会闭幕是 10 月 21 日下午，在乘拖拉机回村的路上，似乎展望着一种新的生活，心绪很不平静。到家时已是黄昏。

当天晚上，从收音机里听到有关全国高等学校招生工作会议的广播——高等学校招生进行重大改革以及《搞好大学招生是全国人民的希望》的社论。我非常高兴，全神贯注地听了两遍，第二天继续听。

通过"小道消息"在有关人士间传播了几个月的重大举措，终于被公开了、被证实了。这是一件轰动全国的大事，几乎家喻户晓，人人皆知。在人们的纷纷议论中我告诉队班子成员我要复习参加高考，队里的事务请他们代我多操心费力，无疑我得到理解与支持，还得到了鼓励。好在冬天的农村基本也没事可做了，直至此时我才正式踏实下来，开始了争分夺秒的紧张复习。

我仍保留着初中、高中的全部课本，无须去东找西借。由山西、河北、辽宁、吉林四省合编的一套数学、物理课本，其内容是非常系统而又有质量的，我当时就认定能把这些教材的内容吃透也就不简单了。家中也有些旧书，政治不可用，语文可参考，但数理化还是很好的。一张小桌，一盏煤油灯，如饥似渴，夜以继日，不知疲倦。学习的效果犹如海绵吸水一样，填补着贫瘠的大脑，润泽着求知若渴的心田，有种享受重回学校的快感。那时，手机、电话、电脑都没有，但关于考试方面的信息传得灵通而真切。

全公社考生领取准考证那天，公社书记贺平善亲自给几百名考生（包括中专考生）做鼓励动员，让大家考出好成绩，并且"一颗红心，两种准备"。两名考生分别代表大学和中专准考生作了发言。在得知准考证上 12 月 15 日考试的日期后，我又对各科复习的用时和进度做了一次安排。

考试前一天，所有考生前去确认自己的考场和考号位置。全县唯一的考点就设在两个月前我在县城开会时住宿的高阳中学，因天气不好步行去的，我的准考证"理字 0576"排在第 12 考场。看完考场旋即回家，已是午后，又下起小雨，与同村的另两人为避免走土路踩两脚泥，商定绕远走公路回家，路过我们中学时又进学校问了一个数学题，下公路回到家天已黑暗，浑身疲乏，衣服也湿透。晚上备好考试用具，为把握时间特意借来一块手表，还不忘在已装满干粮的包里装上两本书，以便考完前两门后的晚上复习后两门。

第二天早上 4 点起床，匆匆吃完早饭已过 5 点，天黑得仍是伸手不见五指。不仅如此，雾气的湿度都能听见无叶的树梢上断续落下的水滴声。顺着街道走了百米却看不到出村的路，只得返回家拿了手电筒摸索着上路。走了两公里，途经第一个村庄时东方才泛白，陆续遇到也去参加考试的同路者，一路匆匆。走进考场已过 7：45，距开考不到一刻钟，我看到同室的考生们都已坐在自己的位置上等待了。

12 月 15 日　上午 8：00—11：00　语文

　　　　　　下午 13：00—16：00　政治

12 月 16 日　上午 8：00—11：00　数学

　　　　　　下午 13：00—16：00　理化

没有紧张，没有压力，也没有把成败放在心上，只是一味抓紧时间答题。第一天考完之后没感觉成绩有多好，也没觉得有多糟。退出考场时发现这个教室中有不少我认识的人，有同村的好几个，有中学同校的好几个。因考生太多，不可能像如今的高考一样保持距离、一人一桌。那时不但两人一桌，而且整个教室挤得满满的，但考场的纪律却十分井然。过后听到监考人员的议论，这秩序完全出乎他们原先的预料。

当晚没有回去，住到了某单位一熟人的宿舍，为给我腾出床铺他回了家。我脑子里想的只是应对考试，吃过干粮就看书，又遇到数学问题解不出来，一种不甘心的任性使我当时摸黑又到考场所在的中学打听到一个我从不相识的数学老师，冒昧地找到他宿舍，巧的是他的一儿一女也正参加高考并在他的宿舍吃晚饭。得知我来意，几个人讨论着解出了这道数学题，我高兴地谢别。现在都说不清当年哪来的这种执着。后来得知这次他儿子也考上了大学。第二天考数学、理化，感觉同前一天一样不易也不难，考得不好也不坏。下午考试中还听到室外下了场不小的雨，而当考完走出考场之后，天空放晴，日头西落，残云火红。紧绷两个月的神经一时放松下来，伴着通红的夕阳和空气中浓郁负离子的味道，心情顿感一种极度轻快的惬意。

回到家里不到十分钟，陆续跑来十几个过些天就要参加中专考试的同龄人，向我来打听有关考试的种种情况，煞是热闹。送走人们，我长长舒了一口气。当夜睡得非常踏实。

接下来的日子我轻松地分析、解答着高考试卷的每个题目（铅印试卷，允许考生带走）。除语文与政治自己不好判断对错，数理化是都能得出正确结果的。考场之外再解这些题感觉真是轻而易举、得心应手。但对自己考的成绩评估，自认为上大学是没有希望的。于是我重新对复习参加下次考试做了进一步计划，备好了更多书本。我至今仍保留着河北省当年高考的全部试题。

转眼就进入了 1978 年。

日记：1978 年 1 月 16 日（得到初选消息）

到今天，高考过了整整一个月，我当然盼望知道我的成绩和结果，无论如何，这样才能踏实下来。下午，正在生产队里修理马车，快要收工的时候，在公社上高中的岚峰（我幼时的玩伴，小我两岁）找到我，打招呼后，说我考上了。我以为开玩笑而没反应，他又表情严肃地说："咱们全村包括中专也只考上你一个人，通知已下到公社里了。"我这才相信是真的了，立即感到心跳加快了，他接着告诉我邻村考上的人，王福村两人，于堤村三人，博士庄一人。我考上大学的消息已被这些从公社放学回来的学生们在很短时间内传遍了全村，收工回家的路上也有人向我祝贺，到家后才知家里也早知道了。这时突然想到我恍如还在集市上卖鸡的范进。晚上负责本村考生的联络人——张继善老师来到家里，告诉我明天到公社开会（这才真实可靠了）。

第二天到了公社，得知全公社大学中专共有 11 人被初选，有好几个人我认识，但从来没通知也没公布过每个人的考试成绩，都不知自己考了多少分。文教口的负责人马德林讲话，开场对这些人表示祝贺，并让填写了个人信息表，两天后在县医院进行体检。然后，又是无声的等待。冬天大地封冻，不能下地劳动，我几乎天天看书学习。

日记：1978 年 3 月 2 日（收到录取通知书）

转眼间又三月份了，这两天只要我听到邮差的摩托声就去收信点看看，未见有通知书寄来。今天没听到声音，等到快中午我不禁又去了收信人家，看见了停在门外的摩托车，一进门，院里的女主人对我说："通知书来了，是长春光机学院。"我进屋时，正遇邮差出门，他问了声"你的？"屋里有不少人，他们把一个手写的挂号牛皮信封给了我，都好奇地建议我打开看看。我也急于想看，便打开，里面装有一张入学通知书，专业是"精密仪器制造工艺及设备"；一张新生报到须知；一份列表式的学校的专业介绍；另附一张手写的信纸，写道"由于河北省招生录取时间因故推迟，由学校发出的报到时间已过，所以接到通知后尽快办好手续来校报到"，还写了由保定怎样转乘去长春的几趟列车……

看着这些正式的文件和周到的安排，有生以来没有感到过自重的我，突然间感觉自己是个人物了，起码像是一个受到重视的成年人了。

那几天，我父亲一直骑着自行车各处跑着为我办理户口、粮食关系等各种手续，还为我备了几十斤全国通用粮票。

我是 3 月 6 日离家启程的，前一天家里来了不少亲朋好友为我送行。父亲与我乘长途汽车行程 40 公里到保定，托运了行李，目送我进站他就回去了。在北京停留一天买了些物品，次日中午乘上开往长春的火车，近 17 个小时的旅程于次日早六点多到达长春。真冷啊，这里还是雪地冰天！找到光机学院新生接待站，等了一会儿，大客车便拉着不多的新生驶往光机学院（绝大多数新生已于前期报到）。由于一夜坐车的疲乏，汽车沿斯大林大街穿过整座城市时意识模糊，无神顾及窗外的景色，给我留下印象的只有"吉林大学"和"吉林工业大学"两块校牌。在男生宿舍楼门前下了车。本班已先报到的黑龙江籍同学蓝啸风接待了我，并给我介绍了学校及本专业的大致情况。我宿舍的七个人中已有广东王健伟和甘肃郭武奎二人比我先到。按照他们的指点，在荒凉的附近采购了些日用品。自此，便开始了独立的、集体的、自力的、互助的大学生活。

我们这个"精密仪器制造工艺及设备"专业全校只招了一个班，40 个人，称作 7703 班，俗称 03 专业（这次全校在河北省共招 5 人，其中 3 人在本班）。从我到校后等待新生入学持续了十天，3 月 17 日对全校新生进行了摸底考试，18 日（周六）本专业的熊大章教授给全班做了专业介绍及学习方法讲解，第二周便正式开课（恕我在以下名字后省略了"老师"二字）。

20 日（周一）：邢满堂讲数学（413 大教室）

21 日：普通化学（413），吴纹讲机械制图（412 制图室）

22 日：朱慧芬讲英语（本班教室），下午省军区副政委对全校学生做二万五千里长征传统教育

23 日：呼殿华讲体育理论，他说："体育，强筋骨，增知识；调感情，强意志。"

…………

当年小小的光机学院学生的总人数不足一千人，莫说在班级里，即使学校发生的事情人人都会知晓，因而我们更具对往事记忆的共有性。

所以，今天这些学生虽身在全国各地，即使不是同一班的校友，在情感上相比规模大的学校来说距离感更近，只因共同的记忆、共同的话题。

7703 的班风在这一届中是有特色的，无论是体育、文艺，集体的凝聚力都是人所共知的，越野长跑、全校运动会、文艺演出都会名列前茅，这与班领导及各项活动组织者们的努力是分不开的。最使人难忘的一项坚持是每几周一次晚上的学歌，不一定一次学会，有此特长的同学这首由你来教，下一首由他来教，不少同学都教过。几年下来学了几十首健康向上的好歌曲，相信大家还能记得学过的不少歌名，其中有的仍熟唱于口。事实证明，这项活动绝不是一种形式，其对一个人情操的陶冶和美育的效果对如今提倡的大学生素质教育不失为一种可贵的经验。还记得我们入学不久学的第一首歌吗？——《大学生之歌》："我们是祖国的栋梁，肩负着人民的希望；我们是新一代的大学生，风华正茂，蓬勃向上。青春似火焰燃烧；热血像大海奔放……"；还有这首《我们伟大的祖国》："当北国的钢花映红了飞雪，江南的田野正是春色妖娆；当东海的哨兵迎来了灿烂的朝霞，戈壁油田的灯光还在闪耀……"我还记得很多，再相聚时唱给你们听。

在此，有必要表达我对 7703 班同学的特别感激之情。当年生病住院期间，全班同学一个不落地陆续到医院探望，给我鼓励与安慰。出院后几个同学还有组织地主动为我补课；1979 年年初，寒假过完将要开学时，返校路过北京的彭兵勇与家在北京的吴颐、范立、麻顺利和王晓华一同到亲戚家去看望我；郑济宁为我住院提供了无私帮助。惋惜的是最终我没能留在这个班，但是，正如后来同学的信里写的和不少同学说的那样，他们从来没感觉班里缺少过我，我也有同感，班里的各种活动也从来没少过我。不仅对我如此，班里其他同学家里遭遇不测，同学们都会深表同情或尽力援助。多年来一想起我在 7703 班就泛起一种难以名状的心绪与沉思，也一直后悔没能在毕业晚会上表达这份心意。

社会文化对青年的思想影响是深刻的，因心灵的需求他们对文化也是敏感的，在大学里更是如此。七七级的大学生们在校的几年正是中国文化复苏、社会反思、文艺创作繁盛的巨变时期，稍有社会影响的文化现象都在满足了人们的精神需求、得到思想收获后给我们留下了记忆。

1978 年年初新生开课时还没来得及有一部适时的、权威系统的数学和物理类基础课新教材，就连符合质量的印书纸张都是缺乏的。我相信，一种特殊的情结会使很多同学们珍惜保留着我们入学时使用的学校自编的、不少还是油印的甚至刻蜡版的教材，怎么能说清楚他们至今也舍不得扔掉这些书本的原因呢？我们入学后数学教材用的就是学校自编的讲义，当孙震教务长在一次小范围会议上宣布改用樊映川的《高等数学讲义》时，学生们长时间鼓掌欢呼。这种集体分享喜悦的欢快场面最能使人留下难忘的印象。入学后同学们求知若渴，常常在教室学到深夜，不少人因此生病，时任校团委书记的李长江带着团委、学生会的一些人上教学楼巡回各教室，劝学生们早些回宿舍休息，甚至拉闸停电，出了教学楼有人跑到路灯下继续学……

1977 年考生 570 万，录取 27.3 万（不含大专）；1978 年考生 610 万，录取 40.2 万。七八级学生中的老三届会更多一些，是因为 1977 年时间紧迫，加之他们毕业多年而当年放弃了考试，半年复习之后他们重圆大学梦。参加这次高考的老三届，他们的人生经历用可歌可泣来表达一点都不过分。这两届 60 多万大学生后来成了我国改革开放各领域的骨干、经济建设的中坚。他们是中国这段不平凡历史的参与者和见证者。他们在对自己人生重大转折历史的感慨中，不单单只是荣誉感和自豪感，更大的成分倒是幸运感。是啊，因为他们的命运与国家的命运紧密相连。

有人说当年大学招生制度这项重大改革改变了不仅仅一代人的命运，是有它一定道理的。

历史不一定会记得每一年的高考，但永远会记得 1977 年的高考。

一次次的回首，不断激起再相聚的欲望，这欲望的动机就是他们对"初心"一种保留和向往。

当年，一群踌躇满志、胸怀理想的有志青年，经历了无愧无悔的大半人生，至今，虽不是白发苍苍，也早已两鬓斑白了。

人们的种种回忆表明，不过是在潜意识中幻想着挽回那些已不可挽回的心结与遗憾。

人们的种种回忆还表明，渴望与共同的经历者分享这种回忆的感觉。

2017 年 2 月于上海

张康庭，河北保定人，1959 年出生。1975 年年底高中毕业后回乡务农。1977 年参加高考，在长春光学精密机械学院精密仪器制造工艺与设备专业学习四年。1982 年分配到山西太原国营大众机械厂（国营第 785 厂），从事设备技术与管理工作。

**1978 年摄于长春**

# 后　记

丁酉年夏秋，四川大学经济系与长春光学精密机械学院精仪专业七七级学友共议实录亲历，集撰成书，纪念恢复高考40周年之事。近日，诸子书稿甫成，然思绪如潮，感怀难收，遂为后记以彰之。

想当年，一纸"通知"，九州生乱。霎时真理倾覆，动乱震荡社会；传统割裂，邪恶侵蚀人心。以至社会人心，陷于混乱动荡之漩涡；国民经济，濒临瓦解崩溃之边缘。

至若堂堂学府，惨遭劫难。更猝停丙午年高考，以至废止国家人才遴选之制，长达十有一年矣！嗟夫！十年纲常废弛，师者失修身立命之处；三尺课桌安在？学子无受业解惑之所。至极愚昧，儿童荒芜于花季；再受教育，青年悉数向农村。

北走大荒，旷野何其茫茫；西望高坡，寒风如此铮铮；南入胶林，森森遮天蔽日；东垦滩涂，渺渺长夜寒星。当此之时，我等躬耕垄亩，力争自立；浴火焚心，愤图自强。于是登高望远，追大江于东去；凭栏怀古，怅天地之悠悠。虑国家未来之何往，忧一己碌碌而无为。似屈子行吟于泽畔，忧愤之情良有以也；效先哲邃密于群科，求索之心不能少息。饥渴难耐，寻涌泉于沙漠，芜杂穷搜，叹知识之枯竭。然而，苦难与希望并存；命运向逆境抗争。无论油灯膏烛，松明火烬。荧荧微光，能照中外古今之名著；茫茫黑夜，可习文史数理之知识。囊萤映雪，岂囿古人一己之拼斗；凿壁借光，愿共国家发展而同辉。

历史之车轮，不能倒行逆走；社会之怪状，岂任肆意猖狂！邓公复出，运筹宏远。以摧枯拉朽之勇气，破僵化凝固之坚冰；怀力挽狂澜之胆识，行高瞻远瞩之谋略。大刀阔斧，蕴酿改革之罡风；率先出击，恢复高考之壮举。

我等青年，等待十载，终于春暖花开。困顿求变，人生在此一搏？敢为人先，报考誓争必得！数月来千辛万苦，入考场沉重一步；十余年日积月累，写试卷笔头千钧。果然机遇垂青有备，成功来自坚持。梦想成真，走进知识之殿堂；青春不悔，追回损失之时光。知识火炬，照亮心灵之窗户；理想风帆，导航智慧之海洋。拥抱崭新之生活，昂首时代之行列。此等经历，能不记忆犹新乎？况恢复高考之重大社会历史意义，将永远铭刻于改革开放之丰碑，昭示后人，永志不忘也。

砸碎精神锁链，解除思想桎梏；突破理论禁区，破除"两个估计"。解教条主义之迷信，开实事求是之先声。除"紧箍咒"，催全国之思想解放；决突破口，促全面之拨乱反正。有目共睹，见党中央正本清源之决心；举国为鉴，实大讨论真理标准之预演。此其一也。

彻底革除种种弊端，实施高考制度改革。严格考试，保证文化水准；择优录取，实现社会公平。以至社会人员化为积极因素者，当不下百万、千万计。于是一代人获得公平竞争之机会，国家亦涌动竞争活力之源头。此其二也。

振聋发聩，吹响改革开放之号声；龙腾虎跃，集结一代青年之才智。3000万被耽误之青春，570万仓促应考，27万脱颖而出。可谓精英中之精英，实乃强者更是勇者。饱经时代风云之磨砺，顽强拼搏之意志甚坚；骤得命运之神的眷顾，报效奉献之决心尤切。承担历史推进之使命，当仁不让；面临国家发展之机遇，捷足先登。更与此后千百万高考选拔者共组浩浩大军，成为改革开放各界各层之骨干力量。此其三也。

摈弃"读书无用"，鼓尊重知识尊重人才之春风；复苏优良传统，启尊师重教追求知识之热潮。不论出身，精于辅导者处处尊为上师；唯才是举，善解难题者人人视作天才。中榜者追捧如潮，恍如明星英雄；未取者暗自努力，发誓必得来年。欲试者急于磨刀，有小儿者预先规划。霎时夜校、职教人潮如涌，培训、补习一时成风。人生追求更为高尚，社会观念全新导向。此其四也。

　　由是七七高考，承载深厚，意义重大。形式最为特别，规模尤为壮观。前未见于古人，为历史之最；后不会有来者，创绝后之宏。十余年考生齐聚，更呈现盛大庄严；有师生叔侄同考，绽几多考场花絮。如此之高考，岂能让亲历者淡忘，而使听闻者不同为热血沸腾、激动感奋且不留会心一笑也！故赘记以飨之，而使世之学子知之而详，感之而深，且更珍惜当今学习条件之得来不易，而奋力拼搏争取学而有成者也。

　　恭呈后记，竭输由衷，并呈短诗与诸学友共勉云耳：

大潮汹涌看沧桑，半纪风云一度狂。

历史岂存回转路，知识总放永恒光。

滕王赋写终微事，宏业功成正远航。

相见无须分你我，当年踏浪共昂扬。